Photoshop+Illustrator+InDesign 平面设计项目教程

丛书主编　温　涛
主　　编　宣翠仙　傅益苹
副 主 编　胡芳芳　应　武　李浩波　叶继阳
参　　编　林雪华　郑震仲　方妍艳　朱益雷
　　　　　王利剑　叶慧慧　张东青　伍克翔

东 软 电 子 出 版 社
· 大 连 ·

内容简介

本教材共 9 个学习项目，分为平面设计基础篇、Photoshop 训练篇、Illustrator 训练篇、InDesign 训练篇、综合训练篇 5 个篇章。教材项目按照平面设计基础→图像、图形与排版单项技能训练→多软件综合设计训练的顺序，由简到繁、由易到难的过程递进式训练学生的平面设计能力。各学习项目均来自于服务外包公司真实项目，基于 CDIO 的项目构思、项目设计、项目实施、项目运行过程编写核心内容，并进行项目拓展、项目评价、目标达成度测评等同步训练。本教材由高职院校与企业共同编写完成，内容由浅入深，各单元内容循序渐进，紧贴应用，适合于各高校计算机类专业和数字媒体技术专业进行教学，培养学生平面设计职业综合能力。

Photoshop＋Illustrator＋InDesign 平面设计项目教程/宣翠仙，傅益苹主编. —大连：东软电子出版社，2012. 12
ISBN 978-7-89436-141-7

出 版 人： 吴建宁
策划编辑： 吴 扬　　**责任编辑：** 武映峰
光盘开发： 张啸嵩　　**装帧设计：** 万点书艺

出版/发行： 东软电子出版社
地　　址： 大连市软件园路 8 号
邮　　编： 116023
电话/传真： 0411-84835089
网　　址： http://press.neusoft.edu.cn
电子邮箱： nep@neusoft.edu.cn

出版时间： 2012 年 12 月
印制时间： 2012 年 12 月第 1 次印制
字　　数： 401 千字

印 制 者： 大连华录影音实业有限公司
大连金华光彩色印刷有限公司

教育部高等学校高职高专计算机类专业教学指导委员会“十二五”规划教材

数字媒体技术系列编审委员会

序

近年来，以先进技术与文化相融合的数字媒体技术产业得到快速发展，影响着人们生活和工作的方方面面。我国“十二五”规划纲要明确提出“推进文化产业结构调整，大力发展文化创意、影视制作、出版发行、印刷复制、演艺娱乐、数字内容和动漫等重点文化产业，培育骨干企业，扶持中小企业，鼓励文化企业跨地域、跨行业、跨所有制经营和重组，提高文化产业规模化、集约化、专业化水平。”在国家政策的支持下，我国的数字媒体技术产业将有更广阔的发展空间，相关人才的需求量也将越来越大。

产业的迅速发展和人才的大量需求，给我国高职高专数字媒体技术专业的人才培养带来了机遇与挑战。技术更新快、人才要求高，数字媒体技术行业的固有特点使得从业者必须在掌握先进技术的同时，又具备扎实的艺术功底。近年来，随着高等职业教育教学改革的深入，数字媒体技术专业的培养目标、课程体系、课程内容、授课模式等更加符合高职教育特点。与此同时，也开发了一批反映数字媒体产业对技能型人才新要求、体现职业教育课程改革新理念的教材，为促进教学改革、规范教学秩序、保证教学质量提供了有力支撑。但数字媒体技术专业教材建设也存在以下问题：教材缺少顶层设计，“系列教材”不成体系；教材内容与职业标准对接不紧密，职教特色不鲜明；教材形式单一，配套资源开发不足等。

针对现今数字媒体技术专业教材的现状，从解决突出问题入手，教育部高等学校高职高专计算机类专业教学指导委员会（以下简称计算机教指委）统筹规划，改革创新，加强数字媒体技术专业教材建设，联合全国多所高职高专院校及企业，结合数字媒体产业的用人需求和高职教学特点，策划推出了计算机教指委“十二五”规划教材——数字媒体技术系列教材。

数字媒体技术系列教材主要具有以下特点：

一、参考教学基本要求，完善选题顶层设计

在参考《高等职业学校专业教学标准（试行）》基础上，组织行业、企业与院校专家研讨确定了数字媒体技术专业的选题计划，形成了体系优化、结构合理、层次分明、重点突出的教材体系。

二、专家名师领衔，构建高质量专家队伍

数字媒体技术系列教材的编写团队汇集了多所高校及企业力量，编者都是具有丰富教学经验的一线教师与多年项目经验的企业骨干。与此同时，计算机教指委联合多名本专业教学名师，成立了“数字媒体技术系列编审委员会”，为教材质量严格把关。

三、融合工程教育理念，贯穿企业真实案例

数字媒体技术系列教材采用了以项目导向的编写形式。除个别基础理论课程外，教材的每一章节均以一个完整的项目开发流程贯穿，遵循“项目导引—项目分析—技术准备—项目实施”的真实项目开发流程，内容循序渐进，将职业标准及主流技术有机地融入到教材中，旨在解决学生与职业人之间的“剪刀差”。

四、立体化教学资源，完善增值服务体系

数字媒体技术系列教材配备完整的教学课件及教材中所涉及项目的全套素材。此外，还构建了校企合作、师资培训、院校交流与写作等增值服务内容。

数字媒体技术系列教材在编写及出版的过程中，得到了众多院校教师的鼓励与支持，对此表示衷心的感谢。本系列教材仍有不足之处，请各位专家、师生及读者不吝指正。希望通过本系列教材的不断完善，能为我国高职高专数字媒体技术专业的人才培养做出更大的贡献。

潘涛

2012 年 12 月

前 言

随着数字创意产业的不断发展，平面设计行业已广泛应用于网页制作、广告、动画、多媒体展示等领域，成为企业产品宣传和形象设计、赢得竞争优势的必然选择。当前用于平面设计的软件主要集中于 Photoshop 等单个软件，如何根据平面设计师岗位的能力需求编写旨在提高学生技能训练的教材，是高职院校多年来致力解决的热点问题。

本教材主要特点如下：

(1)主流图形图像与排版技术综合学习，训练平面设计和软件应用综合能力。

基于对平面设计相关岗位典型工作的分析，本教材主要运用 Adobe 公司的 Photoshop 图像处理软件、Illustrator 矢量绘图软件、InDesign 排版软件设计了 9 个项目，分为平面设计基础篇、Photoshop 训练篇、Illustrator 训练篇、InDesign 训练篇、综合训练篇 5 个篇章，沿着平面设计基础→图像、图形与排版单项技能训练→多软件综合设计训练，由简到繁、由易到难的过程递进式训练学生的平面设计能力。

(2)学习项目来源于企业真实项目，基于 CDIO 流程展开学习过程。

所有学习的项目均来自于企业真实项目，基于 CDIO 的项目构思、项目设计、项目实施、项目运行过程编写核心内容，并进行项目拓展、项目评价、目标达成度测评等同步训练。其中项目一主要介绍平面设计相关学习和工作环境；单个软件阶段，重点训练设计和实施能力，并配备学前的知识准备、学后的技术拓展；多个软件阶段，全面训练 CDIO 能力，从而解决了平面设计实践教学中注重软件操作，缺少项目开发流程系统性学习的问题，体现了 CDIO 工程教育、项目课程、校企合作等最新课改的核心思想。同时教材中的部分离岸外包项目的教学化改造，也是开展工程教育国际化的积极尝试。

(3)项目实施部分以任务驱动方式编排，并配以友情提示与小技巧等内容。

项目实施部分以子任务为导向设计实施步骤，以锻炼学生的实践操作能力，又有友情提示与小技巧等内容，以培养学生创新思维能力和解决实际问题的能力，使其能更有效地进行学习。为达到更好的教学效果，建议在实训课程中按项目设计教案，并实施形成性考核，达到提高学生平面设计能力的目的。

本教材适用于各高校计算机类专业和数字媒体技术专业教学，教材内容由浅入深，各单元内容循序渐进，紧贴应用，非常适合培养高等职业技术院校学生的职业综合能力。

本教材由金华职业技术学院宣翠仙与合丰信息科技（金华）有限公司设计部经理傅益苹主编，胡芳芳、应武、李浩波、叶继阳担任副主编。参与编写工作的人员还有：林雪华、郑震仲、方妍艳、朱益雷、王利剑、叶慧慧、张东青、伍克翔等。感谢合丰信息科技（金华）有限公司、浙江芙浓贸易有限公司提供项目支持。

由于编写时间仓促，加之编写时间有限，热诚欢迎广大教师和同学指出本教材内容中存在的疏漏之处，提出修改建议。

编　者

2012 年 9 月

课程导学

一、适用对象需具备的学习基础

1. 适应对象

本教材适用于各高校计算机类专业、数字媒体技术专业、《平面设计》课程教学及平面设计爱好者自学。尤其适合作为高职院校的平面设计实训教材。

2. 需具备的知识和能力基础

(1)具备一定的图形图像处理操作基础。

(2)具备一定的构思和想象能力。

(3)具有平面设计的学习热情。

(4)具备良好的合作意识和主动学习的精神。

二、教学总体目标

1. 知识目标

(1)熟悉平面设计相关岗位能力需求。

(2)熟悉主流平面设计软件类型与特点。

(3)了解平面设计行业现状。

(4)熟悉平面设计色彩、排版基础知识。

(5)熟悉企业平面项目的开发流程。

2. 技能目标

(1)能根据项目的需求开展分析,并能撰写符合规范的文档。

(2)能根据项目的需求设计完成项目的基本流程。

(3)能熟练运用 Photoshop、Illustrator、InDesign 的基本操作实施设计任务。

(4)能根据任务需求设计富有美感的彩色图像、图形与文本。

(5)能运用网络等途径搜集设计需要的素材。

3. 素质目标

(1)能积极与他人沟通,具备良好合作意识。

(2)具备主动学习的探究精神。

(3)具备文档及时保存及有效管理的习惯。

三、教材逻辑体系框架

1. 教材体系结构

(1)递进式整体设计:从了解职场环境至主流软件单项技能训练再到综合实训。

当前的平面设计教材,普遍以一个软件贯穿始终介绍,较少从平面设计相关岗位的职业能力需求出发进行系统性设计。本教材根据相关教师多年教学经验及市场调研情况,从图像处理、平面广告设计等典型平面设计岗位职业综合能力需求出发,设计了平面设计环境了解、Photoshop 图像处理＋Illustrator 矢量图形绘制＋InDesign 图文排版单个软件的作品设计、综合实训三个环节,循序渐进地培养学生了解岗位能力需求、运用相关软件设计的能力。

(2)基于 CDIO 的项目化单元设计:在单个软件实践和多个软件综合实践过程中,引入企业真实项目。

遵循 CDIO 学习流程,从分析→设计→实施→运行四个环节完成平面项目的开发流程。其中单个软件阶段,重点训练设计和实施能力,并配备学前的技术准备、学后的技术拓展。多个软件阶段,全面训练 CDIO 能力。从而解决了平面设计实践教学中注重软件操作,缺少项目开发流程系统性学习的问题。教材逻辑图如图 1 所示。

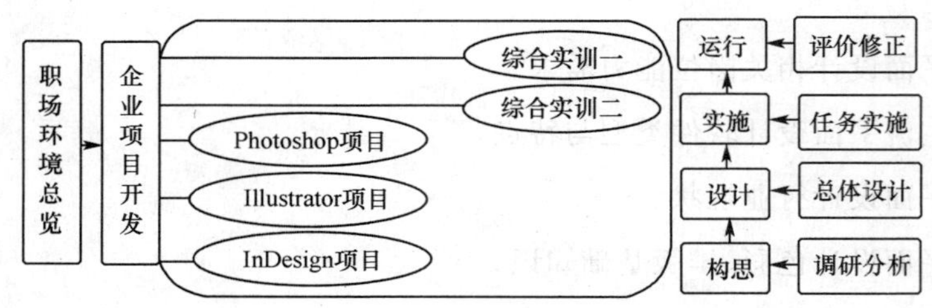

图 1　教材逻辑图

2. 教材内容组织

本教材共四篇九个项目。第一篇是平面设计基础篇,第一个项目了解平面设计领域相关工作环境。第二篇是 Photoshop 篇,包含第二、三个项目,希望学习者通过网店产品图片美化、公司手提袋设计与制作两个项目,从接到企业项目开始,从分析、技术准备、设计、实施环节参照企业项目设计流程完成项目,并通过技术拓展进一步掌握完善同类项目的方法、通过测评考量学习效果。与此要求相似的Illustrator篇第四、五个项目，具体项目为冰箱贴设计与制作、广告拉笔画设计与制作。InDesign篇第六、七个项目，具体项目为邮寄信封广告设计与制作、广告宣传册设计与制作。综合训练篇2个实训项目，第一个综合实训项目是网页效果图设计与制作，训练综合使用Photoshop、Illustrator开发平面项目的能力，第二个综合实训项目是酒店菜单设计与制作，训练综合使用Photoshop、Illustrator、InDesign开发平面项目的能力。各项目关系如图2所示。

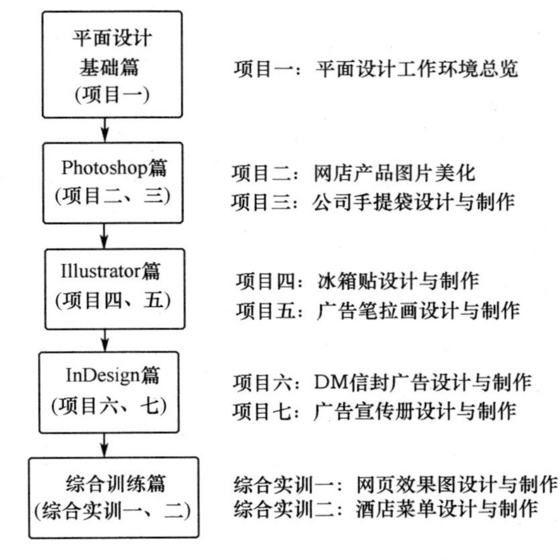

图2　各项目关系与名称

目　录

平面设计基础篇

项目一　平面设计工作环境总览 …… 3
1.1　平面设计行业发展现状 …… 3
1.1.1　平面设计概述 …… 3
1.1.2　平面设计发展现状 …… 4
1.2　平面设计类岗位核心知识与技能 …… 5
1.2.1　平面设计类岗位核心知识 …… 5
1.2.2　平面设计类岗位核心技能 …… 5
1.2.3　平面设计岗位示例 …… 5
1.3　平面设计元素 …… 6
1.4　平面设计认证考试 …… 6
1.4.1　Adobe 认证考试 …… 6
1.4.2　国际商业美术设计认证考试 …… 7
1.5　色彩、版式、印刷基础知识 …… 8
1.5.1　色彩基础 …… 8
1.5.2　平面构成 …… 10
1.5.3　印刷基础 …… 13
1.6　Photoshop、Illustrator、InDesign CS5 基本功能 …… 15
1.6.1　Photoshop CS5 …… 15
1.6.2　Illustrator CS5 …… 15
1.6.3　InDesign CS5 …… 15
1.7　项目总结 …… 16

Photoshop 训练篇

项目二　网店产品图片美化 …… 19
2.1　项目导引 …… 19
2.1.1　项目来源 …… 19
2.1.2　工作要求 …… 20

2.2 项目分析 …… 20
2.3 技术准备 …… 21
2.3.1 知识点 1:Photoshop 界面构成 …… 21
2.3.2 知识点 2:Photoshop 常用工具 …… 22
2.3.3 知识点 3:Photoshop 常用快捷命令 …… 24
2.3.4 知识点 4:Photoshop 核心概念 …… 24
2.4 项目设计 …… 25
2.4.1 子任务设计 …… 25
2.4.2 流程与操作设计 …… 25
2.5 项目实施 …… 25
2.5.1 任务 1:绘制背景 …… 25
2.5.2 任务 2:去除原始图片背景 …… 34
2.5.3 任务 3:美化巧克力盒图像 …… 36
2.5.4 任务 4:图像位置与尺寸调整 …… 38
2.5.5 任务 5:背景与图像合成 …… 40
2.6 技术拓展 …… 42
2.6.1 Photoshop 其他工具 …… 42
2.6.2 网店装修 …… 45
2.7 项目总结 …… 46
2.8 强化练习与目标达成度评测 …… 46
2.8.1 知识评测 …… 46
2.8.2 技能评测 …… 47
项目三 公司手提袋设计与制作 …… 49
3.1 项目导引 …… 49
3.1.1 项目来源 …… 49
3.1.2 工作要求 …… 50
3.2 项目分析 …… 50
3.3 技术准备 …… 51
3.3.1 知识点 1:Photoshop 蒙板 …… 51
3.3.2 知识点 2:Photoshop 常用快捷命令 …… 52
3.3.3 知识点 3:Photoshop 核心概念 …… 52
3.4 项目设计 …… 53
3.4.1 子任务设计 …… 53
3.4.2 流程与操作设计 …… 53
3.5 项目实施 …… 54
3.5.1 任务 1:设置背景 …… 54
3.5.2 任务 2:制作手提袋主体 …… 55

3.5.3 任务3:绘制手柄 …… 61
3.5.4 任务4:添加标志和文字 …… 62
3.6 技术拓展…… 63
3.6.1 图层样式及使用注意事项…… 63
3.6.2 企业产品包装设计注意事项…… 64
3.7 项目总结…… 65
3.8 强化练习与目标达成度评测…… 65
3.8.1 知识评测…… 65
3.8.2 技能评测…… 66

Illustrator 训练篇

项目四 冰箱贴设计与制作 …… 69
4.1 项目导引…… 69
4.1.1 项目来源…… 69
4.1.2 工作要求…… 70
4.2 项目分析…… 70
4.3 技术准备…… 71
4.3.1 知识点1:Illustrator界面构成…… 71
4.3.2 知识点2:Illustrator常用工具…… 72
4.3.3 知识点3:Illustrator常用快捷命令…… 74
4.3.4 知识点4:Illustrator核心概念…… 74
4.4 项目设计…… 75
4.4.1 子任务设计…… 75
4.4.2 流程与操作设计…… 76
4.5 项目实施…… 76
4.5.1 任务1:制作冰箱贴背景 …… 76
4.5.2 任务2:制作卡通人物 …… 78
4.5.3 任务3:输入文字 …… 81
4.5.4 任务4:制作标志 …… 82
4.6 技术拓展…… 85
4.6.1 透视与新式绘图工具…… 85
4.6.2 冰箱贴设计注意事项…… 85
4.7 项目总结…… 86
4.8 强化练习与目标达成度评测…… 86
4.8.1 知识评测…… 86

4.8.2 技能评测 …… 87
项目五 广告笔拉画设计与制作 …… 88
5.1 项目导引 …… 88
5.1.1 项目来源 …… 88
5.1.2 工作要求 …… 89
5.2 项目分析 …… 90
5.3 技术准备 …… 90
5.3.1 知识点1:Illustrator常用快捷命令 …… 90
5.3.2 知识点2:Illustrator核心概念 …… 90
5.4 项目设计 …… 91
5.4.1 子任务设计 …… 91
5.4.2 流程与操作设计 …… 92
5.5 项目实施 …… 92
5.5.1 任务1:制作正面背景 …… 92
5.5.2 任务2:描边文字制作 …… 97
5.5.3 任务3:图片导入与编辑 …… 98
5.5.4 任务4:绘制吉祥物 …… 99
5.5.5 任务5:制作背面效果 …… 102
5.6 技术拓展 …… 105
5.6.1 钢笔工具高级应用 …… 105
5.6.2 文字高级应用 …… 107
5.6.3 对象的编组 …… 108
5.7 项目总结 …… 109
5.8 强化练习与目标达成度评测 …… 109
5.8.1 知识评测 …… 109
5.8.2 技能评测 …… 110

InDesign 训练篇

项目六 DM信封广告设计与制作 …… 113
6.1 项目导引 …… 113
6.1.1 项目来源 …… 113
6.1.2 工作要求 …… 114
6.2 项目分析 …… 114
6.3 技术准备 …… 115
6.3.1 知识点1:InDesign界面构成 …… 115

6.3.2 知识点 2:InDesign 常用工具 …… 116
6.3.3 知识点 3:InDesign 常用快捷命令 …… 118
6.3.4 知识点 4:InDesign 核心概念 …… 118
6.4 项目设计 …… 119
6.4.1 子任务设计 …… 119
6.4.2 流程与操作设计 …… 120
6.5 项目实施 …… 120
6.5.1 任务 1:信封版面布局 …… 120
6.5.2 任务 2:信封边框制作 …… 121
6.5.3 任务 3:封口内容制作 …… 124
6.5.4 任务 4:封面内容制作 …… 126
6.5.5 任务 5:封底内容制作 …… 133
6.5.6 任务 6:导出与打包 …… 141
6.6 技术拓展 …… 143
6.6.1 InDesign 中生成表格的方法 …… 143
6.6.2 InDesign 中设计多媒体 …… 144
6.7 项目总结 …… 144
6.8 强化练习与目标达成度评测 …… 144
6.8.1 知识评测 …… 144
6.8.2 技能评测 …… 145

项目七 广告宣传册设计与制作 …… 147
7.1 项目导引 …… 147
7.1.1 项目来源 …… 147
7.1.2 工作要求 …… 148
7.2 项目分析 …… 148
7.3 技术准备 …… 149
7.3.1 知识点 1:InDesign 常用快捷命令 …… 149
7.3.2 知识点 2:InDesign 核心概念 …… 149
7.3.3 知识点 3:InDesign 典型操作 …… 150
7.4 项目设计 …… 151
7.4.1 子任务设计 …… 151
7.4.2 流程与操作设计 …… 152
7.5 项目实施 …… 152
7.5.1 任务 1:分栏设置 …… 152
7.5.2 任务 2:第一栏上部分制作 …… 153

7.5.3 任务3:第二栏上部分制作 …… 155
7.5.4 任务4:第三栏上部分制作 …… 158
7.5.5 任务5:第一栏下部分制作 …… 159
7.5.6 任务6:第二栏下部分制作 …… 162
7.5.7 任务7:第三栏下部分制作 …… 163
7.5.8 任务8:测试与保存 …… 165
7.6 技术拓展 …… 168
7.6.1 典型宣传册应用 …… 168
7.6.2 宣传册的文本设计 …… 169
7.7 项目总结 …… 170
7.8 强化练习与目标达成度评测 …… 170
7.8.1 知识评测 …… 170
7.8.2 技能评测 …… 171

综合训练篇

综合实训一 网页效果图设计与制作 …… 175
8.1 项目分析 …… 175
8.1.1 项目要求 …… 175
8.1.2 需求分析 …… 176
8.2 项目设计 …… 176
8.2.1 子任务设计 …… 176
8.2.2 流程与操作设计 …… 177
8.3 项目实施 …… 177
8.3.1 任务1:新建文档 …… 177
8.3.2 任务2:制作模板导航条 …… 178
8.3.3 任务3:制作模板顶部内容 …… 182
8.3.4 任务4:制作模板底部内容 …… 186
8.3.5 任务5:制作首页主要内容 …… 191
8.3.6 任务6:制作子页面 …… 197
8.4 项目成果 …… 205
8.4.1 运行效果 …… 205
8.4.2 项目评价 …… 206

综合实训二 酒店菜单设计与制作 …… 208
9.1 项目分析 …… 208
9.1.1 项目要求 …… 208

9.1.2 需求分析 …… 209
9.2 项目设计 …… 209
9.2.1 子任务设计 …… 209
9.2.2 工作流程设计 …… 210
9.3 项目实施 …… 211
9.3.1 任务1:InDesign中设置菜单正面分栏与Illustrator中绘制背景 …… 211
9.3.2 任务2:Photoshop中处理菜的图片 …… 215
9.3.3 任务3: InDesign中处理与排版第一栏与第三栏的菜 …… 216
9.3.4 任务4:InDesign中制作第四栏内容 …… 219
9.3.5 任务5:InDesign中制作第二栏内容 …… 225
9.3.6 任务6:菜单反面内容制作 …… 228
9.3.7 任务7:测试与打包 …… 238
9.4 项目成果 …… 239
9.4.1 运行效果 …… 239
9.4.2 项目评价 …… 240
项目二～项目七知识与技能评测题参考答案 …… 241
参考文献 …… 242

平面设计基础篇

项目一

平面设计工作环境总览

◆知识与目标达成度

(1)了解平面设计行业发展概况。

(2)了解平面设计岗位核心知识与技能。

(3)了解平面设计相关认证考试。

(4)掌握平面设计基本要素。

(5)掌握色彩、版式、印刷基础知识。

(6)了解 Adobe CS5 主要软件的基本功能。

◆能力与目标达成度

(1)能了解平面设计行业发展情况。

(2)能主动学习并与他人有效交流。

◆学习重点与难点

平面设计典型应用与基础知识。

◆学时分配

8 学时。

◆教学设计与实施策略

(1)教学环境:投影等多媒体设备。

(2)教学策略:分组指导、一体化教学。

1.1 平面设计行业发展现状

1.1.1 平面设计概述

中国当代平面设计至今已有 30 余年的发展历史。随着文化产业的崛起和信息技术的迅猛发展,平面设计被应用于各行各业,如工业设计、广告与招贴画设计、包装设计、VI设计、数码照片修饰修理、电子商务网站产品美化等,用户群逐年增长。目前,设计服务业已被列入国家发展重点计划。

1. 平面设计含义

平面设计是将不同的基本图形、图像、文本，按照一定的规则在平面上组合成图案的工作。主要在二维空间范围之内绘制和处理图案。而平面设计所表现的立体空间感，并非实在的三维空间，而仅仅是图形对人的视觉引导作用形成的幻觉空间。

2. 平面设计基本内容

(1)平面构成。

平面构成主要指运用点、线、面等元素，在二维平面上进行形态表现的过程。主要包括点的规律和不规律构成；线的不同方向和不同线质给人带来不同的心理感受；面的各种形成形式和分割方式；形的构成方法；构成设计的形式等。

(2)色彩构成。

色彩构成是将色彩按照一定关系原则组合创造出预期的色彩效果的过程。主要包括掌握色彩的基本知识及色彩搭配规律；懂得表现人对色彩的心理反映以及内在联系。

(3)图案造型。

图案造型是指以平面构成和色彩构成为基础，并以风景、人物、静物、动物等图案为依据，进行图案变形。要求既有图案装饰性，又不失物象原貌，掌握装饰由自然形象变为图案的过程。

(4)字体设计。

字体设计主要包括外部字体的使用、汉字与英文字体的变形等。

1.1.2　平面设计发展现状

1. 平面设计常用软件

典型的平面设计软件如 Photoshop、Coreldraw、Illustrator、AutoCAD 等。其中 Photoshop 主要是用来进行图像处理，如照片的美化等。Coreldraw 和 Illustrator 是矢量绘图软件，常用于绘制矢量图形。AutoCAD 是常用的平面制图软件，如平面布置图、施工图、立面图以及三维图的绘制，主要应用于机械、装潢以及工业产品设计。

2. 平面设计典型应用

(1)标志设计。

标志，是表明事物特征的记号。它以单纯、显著、易识别的物象、图形或文字符号为直观语言，除表示什么，代替什么之外，还具有表达意义、情感和指令行动等作用，在企业传递形象的过程中应用广泛。企业将其文化内容融合标志中，通过后期的不断努力与反复策划，使之在大众心里留下深刻的印象。

(2)海报设计。

海报又名“招贴画”或“宣传画”，属于户外广告，分布在各街道、影剧院、展览会、商业闹区、车站、码头、公园等公共场所，多用于电影、戏剧、比赛、文艺演出等活动。

(3)包装设计。

包装设计是用平面设计软件为产品进行装饰设计，一般包括产品的名称、特点、产品外观等要素。

(4)网页设计。

网页设计是指运用平面设计软件设计各类网站页面的效果图、各类网页中的图片等。

(5)照片处理。

照片处理指运用平面设计软件对照片进行美化和修饰，在影楼、网店产品中使用广泛。

1.2 平面设计类岗位核心知识与技能

平面设计岗位在媒体、文化创意、工业设计等行业涉及广泛，不仅需要平面设计师的核心知识与技能，还需要熟悉本行业相关的应用背景。

1.2.1 平面设计类岗位核心知识

(1)具备美学、色彩、创意、印刷工艺等理论知识。

(2)熟悉 CI 流程和策划。

(3)具备良好的消费者服务与个人服务意识。

1.2.2 平面设计类岗位核心技能

(1)有效的口头沟通能力。

(2)运用有效的学习方法解决问题的能力。

(3)能熟练使用 Photoshop、Illustrator、Coreldraw 等平面设计软件。

(4)具备良好的艺术审美水平与独立完成设计作品的能力。

1.2.3 平面设计岗位示例

平面设计岗位具体到不同行业与公司，还需要根据行业、公司及具体岗位的要求，熟悉公司的文化、根据实际的岗位要求有工作侧重与不同的知识与技能要求。以平面广告设计师、图像处理师、网页美工为例，三个岗位有工作侧重，也有需要掌握的通用知识与技能。

1. 广告设计师

熟练掌握 Photoshop、AutoCAD、Illustrator、Coreldraw 等平面设计软件，具备电脑操作、美学、色彩、广告理论、广告创意、CI 流程和策划、印刷工艺等丰富的理论知识。具有丰富的想像力和平面创作热情、良好的艺术审美水平。

2. 图像处理师

能熟练使用 Photoshop、Illustrator、Coreldraw 等图像处理软件，将拍摄效果欠佳的图片进行美化处理，并根据使用场景设置适当的色彩、亮度、版式等信息，具备良好的艺术审美水平。

3. 网页美工

熟练掌握 Photoshop、Coreldraw、Dreamweaver、Fireworks、Flash 等相关网页设计、图形图像处理软件；熟悉 Html 语言、Javascript 和 Css 样式代码，具备良好的艺术审美水平与独立设计制作网页的能力。

1.3 平面设计元素

1. 概念元素

概念元素是指那些实际不存在的、不可见的，但人们的意识又能感觉到的东西。例如我们看到尖角的图形，感到上面有点，物体的轮廓上有边缘线。概念元素包括：点、线、面等。

2. 视觉元素

概念元素不在实际的设计中加以体现，它将是没有意义的，所以概念元素通常需要通过视觉元素体现。视觉元素包括图形的大小、形状、色彩等。

3. 关系元素

视觉元素在画面上如何组织、排列，需要通过关系元素来确定。关系元素包括：方向、位置、空间、重心等。

4. 实用元素

实用元素是指设计所表达的含义、内容、设计的目的及功能。

1.4 平面设计认证考试

1.4.1 Adobe 认证考试

Adobe 中国教育认证的证书分为 ACCD 和 ACPE 两种。

1. ACCD(Adobe China Certified Designer)

ACCD 即 Adobe 中国认证设计师，是某一领域的综合认证证书称号，分为平面设计、网页设计、数码影视三类。如 ACCD 平面设计师证书需要考 Adobe InDesign、Photoshop、Illustrator、Acrobat 四个软件，获得五个证书，一个 ACDD 平面设计师证书，四个软件证书。

Adobe 考证的主要类别为：

(1)Adobe 中国认证平面设计师。

要求通过以下四门考试：Adobe Photoshop、Adobe Illustrator、Adobe InDesign、Adobe Acrobat。

(2)Adobe 中国认证数码视频设计师。

要求通过以下四门考试：Adobe After Effects、Adobe Premiere Pro、Adobe Photoshop、Adobe Illustrator。

(3)Adobe 中国认证网页设计师。

要求通过以下四门考试：Macromedia Dreamweaver(或 Adobe Golive)、Macromedia Flash、Macromedia Fireworks、Adobe Photoshop。

2. ACPE(Adobe China Product Expert)

ACPE 即 Adobe 中国产品专家，是一款 Adobe 产品的认证证书和称号。

这两种考证的考试科目在合法的 ACTC(Adobe 授权培训中心)参加认证培训，只有经过 ACTC 培训的学员，才有资格申请参加 ACEC(Adobe 授权考试中心)的考试，并在考试合格后获得 ACCD/ACPE 证书。

Adobe 认证考试都是以选择题(单选题和多选题)为主，每一种考试的试题数量都不同，考试时间均为 90 分钟。

1.4.2　国际商业美术设计认证考试

国际商业美术设计师(International Commercial Art Designer，ICAD)。该职业资格认证是国际商业美术设计师协会在全球范围内推行的四级商业美术设计专业资质认证体系的总称。ICAD 从高到低分为四个级别：A 级 ICAD、B 级 ICAD、C 级 ICAD、D 级 ICAD。不同级别的 ICAD 证书表明持证者个人从事商业美术设计相关工作的不同等级的能力水平。A 级为特级，B 级为高级，C 级为中级，D 级为初级。

专业与考试级别：

(1)ICAD 考试认证从高到低分为 A、B、C、D 四个级别。

(2)ICAD 考试认证设置六个专业：

平面设计、环境艺术设计(含室内装饰设计和景观设计)、展示设计、服装设计、工业造型设计、影视美术设计(含影视场景设计、舞台美术设计、影视动画设计、人物造型设计)。考生可以任选其中一个专业参加考试。

(3)在考试中，各专业所涉及的主要内容范围为：

①平面设计专业：标志设计、平面广告设计、企业形象设计、包装设计、书籍装帧设计等。

②环境艺术专业：室内设计、室外景观设计、家具设计等。

③展示设计专业：商店外环境及门面设计、商业橱窗设计、商业店堂内部环境设计、展示道具与设施设计、商业展示效果图绘制。

④服装设计专业：服装设计概论、服装设计的类别、服装设计的方法和程序、服装与时代文化艺术、服装设计中的技术处理、服装设计中新技术新材料的应用等。

⑤工业造型设计专业：工业造型设计的基本概念和范畴、工业设计程序与步骤、工业设计制图方法、工业设计表现技法、工业产品造型设计、模型塑造技法等。

⑥影视动画设计：影视场景设计、舞台美术设计、影视动画设计。

⑦人物造型设计：影视人物造型设计、生活时尚造型设计等。

1.5 色彩、版式、印刷基础知识

1.5.1 色彩基础

色彩的直接心理效应来自色彩的物理光刺激对人的生理发生的直接影像。心理学家对此曾做过许多实验。

1. 加色与减色原理

色彩三要素指：明度、色相、纯度。三基色是指红、绿、蓝三色。就是说从理论上讲，如果有 3 种颜色可以组合成其他任何一种颜色，那么这 3 种颜色就是三原色或三基色。

从颜色混合原理上讲，一般分为色光三原色（遵循颜色加法原理）和颜料三原色（遵循颜色减法原理）。如图 1-1 所示。

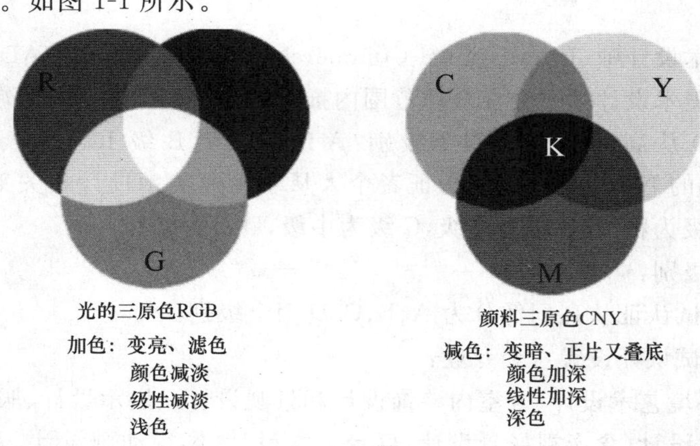

图 1-1　光和颜料三原色

(1)色光三原色——加色法原理。

人的眼睛是根据所看见的光的波长来识别颜色的。可见光谱中的大部分颜色可以由 3 种基本色光按不同的比例混合而成，这 3 种基本色光的颜色就是红(Red)、绿(Green)、蓝(Blue)三原色光。这 3 种光以相同的比例混合且达到一定的强度，就呈现白色(白光)；若 3 种光的强度均为零，就是黑色(黑暗)。这就是加色法原理，加色法原理被广泛应用于电视机、监视器等主动发光的产品中。

(2)颜料三原色——减色法原理。

在打印、印刷、油漆、绘画等靠介质表面的发射被动发光的场合,物体所呈现的颜色是光源中被颜料吸收后所剩余的部分,所以其成色的原理称为减色法原理。减色法原理被广泛应用于各种被动发光的场合。在减色法原理中,三原色颜料分别是青、品红和黄。

2. 色彩对比与配色

色彩在更多的情况下是通过对比来表达的,有时色彩的对比五彩斑斓、耀眼夺目,显得华丽,有时对比在纯度上含蓄、明度上稳重,又显得朴实无华。创造什么样的色彩才能表达所需要的感情,完全依赖于自己的感觉、经验及想象力,没有什么固定的格式。如图 1-2 所示。

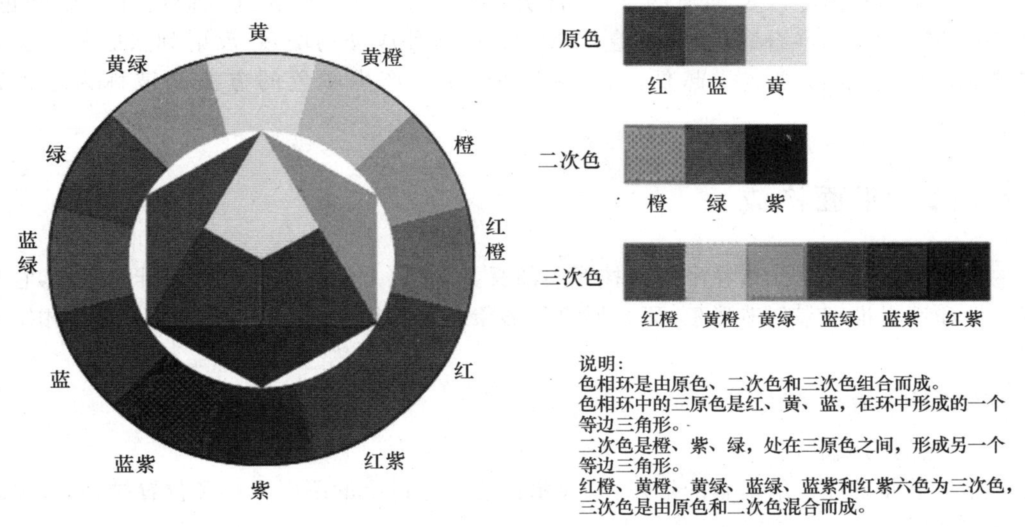

图 1-2　色彩对比

在考虑如何配色时,必须先确定自己到底要什么样的配色效果。这主要依据作品要求和表现的感情从以下 4 个方面来定:

(1)决定主体色。

(2)选择搭配色。

(3)选择背景色。

(4)明彩度调整,完成配色。

3. 颜色模式

颜色模式是指将某种颜色表现为数字形式的模型,或者说是一种记录图像颜色的方式。在计算机中常见的包括 RGB 模式、CMYK 模式。

(1)RGB 模式。

RGB 模式就是常说的三原色,R 代表 Red(红色),G 代表 Green(绿色),B 代表 Blue(蓝色)。之所以称为三原色,是因为在自然界中肉眼所能看到的任何色彩都可以由这三种色彩混合叠加而成,因此也称为加色模式。RGB 模式是一种色光表色模式,它广泛用于我们的生活中,如电视机、计算机显示屏、幻灯片等都是利用光来呈色。印刷出版中常需扫描图像,扫描仪在扫描时首先提取的就是原稿图像上的 RGB 色光信息。RGB 模式是一种加色法模式，通过 R、G、B 的辐射量，可描述出任一颜色。计算机定义颜色时 R、G、B 三种成分的取值范围是 0～255，0 表示没有刺激量，255 表示刺激量达最大值。R、G、B 均为 255 时就合成了白光，R、G、B 均为 0 时就形成了黑色，当两色分别叠加时将得到不同的“C、M、Y”颜色。在显示屏上显示颜色定义时，往往采用这种模式。图像如用于电视、幻灯片、网络、多媒体，一般使用 RGB 模式。

(2)CMYK 模式。

CMYK 模式是一种印刷模式。其中四个字母分别指青、洋红、黄、黑，在印刷中代表四种颜色的油墨。CMYK 模式在本质上与 RGB 模式没有什么区别，只是产生色彩的原理不同，在 RGB 模式中由光源发出的色光混合生成颜色，而在 CMYK 模式中由光线照到有不同比例 C、M、Y、K 油墨的纸上，部分光谱被吸收后，反射到人眼的光产生颜色。由于 C、M、Y、K 在混合成色时，随着 C、M、Y、K 四种成分的增多，反射到人眼的光会越来越少，光线的亮度会越来越低，所有 CMYK 模式产生颜色的方法又被称为色光减色法。

1.5.2 平面构成

平面构成是视觉元素在平面上按照美的视觉效果，力学的原理进行编排和组合，它是以理性和逻辑推理来创造形象、研究形象与形象之间的排列的方法，是理性与感性相结合的产物。

1. 平面设计中的点线面

(1)点的构成形式。

点是平面设计中最基本的形态，只表示位置。通过点的不同大小和位置排列，可以表现丰富的表现形式。

①点的大小、疏密不一排列，能形成空间感。如图 1-3 所示。

②大小、疏密一致的点有序排列，能形成线化感。如图 1-4 所示。

图 1-3　不同大小、疏密的散点排列　　图 1-4　均等散点规则排列

③点以大小不同的形式，既密集又分散的有意排列，能产生面化感。如图 1-5 所示。

④大小一致的点以相对的方向逐渐重合，能产生动态视觉。如图 1-6 所示。

图 1-5　散点面式排列

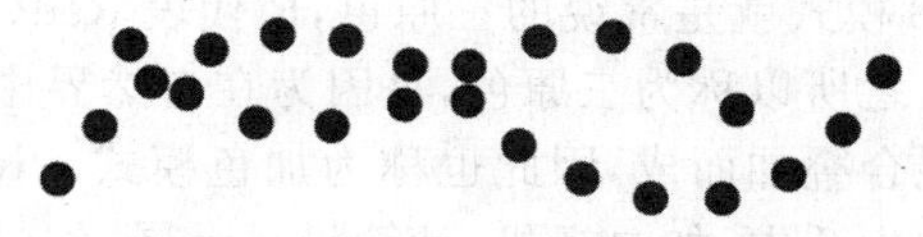

图 1-6　等大点相对排列

（2）线的构成形式。

线是点移动的轨迹。

① 等距化的直线形成面的效果。如图 1-7 所示。

② 疏密变化的线透视空间的视觉效果。如图 1-8 所示。

③ 线的长度错视。如图 1-9 所示。

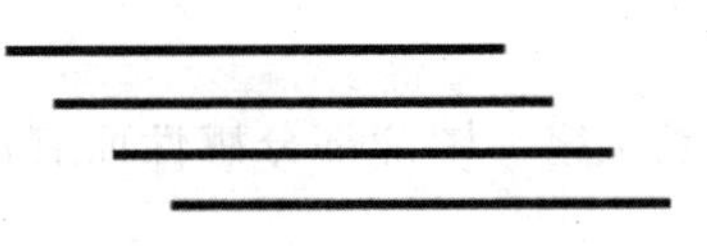

图 1-7　面化的线

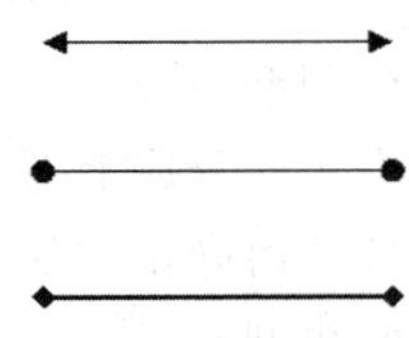

图 1-8　疏密变化的线

图 1-9　粗细变化的线

（3）面的构成形式。

面体现了充实、厚重、整体、稳定的视觉效果。

①几何型面，具有简洁、明了的感觉。如图 1-10 所示。

②有机型面，具有柔和、自然的形态。如图 1-11 所示。

③偶然型面，自由、活泼而富有哲理性。如图 1-12 所示。

图 1-10　几何型面

图 1-11　有机型面

图 1-12　偶然型面

2. 平面设计中的版式

（1）版式设计的含义。

所谓版式设计，是指将有限视觉元素在版面上进行有机的布局，形成具有个人风格和艺术特色的视觉传送方式。广泛应用于网页、画册等平面设计领域。

（2）版式设计典型类型。

常见版式设计典型类型分为骨格型、满版型、分割型、曲线型、倾斜型、三角型、自由型。

①骨格型。

是一种规范的、理性的分割方法。如图 1-13 所示。常见的骨格有竖向和横向的通栏、双栏、三栏和四栏等。图片和文字的编排按照骨格比例进行编排配置，给人以严谨、和谐、理性的美。

②满版型。

版面以图像充满整版，文字压置在上下、左右或中部（边部和中心）的图像上。满版型给人大方、舒展的感觉。如图 1-14 所示。

图 1-13　骨格型版式

图 1-14　满版型版式

③分割型。

整个版面分成上下、左右两部分，分别安排图片或文字。图片部分感性而有活力，而文字则理性而静止。如图 1-15 所示。

④曲线型。

图片和文字排列成曲线，产生韵律与节奏的感觉。如图 1-16 所示。

图 1-15　上下分割型版式

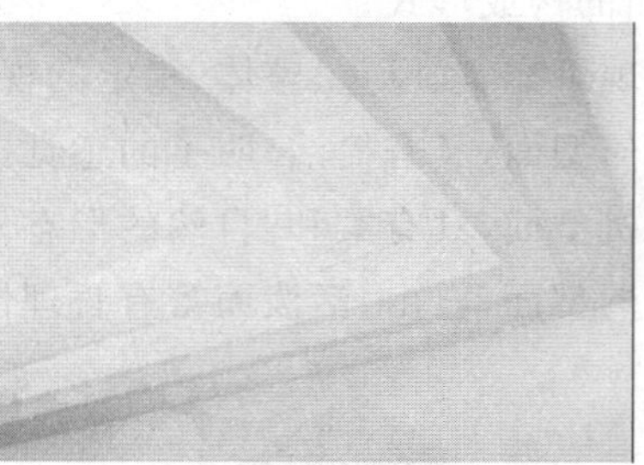
图 1-16　曲线型

⑤倾斜型。

版面主体形象或多幅图像作倾斜编排，这种版式打破了稳定和平衡，赋予文字和图像强烈的结构张力和视觉动感。如图 1-17 所示。

⑥三角型。

版面中各元素呈三角形排列。正三角给人安全稳定的感觉，倒三角给人活泼的感觉，侧三角构成一种均衡版式。如图 1-18 所示。

⑦自由型。

版式无规律、随意编排，有活泼、轻快的感觉。如图 1-19 所示。

图 1-17　倾斜型

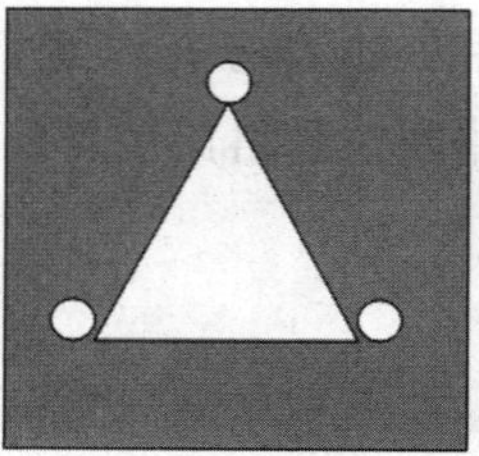
图 1-18　三角型

图 1-19　自由型

1.5.3　印刷基础

1. 印刷出版物的外形尺寸和开本

(1)开本。

图书、报纸和刊物等印刷出版物的大小都有一定的规格,通常用“开数”来表示,也叫开本。

全张纸:从造纸厂生产出来的纸叫全张纸或全开纸。

开数:开数是以一张标准全张纸裁切成多少张同样大小的小纸来定义的,如一张全张纸裁成 8 张小纸,该小纸就叫 8 开纸;裁成 32 张小纸就叫 32 开纸。如图 1-20 所示。

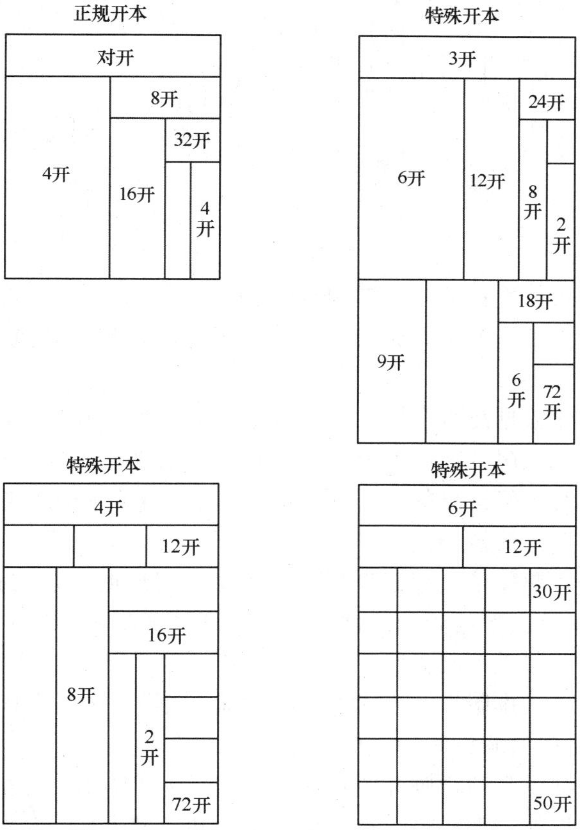

图 1-20　典型开本

(2)两种开法。

正开法:印刷用纸一般都是对折裁切,纸张的开本是按照 2^n 的几何级数排列的,这种方法也叫“正开法”,既节约纸张,又方便加工。

畸开法:正开法以外的其他开纸方法。

(3)版心尺寸及设定。

版心是版面上容纳文字图片的区域,也是我们实现排版的有效面积,版心是计算机排版中的一个重要参数。排版时,无论版式怎样变化,均在版心之内进行。需要注意的是,我们在计算版心时,版心上的页码和书眉均在版心方框之外,不可算在版心之内。版心一般都是用每页多少行、每行多少字来计量,而不采用长度尺寸。

2. 排版工艺流程

排版工艺流程如图 1-21 所示。

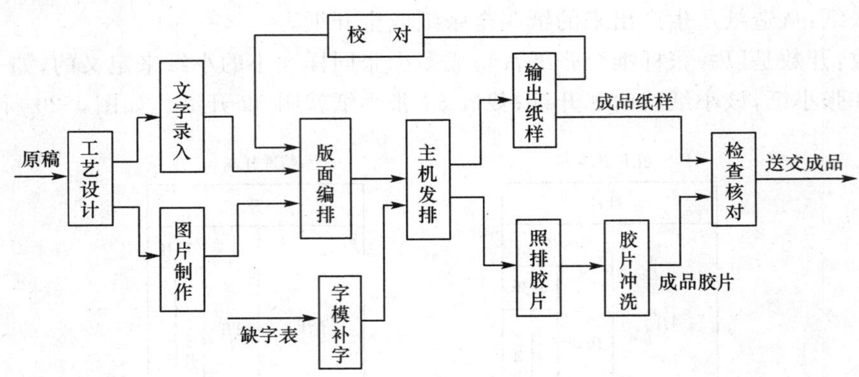

图 1-21　排版工艺流程

(1)工艺设计:对来稿进行加工整理,制订工艺要求。

(2)文字录入:文字录入就是将原稿上文字由人工输入到计算机中,变为计算机可以处理的数据信息。

(3)版面编排:版面编排是将存储在计算机里的文字和图形信息,按要求和规范,排成一定版式的过程。这一工序分为两部分:一是组版,把有关的文字、图片信息集中组织到一起,形成版面;二是对已经排出的版面进行文字或版式上的修改。组版和改版,合称"版面编排",是整个排版工艺的核心。

(4)图片制作:图片制作是处理制作版面上需要的图形或图片,为组版工序提供数据信息,排出既有文字又有图形的版面。这一工序一般需要在配有图片扫描仪、图像处理软件和绘图软件的高档计算机上制作。

(5)字模补字:计算机排版系统字库中的字数是有限的,遇到字库中没有的个别文字或者符号时,可以用专门的软件来"补字"。

(6)主机输出:有纸样和照排胶片两种输出形式。主机输出工序的任务是将排完的版面辅出在纸张上或胶片上。纸张输出是在激光印字机上进行的,主要是生成供校对和作者修改的校样,或者供轻印刷工艺直接制版的版样。照排胶片躺出则是在精密照排机上将成品版面用激光扫描记录在胶片上。

(7)胶片冲洗:照排出的胶片必须经过显影、定影等冲洗过程,才能得到成品。

(8)检查核对:校对是排版过程中不可缺少的一道质量检查工序。校对后的校样返回,再进行改版,正规出版物起码要经过三次校对。

3. 专业术语

(1)分色。

分色是一个印刷专业名词,指的就是将原稿上的各种颜色分解为青(C)、红(M)、黄(Y)、黑(K)四种原色颜色。在电脑印刷设计或平面设计图像类软件中,分色工作就是将扫描图像或其它来源的图像的色彩模式转换为 CMYK 模式。如果要印刷的话,必须进行分色,分成黄、品红、青、黑四种颜色,这是印刷的要求。

分色操作其实非常简单:只需要把图像色彩模式转换为 CMYK 模式即可。图像在输出菲林时就会按颜色的通道数据生成网点,并分成黄、品红、青、黑四张分色菲林片。

(2)菲林。

是一种透明的胶片,分四张,每张代表一种颜色,以不同的灰度代表颜色的用量。四种颜色叠出菲林就是把制作好的版面,通过设备输出到可以印刷的 PC 胶片上,专业术语叫菲林片。

1.6 Photoshop、Illustrator、InDesign CS5 基本功能

Photoshop CS5、Illustrator CS5、InDesign CS5 是 Adobe 公司开发的 CS5 系列中的三个平面设计类产品。

1.6.1 Photoshop CS5

Adobe Photoshop 是一个由 Adobe 公司开发和发行的图像处理软件。Photoshop 主要处理以像素所构成的数字图像。使用其众多的编修与绘图工具,可以更有效的进行图片编辑工作。

1.6.2 Illustrator CS5

Adobe Illustrator 是一种应用于出版、多媒体和在线图像的工业标准矢量插画的软件。作为一款非常好的图片处理工具,Adobe Illustrator 广泛应用于印刷出版、专业插画、多媒体图像处理和互联网页面的制作等,也可以为线稿提供较高的精度和控制,适合生产任何小型设计到大型的复杂项目。

1.6.3 InDesign CS5

Adobe InDesign 是由 Adobe 公司为专业排版设计领域而开发研制的新一代排版软件。它集成了多种排版工具的优点,擅长于大批量复杂版面的作业,解决了目前市场上排版软件存在的图像处理能力与设计排版功能不能完全兼容的障碍,具有强大的设计排版/

图像处理能力。如再配以高速输出的后端支持，可以满足不同地区设计排版要求，是更加有效的电子出版系统。

1.7 项目总结

本项目围绕平面设计工作环境，介绍了平面设计行业发展现状、平面设计核心知识与技能、平面设计元素、实证考试、色彩基础、平面构成基础、印刷基础、Photoshop CS5、Illustrator CS5、InDesign CS5 基本功能，作为平面设计人员了解行业与基础知识的开门篇。

Photoshop训练篇

项目二

网店产品图片美化

◆知识与目标达成度

(1)了解 Photoshop 界面结构与特点。

(2)熟悉图层、滤镜等基础概念。

(3)了解网店产品图片处理的一般需求与工作流程。

◆能力与目标达成度

(1)能运用 Photoshop 选区工具、文本工具、画笔工具、进行抠图、文本编辑等操作。

(2)能运用图层、图像处理、滤镜、等操作进行图片美化。

(3)能主动学习与他人有效交流。

◆学习重点与难点

选区、抠图、调色、图层操作的运用。

◆学时分配

8 学时。

◆教学设计与实施策略

(1)教学环境:投影等多媒体设备。

(2)教学策略:分组指导、一体化教学。

2.1 项目导引

2.1.1 项目来源

网上店铺是当前网络营销的一种主要渠道。如何将店铺中展示的产品进行美观、清晰地展示,是店主促销时要考虑的重要因素。本项目来源于淘宝网店,要求将实拍并且有瑕疵的图片进行美化,最终用于上传至店铺中进行样品展示。

2.1.2 工作要求

1. 工作任务书

本项目工作任务书如表 2-1 所示。

表 2-1 《网店产品图片美化》工作任务书

《网店产品图片美化》工作任务书
一、效果要求 将网店的巧克力产品照片(图 2-1)进行效果处理,将素材文件夹中拍摄而得的产品照片进行阴影去除、加亮、背景去除等操作,使照片清晰、美观,使背景为白色,同时再设计一张符合巧克力主题的背景,将图片置于背景上,最终用于网店中作为样品展示。
二、成果要求 1. 图像尺寸:白底小图缩小为宽度和高度均 220 像素,用于网上单幅产品的展示;大图尺寸为宽 700 像素,高 450 像素,用于图片的特写展示。 2. 图像品质:选择高品质图像。 3. 文件格式:提供 PSD 和 JPG 两种格式。

2. 原始图片

原始图片如图 2-1 所示。

图 2-1 原始照片

2.2 项目分析

根据本项目的实际情况,项目分析主要围绕原始素材分析和工作任务分析两部分。

1. 原始素材分析

根据所拍摄产品用于网络营销展示的需求及提供的原始素材进行分析,当前图像存在主要问题包括:产品的亮度偏暗、巧克力盒盖左下侧部分阴影突兀、背景部分色彩杂乱与明度不一等。

2. 工作任务分析

根据工作任务要求,原始素材处理后将制作成 2 张展示图。其中一张为白色背景的小图,用于网店中同类产品的排列展示。另一张制作巧克力背景图,与处理后的图片进行合成,用于产品的大图展示。将需求分析与解决策略填写在如表 2-2 所示的需求分析表中。

表 2-2　《网店产品图片美化》工作需求分析表

《网店产品图片美化》工作需求分析表	
任务要求	
问题汇总	
解决思路	

2.3 技术准备

2.3.1 知识点 1:Photoshop 界面构成

Photoshop CS5 的界面主要由应用程序栏、菜单栏、选项栏、工具箱、状态栏、面板区域组成。如图 2-2 所示。

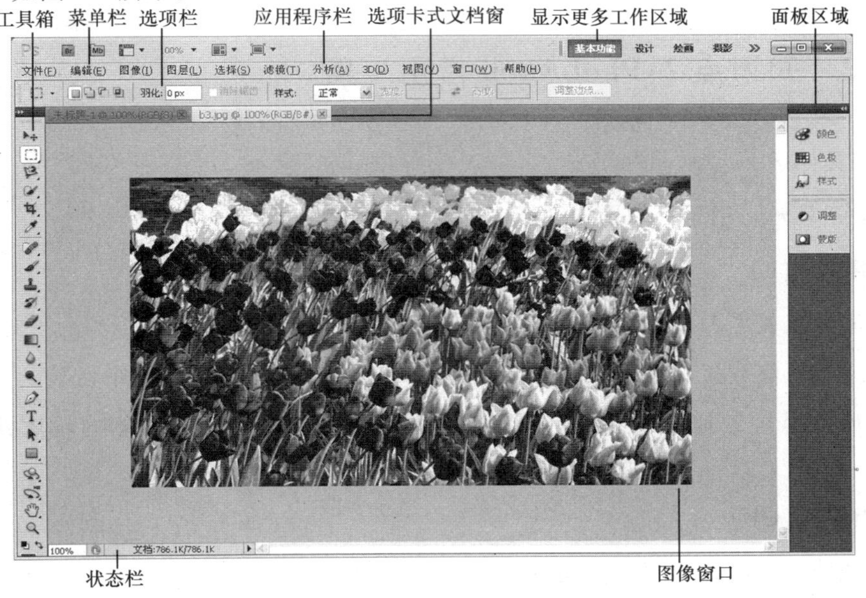

图 2-2　Photoshop CS5 工作界面

1. 应用程序栏

位于窗口的顶部，用于不同工作区和其他应用程序控件切换等。

2. 菜单栏

集合了 Photoshop 的 11 个菜单，包括“文件”、“编辑”、“图像”、“图层”、“选择”、“滤镜”、“分析”、“3D”、“视图”、“窗口”、“帮助”等。单击菜单按钮，在下拉菜单中可以执行相应命令，进行图片效果处理。

3. 选项栏

显示当前所选择工具的选项。不同的工具有着不同的选项栏，通过选项栏可以设置相应工具的属性。

4. 工具箱

包含用于创建图像、图稿、页面和编辑图片的工具，属性基本相似的相关工具被划分到一个工具组中。

5. 图像窗口

显示 Photoshop 中导入图像的窗口。在标题栏中显示文件名称、文件格式、缩放比率以及颜色模式。

6. 面板区域

此区域方便对图片的编辑工作，可以对颜色等面板进行编组、叠放或停放。

7. 状态栏

位于图像下端，显示当前编辑的图像文件大小及图片的各种信息说明。

2.3.2 知识点 2：Photoshop 常用工具

1. 移动工具(V)

移动工具 ：用于移动选取区域内的图像。

2. 套索组工具(L)

(1)套索工具 ：用于在图像上绘制任意形状的选取区域。

(2)多边形套索工具 ：用于在图像上绘制任意形状的多边形选取区域。

(3)磁性套索工具 ：用于在图像上具有一定颜色属性的物体的轮廓线上设置路径。

3. 裁剪组工具(C)

(1)裁剪工具 ：用于从图像上裁剪需要的图像部分。

(2)切片工具 ：选定该工具后在图像工作区拖动，可画出一个矩形的薄片区域。

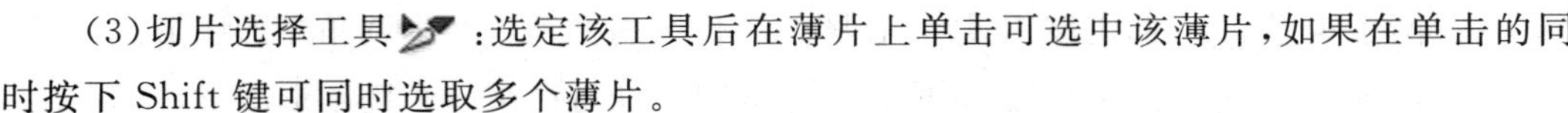

(3)切片选择工具：选定该工具后在薄片上单击可选中该薄片，如果在单击的同时按下 Shift 键可同时选取多个薄片。

4. 画线条工具(B)

(1)画笔工具：用于绘制具有画笔特性的线条。可以创建出较柔和的笔触，笔触的颜色为前景色。

(2)铅笔工具：具有铅笔特性的绘线工具，可以创建出硬边的曲线或直线，笔触的颜色为前景色。

(3)颜色替换工具：颜色替换工具是一款非常灵活及精确的颜色快速替换工具。

5. 着色工具组(G)

(1)渐变工具：用于在整个图像区域或图像选择区域填充一种多种颜色间的渐变混合色。

(2)油漆桶工具：用于在图像的确定区域内填充前景色。

6. 钢笔组工具(P)

(1)钢笔工具：用于绘制路径，选定该工具后，在要绘制的路径上依次单击，可将各个单击点连成路径。

(2)自由钢笔工具：用于手绘任意形状的路径，选定该工具后，在要绘制的路径上拖动，即可画出一条连续的路径。

(3)添加锚点工具：用于为已经创建的路径添加锚点。

(4)删除锚点工具：用于从路径中删除锚点。

(5)转换点工具：可以将平滑曲线转换成尖锐曲线或直线段，反之亦然。

7. 文本组工具(T)

(1)横排文字工具 T：用于输入横排的文字。

(2)竖排文字工具 ↓T：用于输入直排的文字。

(3)横排文字蒙板工具：用于向文字添加蒙板或将文字作为选区选定。

(4)竖排文字蒙板工具：用于在图像的垂直方向添加蒙板或将文字作为选区选定。

8. 选择组工具(A)

(1)路径选择工具：用来整体选择路径和路径上的锚点，以及取消对路径和路径上锚点的选择。

(2)直接选择工具：用来选择路径上的单个锚点并可以进行调整。

9. 绘图组工具(U)

(1)矩形：选定该工具后，在图像工作区内拖动可产生一个矩形图形。

(2)圆角矩形 :选定该工具后,在图像工作区内拖动可产生圆角矩形图形。

(3)椭圆 :选定该工具后,在图像工作区内拖动可产生一个椭圆形图形。

(4)多边形 :用于画各种规则形状的多边形,在选项面板内可以设定"边"的数值。单击下拉菜单,可以设定多边形选项。

(5)直线 :直线工具可以创建一条直线,如果在使用直线工具时按住 Shift 键,画出的线一定成水平、竖直或 45 度角。

(6)自定义形状工具 :选定该工具后,在工作区内拖动可产生操作者选定的各种形状。

10. 缩放工具(Z)

缩放工具 :用于缩放图像处理窗口中的图像,以便进行观察处理。

2.3.3 知识点 3:Photoshop 常用快捷命令

Photoshop 常用快捷命令如表 2-3 所示。

表 2-3 Photoshop 常用快捷命令

快捷键	作用	快捷键	作用	快捷键	作用
Ctrl+N	新建文件	Ctrl+J	通过拷贝到图层	Ctrl+V	粘贴
Ctrl+O	打开	Ctrl+Shift+J	通过剪切到图层	Ctrl+Shift+V	粘贴入
Ctrl+W	关闭	Ctrl+A	全选	Ctrl+T	自由变换
Ctrl+S	存储	Ctrl+D	取消选择	Ctrl+Shift+T	再次变换
Shift+Ctrl+S	存储为	Ctrl+ Shift+D	重新选择	Ctrl+E	向下合并图层
Alt+Ctrl+S	存储副本	Ctrl+ Shift+I	反选	Delete	删除

2.3.4 知识点 4:Photoshop 核心概念

1. 图层

在制作一幅作品时,要使用多个图层。图层就像把一张张透明拷贝纸叠放在一起,由于拷贝纸的透明特征,使图层上没有图像的区域透出下一层的内容。

2. 通道

通道代表了色彩的区域。一般来说,一种基本色为一个通道,例如 RGB 颜色模式,R 为红色,代表图像中的红色范围,G 为绿色,B 为蓝色。

3. 滤镜

滤镜主要是用来实现图像的各种特殊效果。在一幅图像中,滤镜可以叠加使用多次。

4. 画布

画布是指在 Photoshop 中用于呈现图像和绘图的区域。

2.4 项目设计

2.4.1 子任务设计

根据项目完成需求,分解为以下主要子任务,填写如表2-4所示的项目任务分解表。

【任务1】 绘制背景:绘制巧克力大背景;
【任务2】 去除原始图片背景:去除巧克力盒以外的背景;
【任务3】 巧克力盒图像美化:亮度及色彩调整、去阴影等;
【任务4】 图像位置与尺寸调整:调整前后两张图的相对位置、图像缩放;
【任务5】 背景与图像合成:将处理完成的图像导入背景中进行合成。

表2-4　《网店产品图片美化》项目任务分解表

《网店产品图片美化》任务分解分析表		
任务序号	任务名称	任务说明

2.4.2 流程与操作设计

1. 操作流程

(1)打开Photoshop软件→绘制背景并保存。
(2)去除图像背景→图像美化→位置与尺寸调整→保存输出图像。
(3)打开背景图像文件→将前景图像合成于背景中并保存。

2. 操作命令与工具

选区工具、移动工具、钢笔工具、渐变工具、设置前景色、图层操作、图像调整、缩放操作、保存操作、滤镜使用等。

2.5 项目实施

2.5.1 任务1:绘制背景

【步骤1】 新建文件。执行"文件"→"新建"命令(快捷键"Ctrl+N"),在出现的对话框中键入名称为“网店巧克力背景”，宽度和高度分别为 700 像素和 450 像素，点击“确定”按钮。如图 2-3 所示。

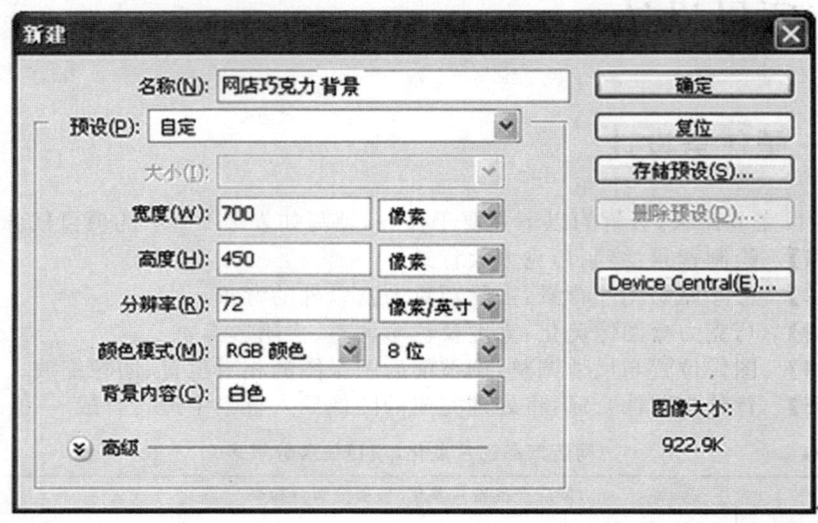

图 2-3 “新建文件”对话框

【步骤 2】 绘制大背景。点选工具箱中的渐变工具▣(快捷键“G”)，在窗口上方的工具属性面板中单击▭，在打开的渐变编辑器对话框中，添加并设置从左至右的 3 个色标色值分别为＃825032、＃9f7861、＃825032，如图 2-4 所示，点击“确定”按钮。将鼠标指针定位于画布顶部，从上到下拉出一条竖直线，背景效果如图 2-5 所示。

图 2-4 渐变编辑器

图 2-5　渐变背景

【步骤 3】　绘制左下侧圆角背景。在工具箱中点击“设置前景色”工具，设置前景色为“＃603118”。再点击工具，在画布左下侧绘制圆角矩形，如图 2-6 所示。双击图层面板中的“形状 1”，将本图形对应的图层命名为“圆角背景”。设置前景色为“＃784619”，点击画笔工具，右键点击画布，在弹出的对话框中，设置笔触大小为 2 pt，硬度为 100％，如图 2-7 所示。选择画笔工具的同时按 Shift 键，在圆角矩形的背景图上绘制水平直线，如图 2-8 所示。

图 2-6　圆角矩形

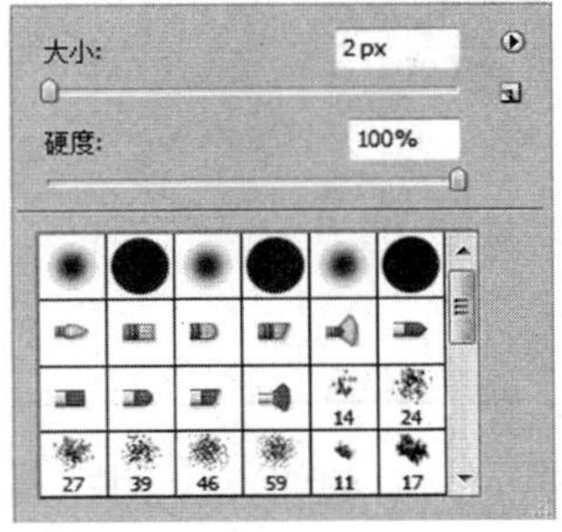

图 2-7　画笔属性对话框

图 2-8 绘制直线

【步骤 4】 设置圆角背景的阴影效果。双击“圆角背景”图层右侧的空白处，弹出“图层样式”对话框。单击“投影”样式，在右侧设置角度：45 度，其他参数为默认值，如图 2-9 所示，点击“确定”按钮。效果如图 2-10 所示。

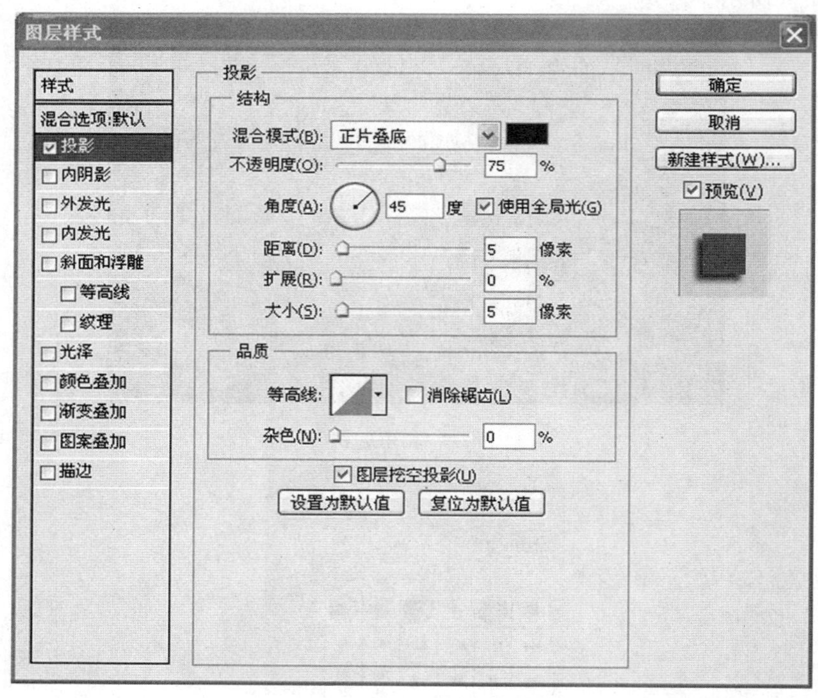

图 2-9 图层样式对话框

图 2-10　设置阴影效果

【步骤 5】　添加文字。点击 T 工具，在窗口上方文本属性栏中单击 ，弹出“字符面板”，如图 2-11 所示。

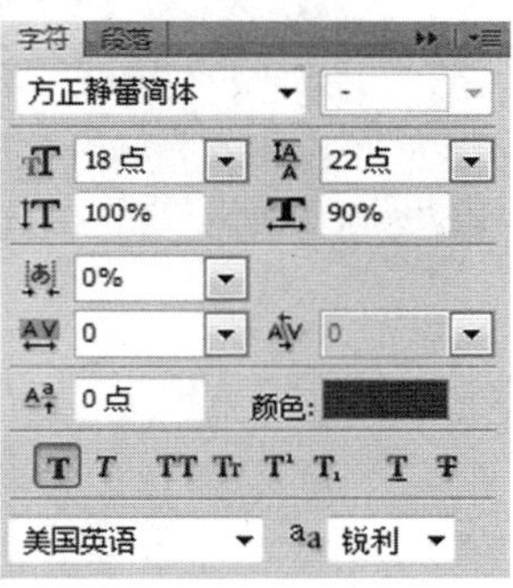

图 2-11　设置文字

(1)设置文本属性：方正静蕾简体、字体大小：18 点、颜色：#543624、文字水平缩放 90%、文字设置为粗体，输入：“暗恋，是一种彻底的寂寞，有心动，有幸福，可是，更多的是，是一个人的心酸。我不想再一个人寂寞的心酸过没有情人的情人节，浪漫七夕，我想对你说：我喜欢你～～”。

(2)设置文本属性：方正细倩简体、字体大小：18、颜色：#b9a351、文字水平缩放 90%、文字设置为粗体，输入：“品名：紫色迷情”。

(3)设置文本属性：方正细倩简体、字体大小：16、颜色：#b9a351、文字水平缩放 84%、文字设置为粗体，输入：“暗恋的心情七夕浪漫价：”。

(4)设置文本属性：方正中等线繁体、字体大小：34、颜色：#b9a351、文字水平缩放 84%、设置所选字符的字距调整：−120、文字设置为粗体和斜体，输入：“89”。

(5)设置文本属性：方正细倩简体、字体大小：16、颜色：#b9a351、文字水平缩放 84%、文字设置为粗体和斜体，输入：“查看详情”。效果如图 2-12 所示。

【步骤 6】　载入画笔。新建图层，命名为“花纹”图案。点击画笔工具 ，在窗口上方的属性栏中点击“画笔预设”选取器 ，在弹出的对话框中，点击右上角的 按钮，设置笔触。在弹出的快捷菜单中选择“载入画笔”命令，如图 2-13 所示。通过载入对话框载入素材文件夹中的“带有线条的古典花纹笔刷.abr”，点击“载入”按钮。

图 2-12　文字排版效果图

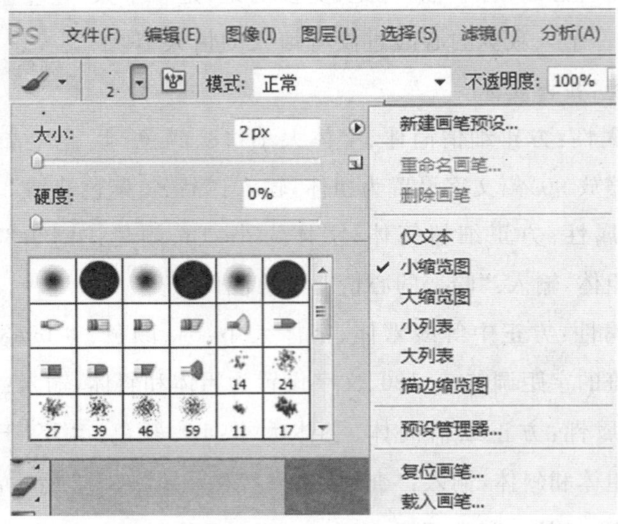

图 2-13　载入画笔

在画笔笔触属性框内选择载入的画笔，选择笔触，设置笔触大小为 340 pt，如图 2-14 所示。在文字上方位置用笔刷绘制，出现花纹笔刷。效果如图 2-15 所示。

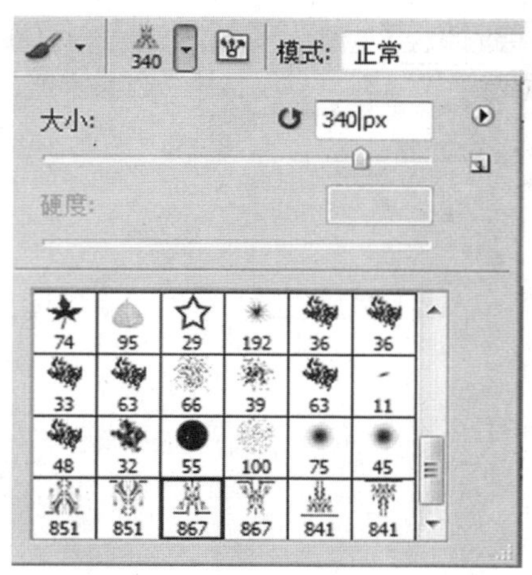

图 2-14　选择笔触

图 2-15　笔触效果

【步骤 7】　添加蝴蝶图案。执行“文件”→“置入”命令，在“置入”对话框中选择“项目二网店产品图片美化/素材”文件夹中“蝴蝶.png”文件，如图 2-16 所示，将图片置入画布，并将图层命名为“蝴蝶”。将蝴蝶缩放、旋转并拖曳到如图 2-17 所示位置。

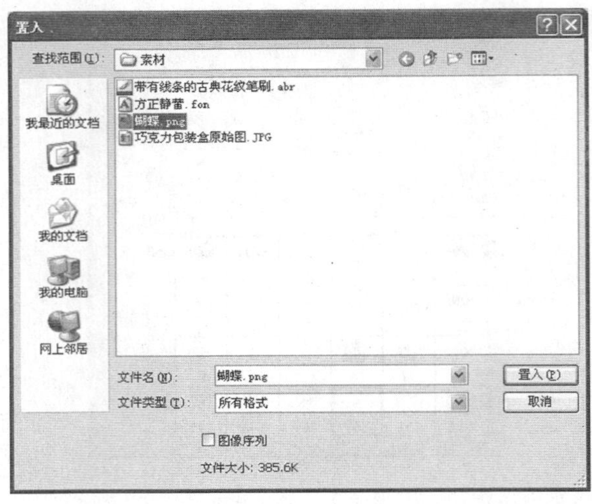

图 2-16　置入对话框

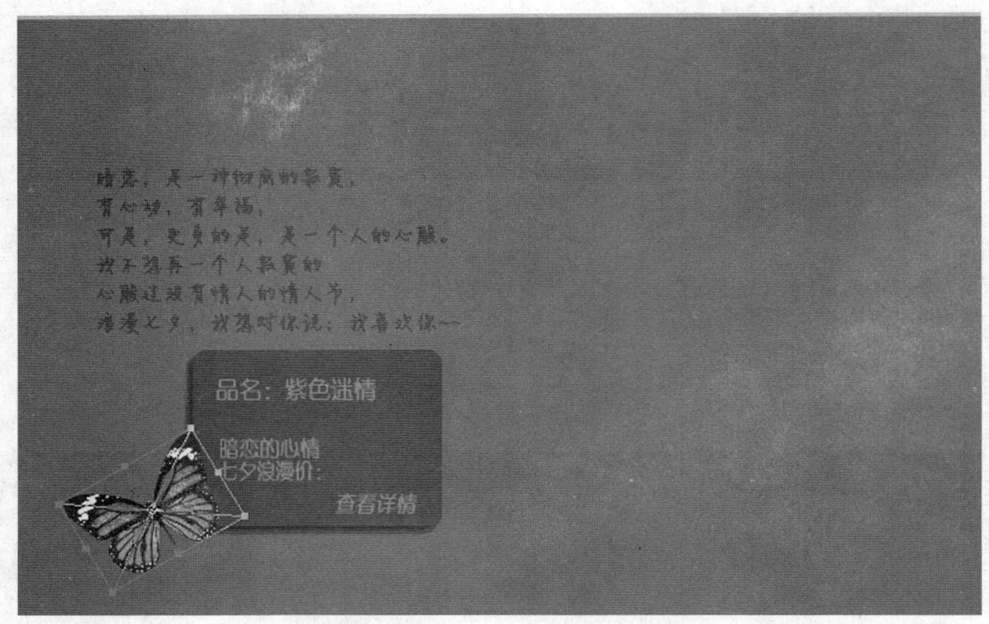

图 2-17　自由变换图像

在图层面板中复制一个蝴蝶图层，用相同方法做出另一只蝴蝶，如图 2-18 所示。在图层面板中，分别选择蝴蝶副本和蝴蝶图层，将混合选项设置为“正片叠底”。如图 2-19 所示。效果如图 2-20 所示。

图 2-18　制作另一只蝴蝶

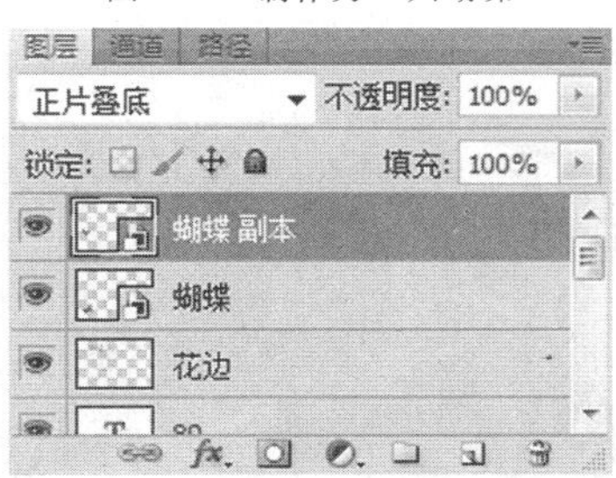

图 2-19　设置混合选项

图 2-20　蝴蝶图层正片叠底效果

【步骤 8】 保存文件。执行“文件”→“存储为”命令，在弹出的对话框中保存 JPG 和 PSD 的文件各 1 份，主文件名命名为“网店巧克力背景”。

友情提示：PSD 格式为 Photoshop 源文件格式，保存图层相关信息。JPG 为压缩格式的文件，保存后若用 Photoshop 打开，则图层默认为“背景”图层。

2.5.2 任务 2：去除原始图片背景

【步骤 1】 打开图片。用 Photoshop CS5 软件打开“项目二网店产品图片美化/素材”文件夹中的“巧克力包装盒原始图.JPG”图片文件。如图 2-21 所示。

图 2-21 用 Photoshop 打开后的原始图

【步骤 2】 建立盒子选区。选择选区工具组，使用磁性套索工具描出盒子的路径。如图 2-22 所示。执行“选择”→“反向”命令(组合快捷键“Ctrl＋Shift＋I”)反选，则选中了盒子以外的背景区域。如图 2-23 所示。用快捷键“Delete”删除背景，如图 2-24 所示。单击选区以外的位置，或用快捷键“Ctrl＋D”取消选区，如图 2-25 所示。

图 2-22　绘制路径

图 2-23　建立选区并反选

图 2-24　删除背景

图 2-25　取消选区

友情提示：除了磁性套索工具外，一些规则的图形，也可以通过矩形或椭圆选区等工具进行绘制，不规则的图形，还可以通过钢笔工具进行。

技巧一点通：许多操作命令，除了菜单操作外，使用快捷操作命令能快速准确地进行操作。

2.5.3　任务 3：美化巧克力盒图像

【步骤 1】　为图片增加白色背景。复制“背景”图层，删除原来的“背景”图层，将“背景副本”图层重命名为“巧克力盒”图层。在图层面板中点击 ![] (组合键“Ctrl＋Shift＋Alt＋N”)，新建图层，命名为“白色背景”，并用鼠标拖动此图层到“巧克力盒”图层下面，如图 2-26 所示。选择 “白色背景”图层，用组合快捷键“Ctrl＋Delete”，填充白色背景色，如图 2-27 所示。

图 2-26　拖动图层

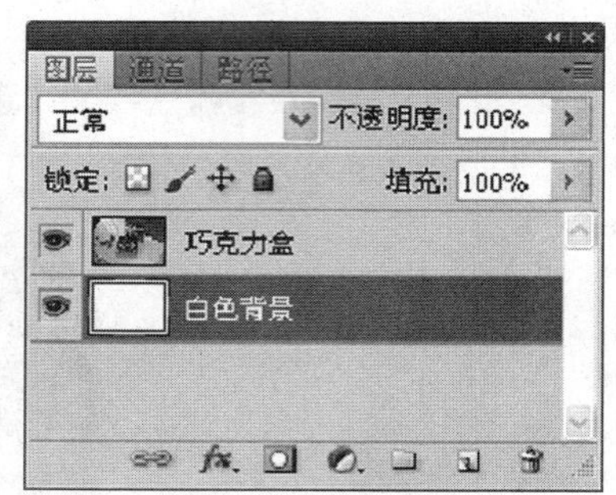

图 2-27　填充背景

【步骤 2】　调整图像颜色。选择“巧克力盒”图层，执行“图像”→“调整”→“色相/饱和度”命令，在弹出的“色相/饱和度”对话框中，选择蓝色，并调整色相为 25，如图 2-28 所示，点击“确定”按钮。效果如图 2-29 所示。

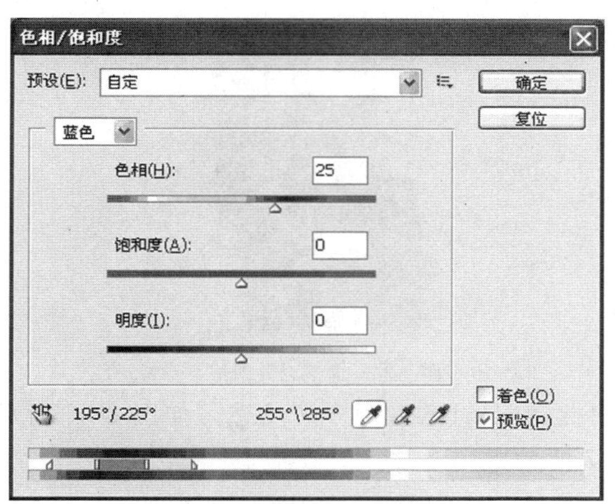

图 2-28　设置色相/饱和度

图 2-29　效果图

【步骤 3】　应用高斯模糊滤镜与柔光模式。复制“巧克力盒”图层，重命名为“巧克力盒副本”图层，如图 2-30 所示。选择“巧克力盒副本”图层，执行“滤镜”→“模糊”→“高斯模糊”命令，在弹出的“高斯模糊”对话框中，设置半径为 30 像素，如图 2-31 所示。选择“巧克力盒副本”图层，将混合模式改为“柔光”，如图 2-32 所示。最终效果如图 2-33 所示。

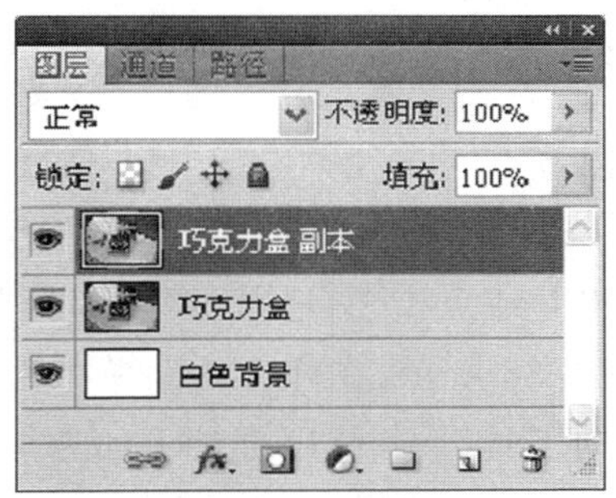

图 2-30　复制图层

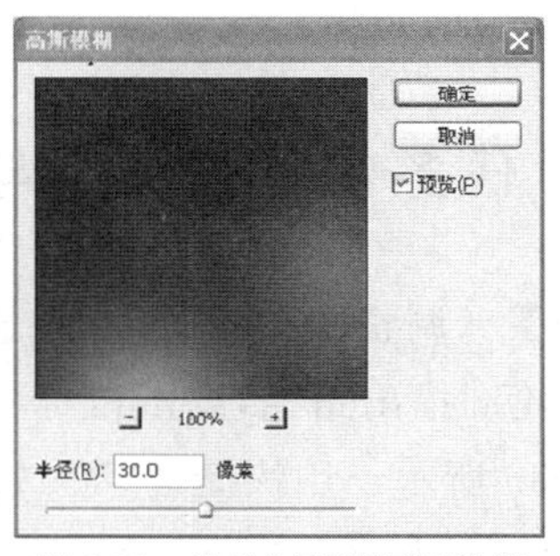

图 2-31　设置“高斯模糊”滤镜

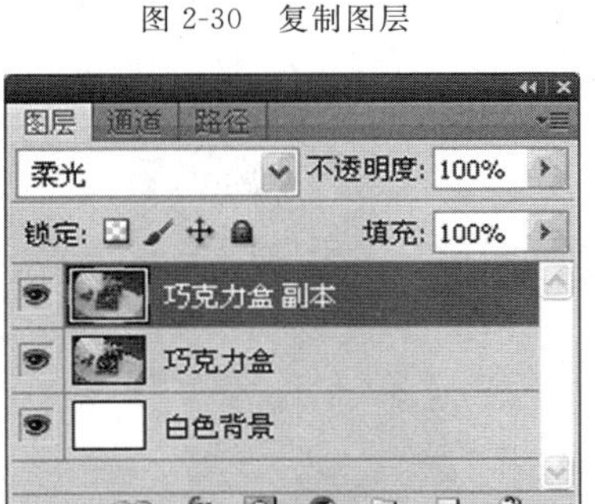

图 2-32　设置“柔光”混合选项

图 2-33　高斯模糊效果图

【步骤 4】　向下合并图层。按住“Ctrl” 键，同时用鼠标左键点击“巧克力盒副本”图层中图标处，建立选区。如图 2-34 所示。选择“巧克力盒复本”图层，使用组合快捷键

“Ctrl＋E”，将该图层向下合并，效果如图 2-35 所示。

图 2-34 建立选区

图 2-35 向下合并图层

【步骤 5】 柔光效果修饰。用组合快捷键“Ctrl＋Shift＋I”反选。如图 2-36 所示。用快捷键“Delete”删除多余部分，如图 2-37 所示。

图 2-36 反选选区

图 2-37 删除多余部分

2.5.4 任务 4：图像位置与尺寸调整

【步骤 1】 调整图片相对位置。用快捷键“P”或点击 选择“钢笔工具”，沿着下半部分盒子的轮廓描出路径，点击鼠标右键，如图 2-38 所示，在弹出的菜单中选择“建立选区”，如图 2-39 所示。用快捷键“V”或选择“移动工具” ，使用键盘上的方向键，将选区微调至如图位置，如图 2-40 所示。用组合快捷键“Ctrl＋D”，取消选区，如图 2-41 所示。

图 2-38 绘制路径

图 2-39 建立选区

图 2-40 微调选区中图像

图 2-41 取消选区

【步骤 2】 调整图像大小。按住快捷键“C”或选择“裁剪工具”，同时按住快捷键 Shift 不放，用鼠标选中出现图像的有效区域，按 “Enter” 键完成裁剪。执行“图像”→“图像大小”命令，在弹出的“图像大小“对话框中设置宽度和高度分别设置为 700 像素和 700 像素，点击“确定”按钮。如图 2-42 所示。

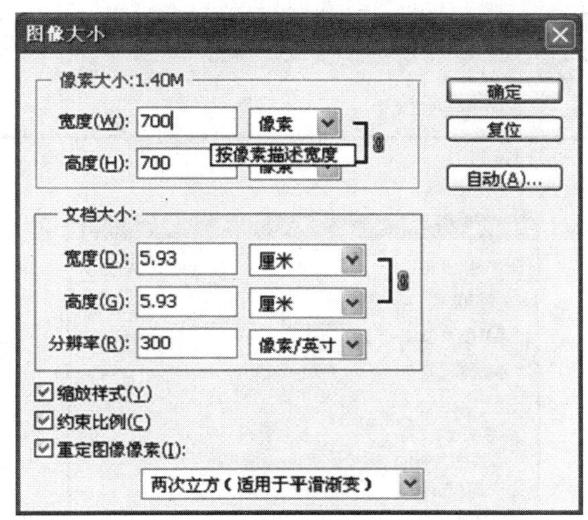

图 2-42 设置图像大小

【步骤 3】 文件测试。通过工具栏中放大像工具 仔细查看图像细节部分和整体效果。在图层面板中使用显示与隐藏工具查看每个图层的效果。

【步骤 4】 保存文件。执行“文件”→“存储为”命令，在弹出的“存储为”对话框中选择格式为 JPEG，文件名为“产品效果图”，如图 2-43 所示，点击“保存”命令。用同样的方法保存同主文件名的 PSD 文件一份。自动弹出“JPEG 选项”对话框时，将品质设置为 12 最佳，如图 2-44 所示，点击“确定”按钮。

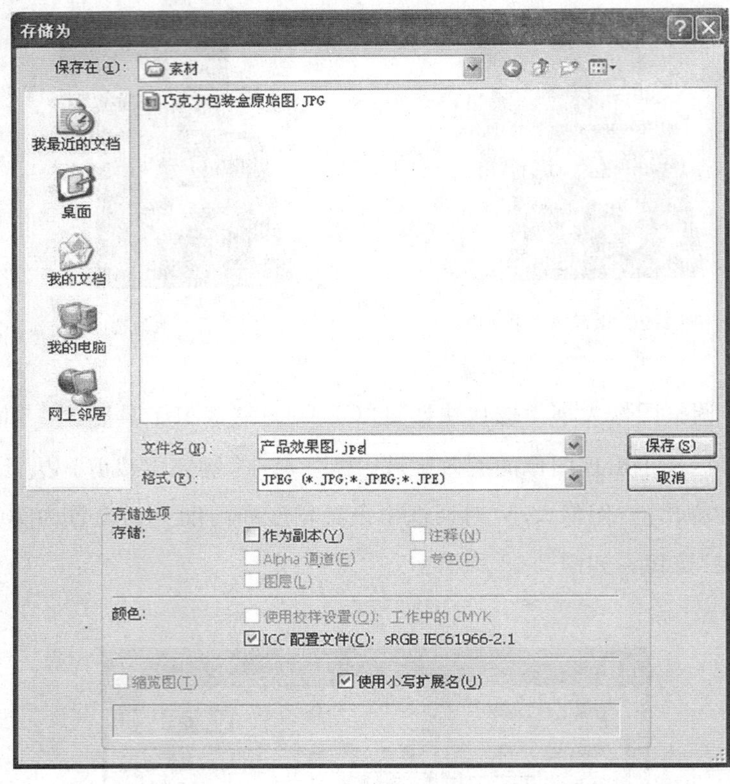

图 2-43　图像存储为对话框

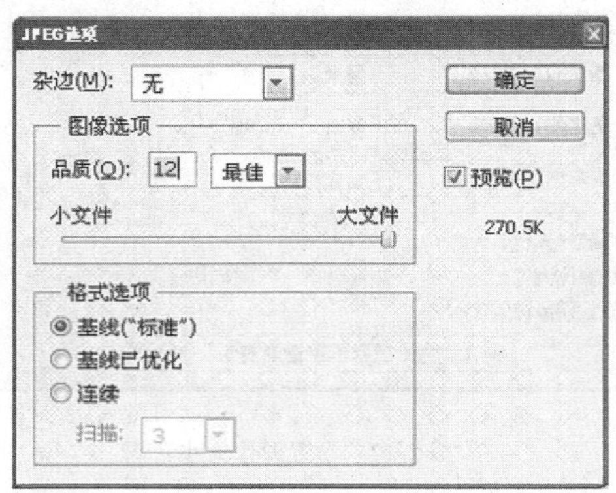

图 2-44　设置图像品质

2.5.5　任务 5:背景与图像合成

【步骤 1】　打开网店产品图像文件。打开“项目二网店产品图片美化/效果图”文件夹中的“产品效果图.psd”文件,选择“巧克力盒”图层。

【步骤 2】　打开网店巧克力背景文件。打开“项目二网店产品图片美化/效果图”文件夹中的“网店巧克力背景.psd”文件。

【步骤 3】 调整两个文档的位置。分别拖选选项式文档窗口中“网店巧克力背景.psd”和“产品效果图.psd”文件标题处，调整两个窗口在 Photoshop 中的位置，使两幅图像并行排列且能看到左图的巧克力盒图像。如图 2-45 所示。

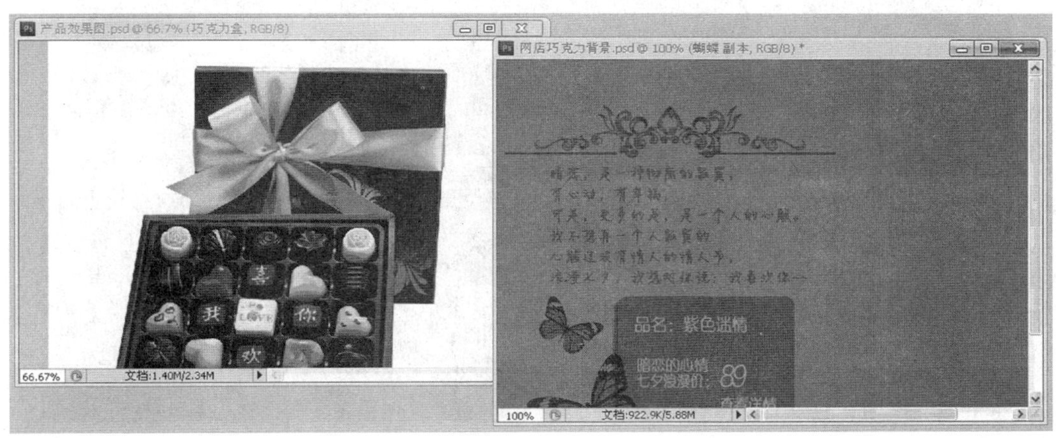

图 2-45　并列显示的背景与产品窗口

【步骤 4】 将巧克力盒图拖入背景文件中。选择“产品效果图.psd”文件，选择使用工具箱中的移动工具，拖动巧克力盒图至右侧背景文件中。

【步骤 5】 调整巧克力盒图像至合适大小。选择“网店巧克力背景.psd”，选择工具箱中的矩形选区工具，在画布中点击右键，在快捷菜单上选择“自由变换”命令，如图 2-46所示。调整图像大小并拖动其至右侧。效果如图 2-47 所示。

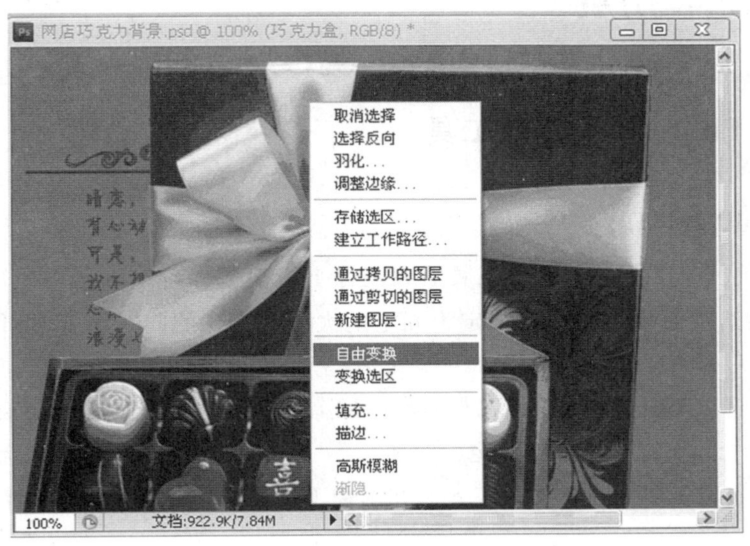

图 2-46　用“自由变换”命令调整图像大小

图 2-47 放入巧克力盒的合成效果图

【步骤 6】 文件保存。执行“文件”→“存储为”命令，在弹出的“存储为”对话框中选择格式为 JPEG，文件名为“网店巧克力最终效果”，点击“保存”命令。用同样的方法保存同主文件名的 PSD 文件一份。在自动弹出“JPEG 选项”对话框中参数为默认值，点击“确定”按钮。

2.6 技术拓展

2.6.1 Photoshop 其他工具

1. 矩形选框组工具(M)

(1)矩形选取工具：选取该工具后在图像上拖动鼠标可以确定一个矩形的选取区域，也可以在选项面板中将选区设定为固定的大小。拖动的同时按下 Shift 键则可将选区设定为正方形。

(2)椭圆选取工具：选取该工具后在图像上拖动可确定椭圆形选取工具，如果在拖动的同时按下 Shift 键可将选区设定为圆形。

(3)单行选取工具：选取该工具后在图像上拖动可确定单行(一个像素高)的选取区域。

(4)单列选取工具：选取该工具后在图像上拖动可确定单行(一个像素宽)的选取

区域。

2. 快速选择组工具(W)

(1)快速选择工具：快速选择工具及魔棒工具非常适合底色比较单一的色块选取。

(2)魔棒工具：用于将图像上具有相近属性的像素点设为选取区域。

3. 吸取组工具(I)

(1)吸管工具：用于选取图像上光标单击处的颜色，并将其作为前景色。

(2)颜色取样器工具：用于将图像上光标单击处周围四个像素点颜色的平均值作为选取色。

(3)标尺工具：选用该工具后在图像上拖动，可拉出一条线段，在选项面板中则显示出该线段起始点的坐标、始末点的垂直高度、水平宽度、倾斜角度等信息。

(4)注释工具：用于生成文字形式的附加注解文件。

(5)计数工具 $1_2{}^3$：使用的时候只需要在需要标注的地方点一下，就会出现一个数字，再多点几下这些数字会安阿拉伯数字递增。

4. 修复组工具(J)

(1)污点修复画笔工具：污点修复画笔工具是相当不错的修复及去污工具。

(2)修复画笔工具：修复画笔工具也是用来修复图片的工具。

(3)修补工具：修补工具是较为精确的修复工具。

(4)红眼工具：红眼工具是专门用来消除人物眼睛因灯光或闪光灯照射后瞳孔产生的红点、白点等反射光点。

5. 图章工具(S)

(1)仿制图章工具：可以复制图象的一部分或全部到目标区域。

(2)图案图章工具：用于图案绘画。可以从图案库中选择图案或者使用自己创建的图案。

6. 历史记录画笔(Y)

(1)历史记录画笔：只对编辑过的图像起作用，用于恢复图像中被修改的部分。

(2)历史记录艺术画笔：使用指定历史记录状态或快照中的源数据，以风格化描边进行绘画。主要用来绘制不同风格的油画质感图像。

7. 擦除工具组(E)

(1)橡皮擦工具：用于擦除图像中不需要的部分，并在擦过的地方显示背景图层的内容。

(2)背景橡皮擦工具：用于擦除图像中不需要的部分，并使擦过区域变成透明。

(3)魔术橡皮擦工具：作用与背景色橡皮擦类似，只是两者的操作方法不同，背景色橡皮擦工具是采用类似画笔的绘制(涂抹)型操作方式。而魔术橡皮擦则是一次单击就可针对一片区域的操作方式。魔术橡皮擦的作用过程可以理解为是三合一:用魔棒创建选区、删除选区内像素、取消选区。

8. 涂抹工具组

(1)模糊工具 :主要是降低图像中相邻像素的对比度,将较硬的边缘柔化,使图像变得柔和(变模糊)。

(2)锐化工具 :可以增加相邻像素的对比度,将模糊的边缘锐化,使图像聚焦(变清晰)。

(3)涂抹工具 :可模拟在湿颜料中拖移手指的动作。该工具可拾取描边开始位置的颜色,并沿拖移的方向展开这种颜色。

9. 颜色浓度工具组(O)

(1)减淡工具 :也称加亮工具,主要是对图像进行加光处理以达到对图像的颜色进行减淡。

(2)加深工具 :与减淡工具相反,也可称为减暗工具,主要是对图像进行变暗以达到对图像的颜色加深。

(3)海绵工具 :主要作用是调整图像中颜色的浓度。

10. 3D 组工具(K)

(1)3D 对象旋转工具 :相对屏幕翻转 3D 对象。对象如何移动取决于开始视图、开始拖动的位置和拖动方向。

(2)3D 对象滚动工具 :绕 3D 模型中的两个固定轴(即 X 轴和 Z 轴)并行旋转 3D 模型。

(3)3D 对象平移工具 :仅垂直和水平移动模型。也可以使用“手形工具”平移:按住 Ctrl 键并拖动。

(4)3D 对象滑动工具 :水平拖动时,可以围绕场景进行水平转动。垂直拖动时,可以在场景中前后移动;不管如何拖动,都会保持不变的高度。“步览”工具特别适用于建筑 3D 模型。要更改行走速度,请在“首选项(3D)”中更改默认显示单位。

(5)3D 对象比例工具 :对 3D 对象进行放大和缩小操作。

11. 相机工具(N)

(1)3D 旋转相机工具 :可对 3D 对像进行 360 度旋转操作。

(2)3D 滚动相机工具 :可对 3D 对象进行滚动旋转操作。

(3)3D 平移相机工具 :可对 3D 对象进行上、下、左、右平移操作。

(4)3D 滑动相机工具 :可对 3D 对象进行左右移动和放大、缩小操作。

(5)3D缩放相机工具：缩放相机的大小。

12. 画布调整工具组(H)

(1)抓手工具：用于移动图像处理窗口中的图像，以便对显示窗口中没有显示的部分进行观察。

(2)旋转视图工具：旋转视图工具是非常实用的画布旋转工具。

2.6.2　网店装修

随着电子商务的迅猛发展，越来越多用户通过网络买卖产品。作为图像处理人员，网店装修和网店产品的图像处理是经常会遇到的事。

1. 网店模板

网店模板是指一家网店已经做好的商业网页框架，它包括：图片、文字、HTML、Javascript、css、背景音乐等。模板的视觉效果与网店运营成效相关。精美的网店模板给顾客一种美的享受，并且可以留住顾客，提高交易成功率。网店模板制作要注意几个问题。

(1)模板来源。

网络中有大量免费模板，在制作时可以选作参考，但不能侵犯知识产权。有些公司为了增加服务价值，往往会提供一些免费的商业模板，这些模板一般包涵于其他服务之中。选择第三类模板需要费用，不会引起版权纷争，而且有稳定售后服务。

(2)模板主色。

为了突出网店的特色，模板主色一般与网店产品的销售类型相关。如卖女性用品的网店，可以选择粉色为主色。巧克力主题的模板，可以用咖啡色作为主色。在放置宝贝或自制大尺寸图像时，与模板主色相匹配。

(3)素材文件大小。

在用图像处理软件制作完成效果图或素材后，由于需要上传至网络。因此对于模板中的图像、声音等素材文件，在保证视听效果的前提下，尽量选择压缩格式的文件类型。图像文件，还可能遇到与其他图像位置交错排列的情况，有时需要支持透明模式。

2. 网店宝贝拍摄注意事项

网店宝贝，是指网店中用于买卖时展示的产品。宝贝拍摄的质量直接影响着图像处理后续的工作量与工作难度。

(1)拍照时最好用专业小型摄影棚。

手机或相机拍摄的图像往往质量不高。使用摄影棚拍摄能减少图像处理工作量。一般摄影棚最少两个专业摄影灯，一个像素在500万以上的照相机，再布置些不同颜色的背景纸或布，一些拍摄道具，可根据不同的饰品作为背景摆放。

(2)卖品主体地位要突出。

卖品尽可能用特写或近景拍摄，且应占据照片的主要位置和大多数面积。画面中可以有陪衬品，但不宜过多，更不能喧宾夺主。

(3)卖品照片的背景。

照片背景不宜过于凌乱或琐碎，否则会干扰主体的显示效果。

(4)拍摄时光线的把握适度。

应选用较专业的摄影环境，或是选择在白天光线好的地方来拍摄。

(5)拍摄角度的把握。

拍摄时可以根据卖品的需要使用正面、侧面等多角度进行拍摄。并在同一个角度多拍摄几张，以便进行挑选。

2.7 项目总结

本项目通过网店产品的设计与制作、Photoshop 软件的使用，主要训练学生项目构思、设计、实施、运行的综合能力。针对项目需求，Photoshop 软件使用部分主要进行选区、滤镜、图层、钢笔等工具的使用。项目完成过程设计了相应的表格进行汇总。

2.8 强化练习与目标达成度评测

2.8.1 知识评测

1. 使用钢笔工具可以绘制最简单的线条是什么？ ( )

A. 直线 B. 曲线 C. 锚点 D. 像素

2. 如何复制一个图层？ ( )

A. 选择“编辑”→“复制”

B. 选择“图象” →“复制”

C. 选择“文件”→“复制图层”

D. 将图层拖放到图层面板下方创建新图层的图标上

3. 在路径曲线线段上，方向线和方向点的位置决定了曲线段的什么？ ( )

A. 角度 B. 形状 C. 方向 D. 像素

4. 移动图层中的图像时如果每次需要移动 10 个像素的距离，应按下列哪组功能键？（　　）

A. 按住 Alt 键的同时按键盘上的箭头键

B. 按住 Tab 键同时按键盘上的箭头键

C. 按住 Ctrl 键同时按键盘上的箭头键

D. 按住 Shift 键同时按键盘上的箭头键

5. 下列选项中可以取消选区的快捷键是：（　　）

A. Ctrl＋S　　B. Ctrl＋D　　C. Ctrl＋Z　　D. Ctrl＋C

6. 如果扫描的图象不够清晰，可用下列哪种滤镜弥补？（　　）

A. 噪音　　B. 风格化　　C. 锐化　　D. 扭曲

7 如果想在现有选择区域的基础上增加选择区域，应按住下列哪个键？（　　）

A. Shift　　B. Ctrl　　C. Alt　　D. Tab

8. 下列哪种工具可以选择连续的相似颜色的区域？（　　）

A. 矩形选择工具　　B. 椭圆选择工具　　C. 魔术棒工具　　D. 磁性套索工具

2.8.2　技能评测

1. 单项技能评测

（1）请将如图 2-48 所示的产品用 Photoshop 进行美化，去除背景并使产品的细节对比更清晰，最后放置在右图的上部的中间，替换原有的中间鞋样，使图中并列有三双鞋，下方标注“暗棕/Dark brown”，如图 2-49 所示。相关素材与效果图请参考光盘中“项目二网店产品图片美化/练习”文件夹中相关图像文件。

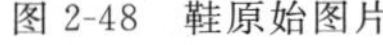

图 2-48　鞋原始图片

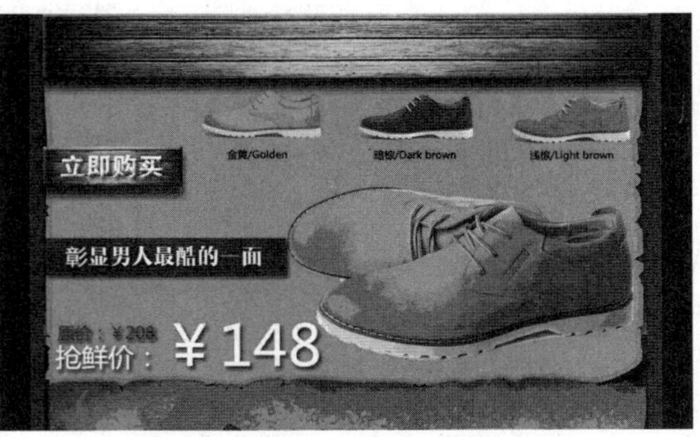

图 2-49　鞋最终效果图

（2）请根据下图中图 2-50、图 2-51、图 2-52 三张图，制作“绿色的记忆”合成图（图 2-53）的效果。

图 2-50　风景

图 2-51　土地

图 2-52　火车

图 2-53　“绿色的记忆”合成图

2. 综合技能评测题

（1）通过网络调研、同学间访谈、了解网店产品图像处理企业需求的情况，列出网店图像处理师需要掌握的核心技能，形成调研文档。其中调研基本模块包括：网店产品所需岗位、典型工作任务、核心能力等，并列出你最喜欢的网站布局，说明在配色与布局方面的特色，在班级中作交流。

（2）设想自己为淘宝某女装店的店主，现在要促销某类款式的女装，请从网络查询资源，设计一个展示某类女装的页面效果图。内容包括女装的图样、价格、身穿女装的图样等。

项目三

公司手提袋设计与制作

◆知识与目标达成度

(1)熟悉 Photoshop 移动、自由变换等常用工具的作用。

(2)熟悉渐变、文字、蒙板等相关知识。

(3)了解手提袋制作一般需求与工作流程。

◆能力与目标达成度

(1)能熟练运用选区工具进行操作。

(2)能运用图层、渐变、蒙板、文字等操作进手提袋制作。

(3)能主动学习并与他人有效交流。

◆学习重点与难点

选区操作、渐变填充、文字、蒙板等操作的运用。

◆学时分配

8 学时。

◆教学设计与实施策略

(1)教学环境:投影等多媒体设备。

(2)教学策略:分组指导、一体化教学。

3.1 项目导引

3.1.1 项目来源

手提袋是人们日常普遍使用的生活用品。目前,有许多公司都会推出以自身形象为标识的手提袋供客户使用,用以提升公司的知名度和形象。本项目来源于设计公司,企业用户要求设计公司为本企业设计手提袋供客户使用,要求所设计的手提袋美观、大方,能突出企业形象。

3.1.2 工作要求

1. 工作任务书

本项目工作任务书如表 3-1 所示。

表 3-1 《公司手提袋设计与制作》工作任务书

《公司手提袋设计与制作》工作任务书
一、效果要求 为化妆品企业设计产品手提袋，运用 Photoshop 软件，根据企业提供的素材（图 3-1），制作具有立体效果的手提袋，使用户能有一个比较直观的、美好的感受。
二、成果要求 1. 图像尺寸：1024×768 像素。 2. 图像品质：高品质图像。 3. 文件格式：提供 PSD 和 JPG 两种格式。

2. 原始图片

本项目中企业提供的素材图片如图 3-1 所示。

图 3-1 企业提供的素材

3.2 项目分析

提供设计任务的企业是一家化妆品销售公司，化妆品销售的对象主要是面向都市时尚的女性消费群体，并且企业已经提供了平面素材。因此，本次设计可根据以上这些因素来考虑制作手提袋，总的设计基调应该为面向女性、立体、与平面素材色调融合。根据分析情况和工作任务要求，可将需求分析与解决策略填写在如表 3-2 所示的表中。

表 3-2　　　　《公司手提袋设计与制作》工作需求分析表

《公司手提袋设计与制作》工作需求分析表	
任务要求	
问题汇总	
解决思路	

3.3　技术准备

3.3.1　知识点 1:Photoshop 蒙板

1. 图层蒙板和矢量蒙版

蒙版可以用来隐藏部分图层并显示下面的部分图层。在 Photoshop 中,可以创建图层蒙版和矢量蒙版两种,如图 3-2 所示。

(1)图层蒙版是与分辨率相关的位图图像,可使用绘画或选择工具进行编辑。

(2)矢量蒙版与分辨率无关,可使用钢笔或形状工具创建。

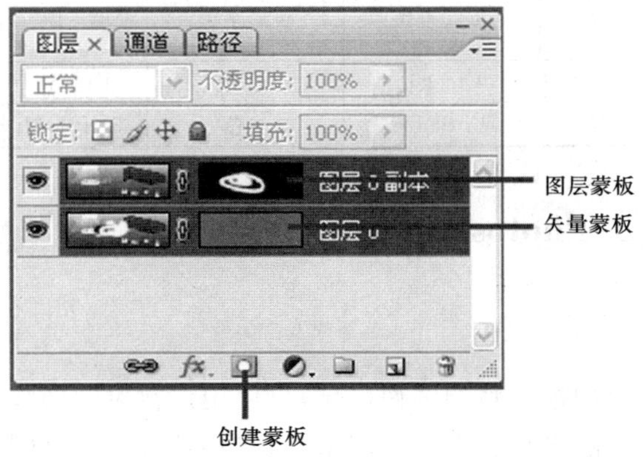

图 3-2　两种蒙板

在"图层 "面板中,图层蒙版和矢量蒙版都显示为图层缩览图右边的附加缩览图。对于图层蒙版,此缩览图代表添加图层蒙版时创建的灰度通道。矢量蒙版缩览图代表从图层内容中剪下来的路径。需要注意的是要在背景图层中创建图层或矢量蒙版,首先要将此图层转换为常规图层。

图层蒙板和矢量蒙版是非破坏性的,这表示以后可以返回并重新编辑蒙版,而不会丢失蒙版隐藏的像素。

2. 添加图层蒙版

在添加图层蒙版时,可以隐藏或显示所有图层,或使蒙版基于选区或透明区域。稍后,将在蒙版上绘制以精确地隐藏部分图层并显示下面的图层。添加显示或隐藏整个图层的蒙版操作如下:

(1)确保未选定图像的任何部分。

(2)在"图层 "面板中,选择图层或组。

(3)执行下列操作之一:

①要创建显示整个图层的蒙版,在"蒙版"面板中单击"像素蒙版"按钮,或在"图层"面板中单击"添加图层蒙版"按钮,或执行"图层"→"图层蒙版" →"显示全部"命令。

②要创建隐藏整个图层的蒙版,按住 Alt 键并单击"蒙版"面板中的"像素蒙版"按钮,或按住 Alt 键并单击"添加图层蒙版"按钮,或执行"图层"→"图层蒙版 "→"隐藏全部"命令。

3.3.2 知识点 2:Photoshop 常用快捷命令

Photoshop 常用快捷命令如表 3-3 所示。

表 3-3 Photoshop 常用快捷命令

快捷键	作用	快捷键	作用	快捷键	作用
Ctrl+Shift+N	图层创建	Ctrl+Shift+"["	向下移动图层	Ctrl+Z	还原/重做前一个步骤
Alt+Delete	填充前景色	Ctrl+B	色彩平衡	Shift+Backspace	弹出"填充"对话框
Ctrl+Delete	填充背景色	Ctrl+L	色阶	Ctrl+Shift+L	自动色阶
Ctrl+E	向下合并图层	Ctrl+Shift+U	去色	Shift+Alt+F	柔光

3.3.3 知识点 3:Photoshop 核心概念

1. 蒙板

蒙板的主要功能是保护被屏蔽的图像区域,以便用户在对图像进行编辑时,使被屏蔽的区域不受任何编辑操作的影响。它和选区工具相似,并且两者之间可以相互转换,但由于蒙板以外的区域是可见的,所以我们对它所进行的修改操作要比使用选区更加灵活。

2. 图层样式

图层样式主要功能是为图层简单快捷地制作出各种立体投影、质感以及光景等效果的图像特效,通过图层面板进行应用。与不用图层样式的传统操作方法相比较,图层样式具有速度更快、效果更精确、更强的可编辑性等无法比拟的优势。

3. 产品包装

本项目中是指为产品所作的外形包装设计，是消费者对产品的视觉体验，是产品个性的直接和主要传递者，也是企业形象定位的直接表现。策略定位准确、符合消费者心理的产品包装设计，能帮助企业在众多竞争品牌中脱颖而出，并使公司赢得了可靠的声誉。

3.4 项目设计

3.4.1 子任务设计

根据项目完成需求，分解为以下主要子任务，填写如表 3-4 所示的项目任务分解表。

【任务 1】 设置背景：新建文件并设置背景色；

【任务 2】 制作手提袋主体：导入素材，调整变换、填充颜色等；

【任务 3】 绘制手柄：制作手提袋的手柄；

【任务 4】 添加文字和标识：为手提袋添加公司标示以及文字说明。

表 3-4　《公司手提袋设计与制作》任务分解分析表

《公司手提袋设计与制作》项目任务分解表		
任务序号	任务名称	任务说明

3.4.2 流程与操作设计

1. 操作流程

新建文件→添加背景色→导入素材→新建选区并调整绘制主体→绘制手柄→添加文字和标识→保存文件。

2. 操作命令与工具

选区工具、移动工具、图层操作、填充工具、渐变工具、文字工具、变换操作、蒙板操作、保存操作等。

3.5 项目实施

3.5.1 任务 1:设置背景

【步骤 1】 新建文件。执行“文件”→“新建”命令(组合快捷键“Ctrl＋N”),在弹出的对话框中设置名称为“精美手提袋”,宽度和高度分别设为 1024 像素和 768 像素,点击“确定”按钮。如图 3-3 所示。

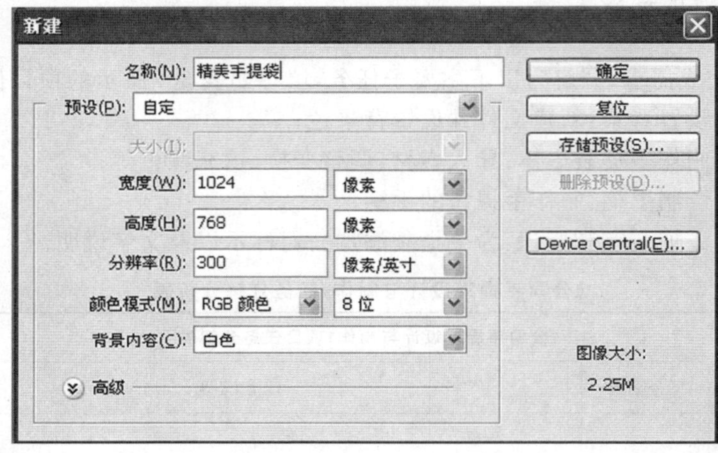

图 3-3 新建文件

【步骤 2】 设置前景颜色。单击工具栏上的“设置前景色”工具,在拾色器中设置色值为＃400000。右键点击渐变工具,在弹出的下拉框中选择油漆桶工具(快捷键“G”),在画布中填充前景色。如图 3-4 所示。

图 3-4 填充背景颜色

3.5.2　任务2:制作手提袋主体

【步骤1】 置入图片。执行“文件”→“置入”命令,选择“项目三公司手提袋设计与制作/素材”文件夹中的“手提袋.jpg”图片文件,点击“置入”按钮,如图3-5所示,则在“背景”图层上方自动创建了一个名称为“手提袋”的图层。

图3-5　置入图片

【步骤2】 调整图片大小。选择手提袋所在图层,执行“编辑”→“自由变换”命令并适当调整图片大小如图3-6所示。

图3-6　调整图片大小

【步骤3】 手提袋侧面矩形绘制。在“手提袋”图层上方新建一个图层,命名为“手提袋侧面”，如图 3-7 所示。点击工具栏上的“矩形选区工具”（快捷键“M”），在“手提袋”图左侧绘制一个与其等高的矩形选框，如图 3-8 所示。点击“吸管工具”（快捷键“I”），在图片粉色区域点击鼠标左键，吸取前景颜色，点击“油漆桶工具”（快捷键“G”），填充前景色。效果如图 3-9 所示。

图 3-7 手提袋侧面图层

图 3-8 绘制矩形选区

【步骤 4】 手提袋侧面文字区制作。选中图层面板中的“手提袋”图层，使用矩形选框工具在“美妆堂”文字所在区域上绘制矩形选框，如图 3-10 所示。在“手提袋侧面”图层上方新建一个图层，命名为“手提袋侧面文字”，如图 3-11 所示。通过执行“Ctrl＋C”复制与“Ctrl＋V”粘贴命令将选框内的内容复制到“手提袋侧面文字”图层中。使用移动工具将该文字图移至“手提袋”侧面上方，效果如图 3-12 所示。

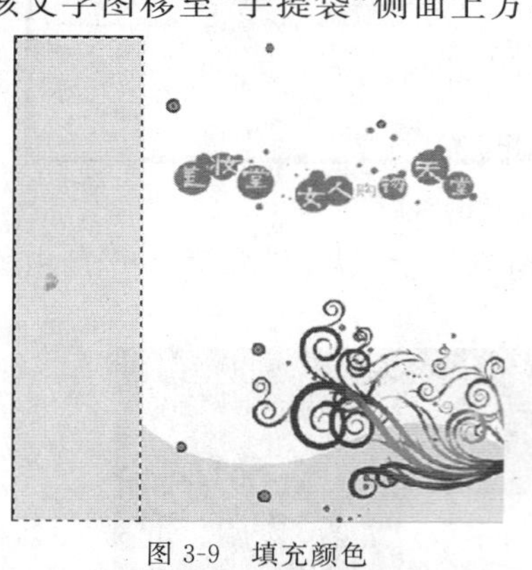
图 3-9 填充颜色

图 3-10 绘制矩形选区

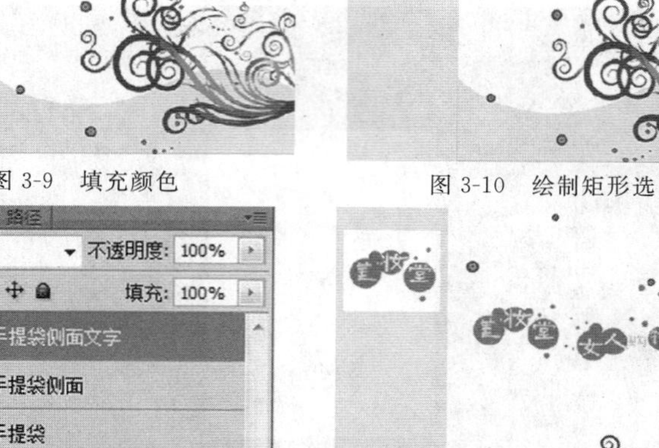

图 3-11 拖动图层

图 3-12 移动图形

【步骤 5】　去除手提袋侧面文字区白色背景。选中“手提袋侧面文字”所在图层，设置图层混合模式为“正片叠底”，如图 3-13 所示。至此，画板中效果如图 3-14 所示。

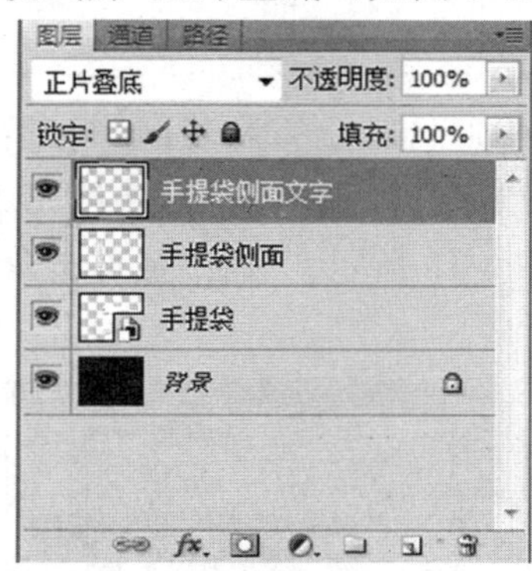

图 3-13　正片叠底图层混合模式

图 3-14　图层混合后的效果

【步骤 6】　合并“手提袋侧面文字”图层和“手提袋侧面”图层。选择“手提袋侧面文字”图层，点击右键，执行“向下合并”命令(快捷键“Ctrl＋E”)，如图 3-15 所示。

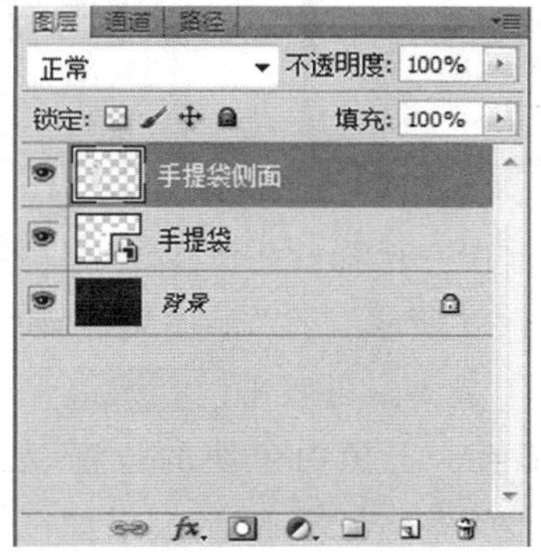

图 3-15　合并“手提袋侧面”图层

【步骤 7】　自由变换侧面图形。选中“手提袋侧面”图层，执行“编辑”→“自由变换”命令(快捷键“Ctrl＋T”)，并按住“Ctrl”键调节矩形框的角点，调整内容如图 3-16 所示。点击窗口上方工具属性栏上的图标，将自由变换模式跳转为变形模式，调整图像如图 3-17 所示。

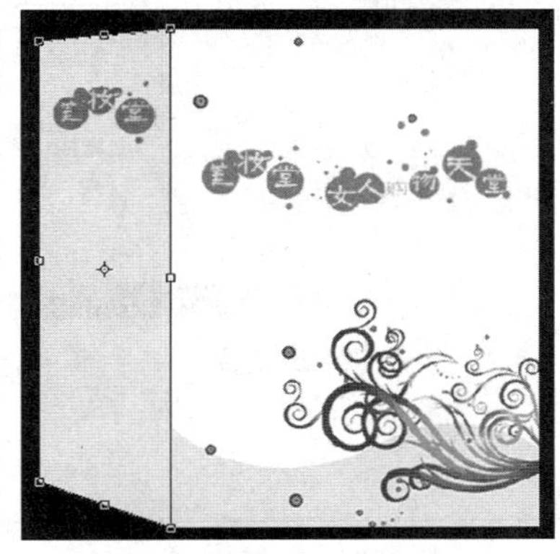
图 3-16　自由变换图形

图 3-17　图像变形

友情提示：单独使用“自由变换”命令用于整体缩放所选图形，同时按住 Ctrl 键则可以通过单个锚点移动局部缩放。

【步骤 8】 绘制侧面底部折角。在“手提袋侧面”图层上方新建图层，命名为“底部折角”，点击工具栏上的多边形套索工具（快捷键“L”），绘制三角形，并填充成白色，如图 3-18 所示。调整本图层不透明度为“40％”。如图 3-19 所示。选择“底部折角”所在图层，点击右键，执行“向下合并”命令。

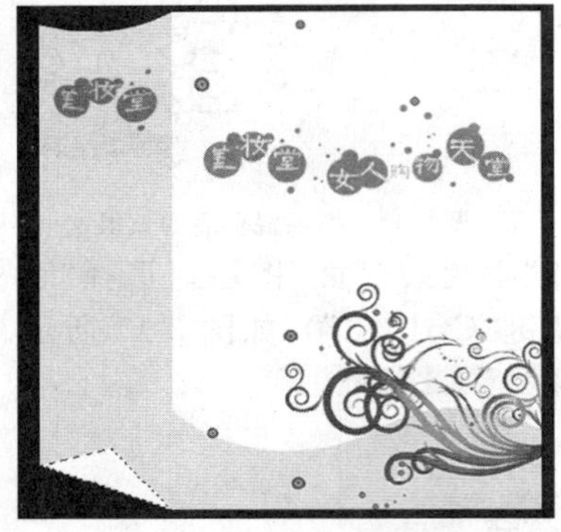

图 3-18　绘制选区并填充

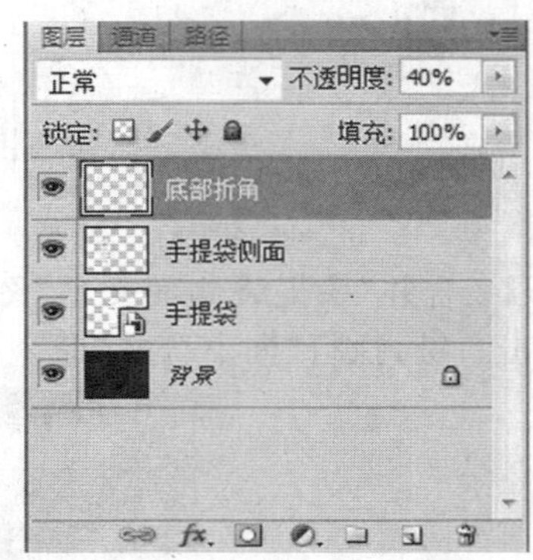

图 3-19　设置图层不透明度

【步骤 9】 侧面立体效果制作。按住“Ctrl”，在图层面板中，单击“手提袋侧面”图层，为该图层内容建立选区，如图 3-20 所示。在“手提袋侧面图层”图层上方新建图层，命名为“侧面立体效果”。点选渐变工具，再双击，在弹出的“渐变编辑器”对话框中选择第一行“黑，白渐变”，调换一下黑白色块的位置，如图 3-21 所示。点选在窗口上方的第四种对称渐变模式，绘制效果如图 3-22 所示。选择“侧面立体效果”图层，更改图层混合模式为“柔光”，如图 3-23 所示。选择“侧面立体效果”图层，右键执行“向下合并”命令，最终效果如图 3-24 所示。

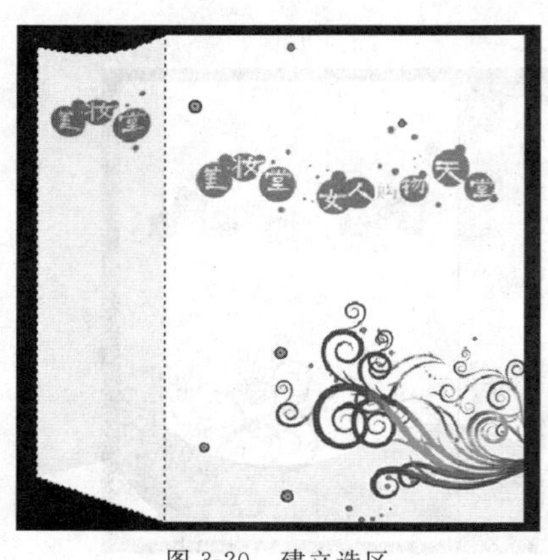

图 3-20　建立选区

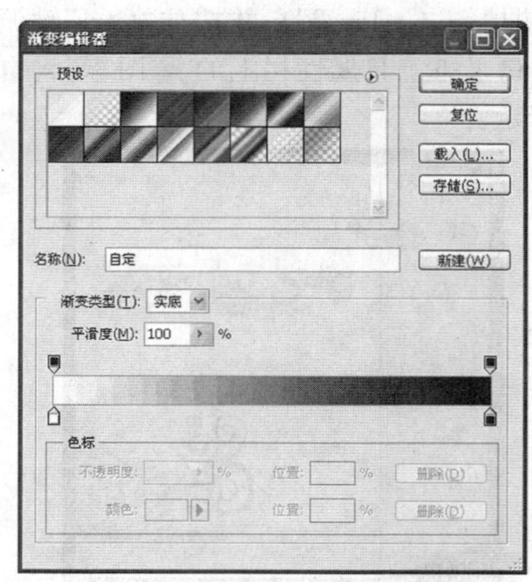

图 3-21　设置渐变色

图 3-22　进行黑白对称渐变

图 3-23　设置混合选项为柔光

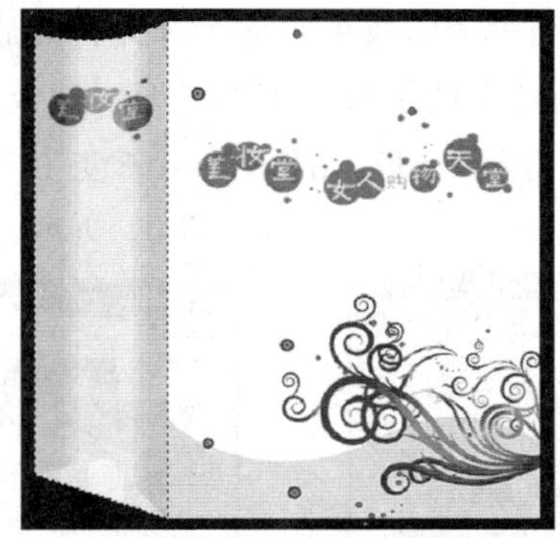

图 3-24　设置侧面立体效果“柔光”模式

【步骤 10】 手提袋整体倒影制作。同时选择“手提袋侧面”、“手提袋”图层，右键执行“复制图层”命令，如图 3-25 所示。分别选择“手提袋侧面副本”、“手提袋副本”图层，然后执行“编辑”→“变换”→“垂直翻转”命令，将翻转后的图垂直移至下方作为倒影，效果如图 3-26 所示。选择“手提袋侧面”图层，执行“编辑”→“变换”→“变形”命令，通过向下拖动最下面一排的控制柄将图形往下拉，如图 3-27 所示。用同样的方法调节“手提袋侧面副本”图层的上边沿控制柄，最终手提袋侧面效果如图 3-28 所示。合并“手提袋侧面副本”图层和“手提袋副本”图层。

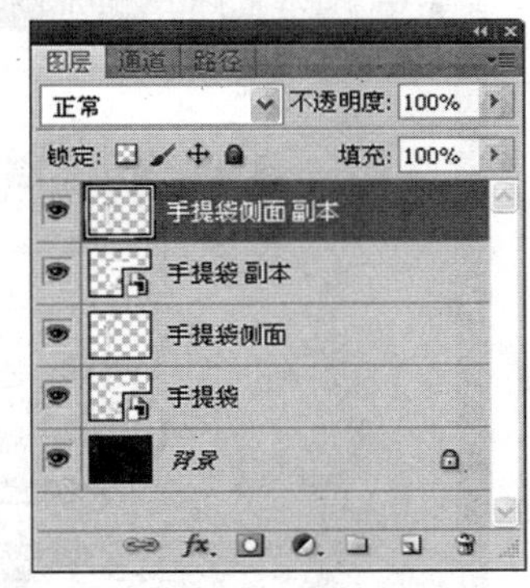

图 3-25　复制图层

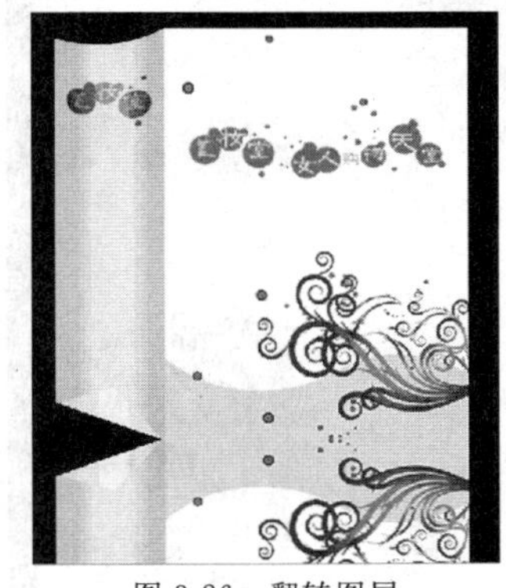

图 3-26　翻转图层

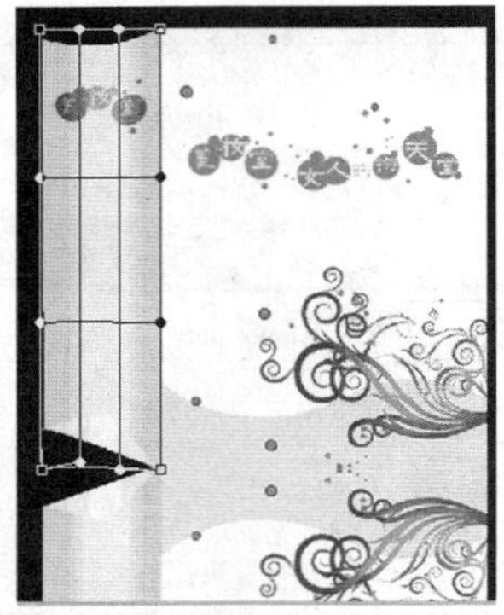

图 3-27　用“变形”命令调整手提袋侧面边沿

图 3-28　合并图层

【步骤 11】 手提袋整体倒影透明效果制作。选择合并后的“手提袋侧面副本”图层，单击图层面板下方的图标，则在图层右侧添加了图层蒙板，如图 3-29 所示。选择“手提袋侧面副本”图层右侧白色的“图层蒙板”图框，使用渐变工具选择黑白的线性渐变色，如图 3-30 所示。在图中自下而上拉出一条线，如图 3-31 所示。效果如图 3-32 所示。

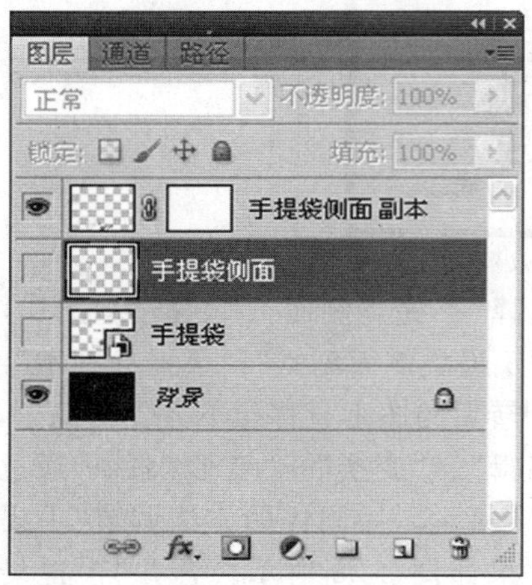

图 3-29　建立“手提袋侧面副本”图层蒙板

图 3-30　设置渐变色

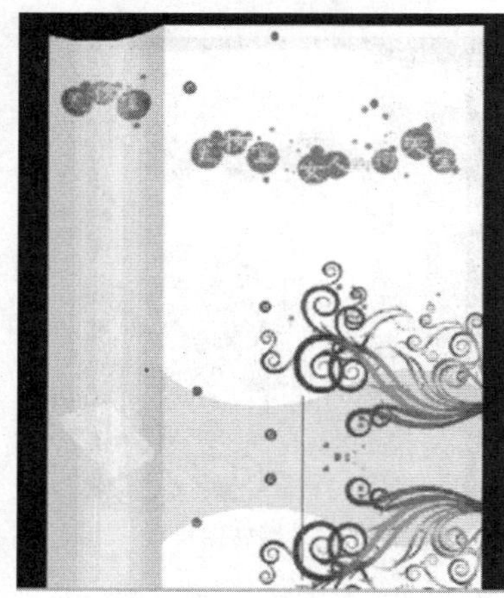

图 3-31　填充蒙板过程

图 3-32　填充后的蒙板效果

3.5.3　任务 3:绘制手柄

【步骤 1】 绘制手柄椭圆选区。新建图层,命名为“手柄”,点击(快捷键“M”),绘制大椭圆,接着按住 Alt 键不放,在大椭圆中绘制一个小椭圆如图 3-33 所示。

【步骤 2】 填充手柄渐变色。使用径向渐变工具为手柄填充黑白渐变。如图 3-34 所示。

图 3-33　绘制“手柄”选区

图 3-34　为“手柄”填充渐变色

【步骤 3】 将“手柄”图形置于“手提袋”后面。将“手柄”图层向下移动(快捷键“Ctrl＋Shift＋‘[’”)至“手提袋”图层下方,如图 3-35 所示。最终效果如图 3-36 所示。

图 3-35　向下移动“手柄”图层

图 3-36　单个手柄后置后的效果

【步骤 4】 复制“手柄”图层。选择“手柄”图层,右键执行“复制图层”命令生成一个“手柄副本”图层,如图 3-37 所示。使用移动工具移动复制生成的手柄,效果图如图 3-38 所示。

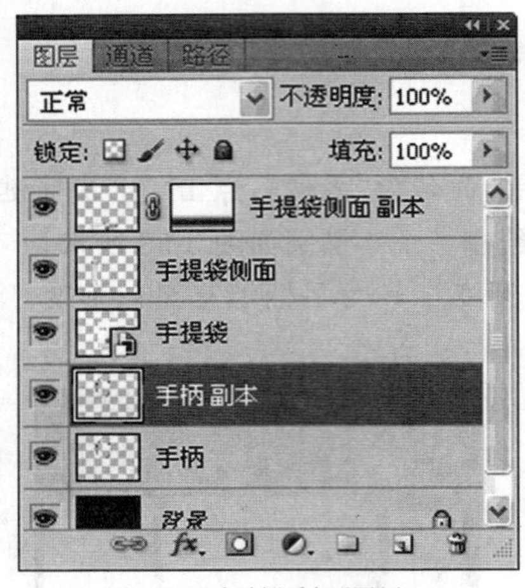

图 3-37 复制“手柄“图层

图 3-38 两个“手柄”效果

3.5.4 任务 4:添加标志和文字

【步骤 1】 添加标志。执行“文件”→“置入”命令,调出置入对话框,选择“标志.png”,点击“置入”完成操作。如图 3-39 所示。调整标志的大小到相应的位置,如图 3-40 所示。

图 3-39 置入外部标志素材

【步骤 2】 添加文字。点击[T](快捷键“T”)工具,在标志下方键入“美妆堂”和“MEIZHUANGTANG”的文字,设置字体为微软亚黑;字的大小分别为 16 点和 8 点;字的颜色为#CD0873,如图 3-41 所示。点击[↓T](快捷键“T”),在手提袋侧面键入“经销商”

图 3-40　调整标志的大小和位置

和“电话”的相关内容“经销商：金华美妆堂有限公司 电话：0579-8233 6899”。设置字体为微软亚黑、字的大小为 14 点、字的颜色为＃CD0873，如图 3-42 所示。

图 3-41　输入文字

图 3-42　侧面输入文字

至此，手提袋的绘制全部完成。

3.6　技术拓展

3.6.1　图层样式及使用注意事项

1. 常用图层样式

(1)投影：为图层对象、文本或形状后面添加阴影效果。

(2)内阴影:为图层对象、文本或形状的内边缘添加阴影,使图层产生一种凹陷外观。

(3)外发光:为图层对象、文本或形状的边缘添加向外发光效果。

(4)内发光:为图层对象、文本或形状的边缘向内添加发光效果。

(5)斜面和浮雕:为图层添加高亮显示和阴影的各种组合效果。

(6)光泽:对图层对象内部应用阴影,与对象形状互相作用,通常创建规则波浪形状,产生光滑的磨光及金属效果。

(7)颜色叠加:为图层对象叠加一种颜色,即用一层纯色填充到应用样式的对象上。可以根据需要选择任意颜色。

(8)渐变叠加:为图层对象叠加一种渐变颜色,即用一层渐变颜色填充到应用样式的对象上。可以通过"渐变编辑器"选择其他渐变颜色。

(9)图案叠加:对图层对象上叠加图案,即用一致的重复图案填充对象。可以通过"图案拾色器"选择其他图案。

(10)描边:使用颜色、渐变颜色或图案描绘当前图层上的对象、文本或形状的轮廓。

2. 图层样式使用时应注意的问题

(1)图层样式可以叠加使用。

通过图层样式对话框,可以对一个图层中的对像叠加使用多种图层样式。

(2)图层样式的应用单位是一个图层。

图层样式的应用最小单位是图层。因此,当图层中有多个对象,需要分别应用不同样式时,建议将对象分别置于不同图层单独应用。

(3)图层样式参数。

在图层对话框中,可以通过设置具体的参数值对图层样式的整体应用效果进行调整。

3.6.2 企业产品包装设计注意事项

精美的包装设计能给用户留下良好印象,提升企业知名度。在企业 产品包装设计时应注意如下问题。

1. 产品包装外形的设计

要根据的产品的数量选择合适的包装外形。产品外形主要有方形、圆柱形、多角形、异形等。

2. 产品包装设计中的内容

产品包装中的内容主要包含产品名称、使用注意事项、保质期、产品特点、产品成分等。为了加强宣传,企业的产品包装设计中还包含形象代言人的图像,这时放在醒目的位置,以代言人的气质提升产品的关注度。

3. 产品设计中的色彩

产品设计中的色彩应能突出产品主题。如饮食类产品,主色可以与食品本身的颜色相近,如茶叶的绿色等,看到包装能让用户直接关联到产品本身。

3.7　项目总结

本项目通过手提袋的设计与制作、Photoshop 软件的使用，主要训练学生项目构思、设计、实施、运行的综合能力。针对项目需求，Photoshop 软件使用部分主要进行选区等工具及渐变、图层、蒙板等相关命令的使用。项目完成过程设计了相应的表格进行汇总。

3.8　强化练习与目标达成度评测

3.8.1　知识评测

1. 下面哪种色彩模式色域最广？（　　）

A. 灰度模式　　B. RGB 模式

C. CMYK 模式　　D. Lab 模式

2. CMYK 模式的图像有多少个颜色通道？（　　）

A. 1　　B. 2　　C. 3　　D. 4

3. 下面对"色阶"(Levels)命令描述正确的是(多选题)：（　　）

A. 减小色阶对话框中"输入色阶"最右侧的数值导致图像变亮

B. 减小色阶对话框中"输入色阶"最右侧的数值导致图像变暗

C. 增加色阶对话框中"输入色阶"最左侧的数值导致图像变亮

D. 增加色阶对话框中"输入色阶"最左侧的数值导致图像变暗

4. 下列哪个色彩调整命令可提供最精确的调整？（　　）

A. 色阶　　B. 亮度/对比度

C. 曲线　　D. 色彩平衡

5. 对于颜色取样器工具，下列正确的描述是(多选题)：（　　）

A. 在图像上最多可放置四个颜色取样点

B. 颜色取样器可以指读取单个像素的值

C. 颜色取样点在信息调板上显示的颜色模式和图像当前的颜色模式可以不一致

D. 颜色取样点可用移动工具对其进行位置的改变

6. 当图像偏蓝时，使用"变化"菜单命令应当给图像增加何种颜色？（　　）

A. 蓝色　　B. 绿色　　C. 黄色　　D. 洋红

7. 以下(　　)菜单命令可以查看溢色。

A. 选择→色彩范围

B. 图像→调整→可选颜色

C. 图像→调整→替换颜色

8. 图像必须是何种模式，才可以转换为位图模式？（　　）

A. RGB 模式　　　　B. 灰度模式
C. 多通道模式　　　　D. 索引颜色模式

3.8.2 技能评测

1. 单项技能评测

使用前面所学的知识和技能用图 3-43 中的素材制作成如图 3-44 所示的手提袋效果图，相关图片素材请参考“项目三公司手提袋设计与制作/练习”文件夹中的文件。

图 3-43　小姿太太手提袋素材

3-44　小姿太太手提袋效果图

2. 综合技能测评

(1)通过网络调研、同学间访谈等了解产品包装图像处理企业需求的情况。

列出产品包装图像处理师需要掌握的核心技能，形成调研文档。其中调研基本模块包括：产品所需岗位、典型工作任务、核心能力等。并列出你最喜欢的网站布局，说明在配色与布局方面的特色，在班级中作交流。

(2)参观超市，选择食品、礼品、茶包装的各类盒，用照片拍摄下来，选择一款进行模板设计，在班级中作交流。

Illustrator训练篇

项目四

冰箱贴设计与制作

◆知识与目标达成度

(1)熟悉 Illustrator 各种工具的作用。

(2)熟悉渐变、路径、文字及应用。

(3)了解冰箱贴制作一般需求与工作流程。

◆能力与目标达成度

(1)能熟练运用 Illustrator 各种工具进行操作。

(2)能运用渐变、路径、文字等操作进冰箱贴制作。

(3)能主动学习并与他人有效交流。

◆学习重点与难点

渐变、文字、钢笔等操作的应用。

◆学时分配

8 学时。

◆教学设计与实施策略

(1)教学环境:投影等多媒体设备。

(2)教学策略:分组指导、一体化教学。

4.1 项目导引

4.1.1 项目来源

冰箱贴英文称 Fridge Magnets,是用于冰箱上的装饰物品,也有用来做备忘录用的,即小笔记。比如冰箱里什么蔬菜或者别的食物要买了,就可以记在上面。本项目来源于一家离岸服务外包企业,该企业主要是为国外做设计服务的,制作冰箱贴是其主要业务之一。

4.1.2 工作要求

本项目工作任务书如表 4-1 所示。

表 4-1 《冰箱贴设计与制作》工作任务书

《冰箱贴设计与制作》工作任务书
一、效果要求 设计制作一款冰箱帖，该冰箱贴的主要内容为一个餐馆的信息，包括餐馆标识、电话、地址、营业时间等，要求所设计制作的冰箱贴符合主题、形式美观、符合欧美国家的习惯。
二、成果要求 1. 图像尺寸：宽度 85 mm，高度 47 mm。 2. 图像品质：高品质图像。 3. 文件格式：提供 AI 和 TIF 两种格式。

4.2 项目分析

提供设计任务的企业是一家位于美国的餐馆，根据餐馆提供的素材文件得出项目需要完成的内容包括：制作卡通人物、制作背景、输入文字、制作标识等，广告的主要色调为蓝、绿、黄三色。根据分析情况和工作任务要求，将需求分与解决策略填写在需求分析表中，如表 4-2 所示。

表 4-2 《冰箱贴设计与制作》工作需求分析表

《冰箱贴设计与制作》工作需求分析表	
任务要求	
问题汇总	
解决思路	

4.3　技术准备

4.3.1　知识点 1：Illustrator 界面构成

Illustrator CS5 工作区主要由菜单栏、选项栏、工具箱、面板等部分组成。如图 4-1 所示。

图 4-1　Illustrator CS5 界面

1. 应用程序栏

位于窗口顶部，用于不同工作区和其他应用程序控件切换等。

2. 菜单栏

在菜单栏展示各类操作命令，包括文件、编辑、对象、文字、选择、效果、视图、窗口、帮助 9 部分。

3. 选项栏

显示当前所选对象的选项，能让用户快速访问与当前选定对象相关联的选项、命令和其他面板。

4. 工具箱

包含用于创建和编辑图像、图稿、页面元素等的工具。

5. 面板

用于帮助用户监视和修改自己的工作，可以对面板进行编组、堆叠或停放。

6. 文档窗口

显示当前正在处理的文件内容。

7. 状态栏

状态栏显示在文档窗口的左下角，包含各种信息和导航控件。

4.3.2 知识点 2：Illustrator 常用工具

1. 选择工具(V)

用于选择整个对象。

2. 直接选择工具(A)

用于选择对象内的点或路径段。

3. 魔棒工具 (Y)

用于选择具有相似属性的对象。

4. 套索工具 (Q)

用于选择对象内的点或路径段。

5. 钢笔工具 (P)

用于绘制直线和曲线来创建对象。

6. 文字工具 (T)

用于创建单独的文字和文字容器，并允许输入和编辑文字。

7. 直线段工具 (\)

用于绘制各个直线段。

8. 矩形工具 (M)

用于绘制方形和矩形。

9. 画笔工具 (B)

用于绘制徒手画和书法线条以及路径图稿、图案和毛刷画笔描边。

10. 铅笔工具 (N)

用于绘制和编辑自由线段。

11. 斑点画笔工具 (Shift+B)

所绘制的路径会自动扩展和合并堆叠顺序中相邻的具有相同颜色的书法画笔路径。

12. 橡皮擦工具 (Shift+E)

用于擦除拖动到的任何对象区域。

13. 旋转工具（R）

用于围绕固定点旋转对象。

14. 比例缩放工具（S）

用于围绕固定点调整对象大小。

15. 宽度工具（Shift＋W）

用于创建具有不同宽度的描边。

16. 自由变换工具（E）

用于对所选对象进行比例缩放、旋转或倾斜。

17. 形状生成器工具(Shift ＋M)

用于合并多个简单的形状以创建自定义的复杂形状。

18. 透视网格工具(Shift＋P)

用于在透视中创建和渲染图稿。

19. 网格工具（U）

用于创建和编辑网格和网格封套。

20. 渐变工具(G)

用于调整对象内渐变的起点、终点和角度，或者向对象应用渐变。

21. 吸管工具（I）

用于从对象中采样以及应用颜色、文字和外观属性，其中包括效果。

22. 混合工具（W）

用于创建混合了多个对象的颜色和形状的一系列对象。

23. 符号喷枪工具（Shift＋S）

用于将多个符号实例作为集置入到画板上。

24. 柱形图工具（J）

用于将创建的图表用垂直柱形来比较数值。

25. 画板工具(Shift＋O)

用于创建打印或导出的单独画板。

26. 切片工具(Shift＋K)

用于将图稿分割为单独的 Web 图像。

27. 抓手工具（H）

用于在文档窗口中移动 Illustrator 画板。

28. 缩放工具（Z）

用于在文档窗口中增加和减小视图比例。

4.3.3　知识点 3：Illustrator 常用快捷命令

Illustrator 常用快捷命令如表 4-3 所示。

表 4-3　　Illustrator 常用快捷命令

快捷键	作用	快捷键	作用
Ctrl＋N	新建文件	P	选择钢笔工具
Ctrl＋W	关闭当前图像	T	选择文本工具
Ctrl＋A	选取全部对象	Ctrl＋Shift＋A	取消选择
Ctrl＋G	群组所选物体	Ctrl＋Shift＋G	取消所选群组

4.3.4　知识点 4：Illustrator 核心概念

1. 贝塞尔曲线

贝塞尔曲线，又称贝兹曲线或贝济埃曲线，是应用于二维图形应用程序的数学曲线，一般的矢量图形软件通过它来精确画出曲线。贝塞尔曲线由线段与节点组成，节点是可拖动的支点，线段像可伸缩的皮筋。贝赛尔曲线的每一个顶点都有两个控制点，用于控制在该顶点两侧的曲线的弧度。如图 4-2 所示。

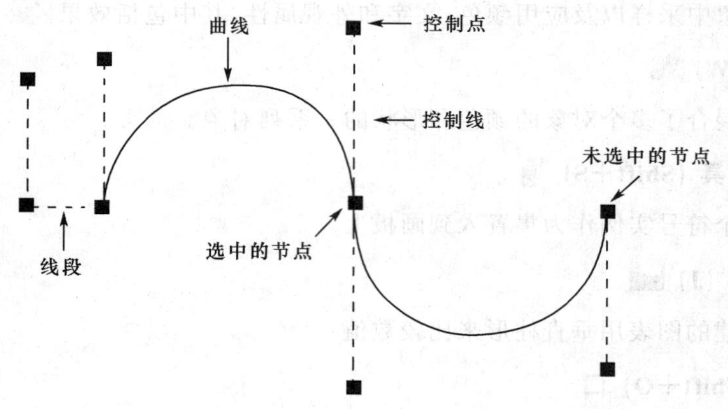

图 4-2　贝塞尔曲线

2. 路径

路径是使用贝赛尔曲线所构成的一段闭合或者开放的曲线段。通常指存在于多种计算机图形设计软件中的以贝塞尔曲线为理论基础的区域绘制方式。路径由一个或多个直线段或曲线段组成。线段的起始点和结束点由锚点标记，通过编辑路径的锚点，可以改变路径的形状，也可以通过拖动方向线末尾类似锚点的方向点来控制曲线。路径可以是开放的，也可以是闭合的。

3. 平滑度

平滑度是评价纸或纸板表面凸凹程度特性的一个指标，对印刷用纸非常重要，它影响印刷油墨的均一转移。纸或纸板的平滑度受纤维形态、纸浆打浆度、造纸用网和毛毯的织造方法、湿压的压力和有无压光、加填和涂布等因素的影响。

4. 锚点

锚点是构成直线路径和曲线路径的最基本元素。锚点包含一些控制块和控制线，控制块确定在每个锚点上曲线的弯曲度，控制线呈现的角度和长度决定了曲线的形状。锚点分为平滑点和角点两种类型。

(1) 平滑点：曲线路径平滑地通过这些锚点。平滑点可以防止路径突然改变方向。

(2) 角点：路径在角点上明显地改变方向。角点分为直角点、曲角点和组合角点 3 种类型。

①直角点：两条直线以某个角度相交所在的锚点，锚点上没有控制线和控制块。

②曲角点：由两条曲线段相交并突然改变方向所在的点，每个曲角点有两个独立的控制块。

③组合角点：由直线段和曲线段相交的点，组合角点有一个独立的控制块。

4.4 项目设计

4.4.1 子任务设计

根据项目完成需求，分解为以下主要子任务，填写如表 4-4 所示项目任务分解表。

【任务 1】 制作冰箱贴背景：设置渐变色，制作背景等；

【任务 2】 制作卡通人物：新建文件并使用钢笔工具绘制卡通人物；

【任务 3】 文字输入与编辑：使用文字工具输入文字；

【任务 4】 制作标志：为冰箱贴添加信用卡标识及相关文字信息。

表 4-4　《冰箱贴设计与制作》任务分解分析表

《冰箱贴设计与制作》项目任务分解表		
任务序号	任务名称	任务说明

4.4.2 流程与操作设计

1. 操作流程

新建文件→绘制背景→制作卡通人物→输入文字→制作标识→测试保存。

2. 操作命令与工具

移动工具、图层操作、钢笔工具、填充工具、椭圆工具、渐变工具、文字工具、变换操作、保存操作等。

4.5 项目实施

4.5.1 任务1:制作冰箱贴背景

【步骤1】 新建文档。打开 Adobe Illustrator CS5 软件,在弹出的“新建文档”对话框中设置名称为“冰箱贴”,宽度为 85 mm,高度为 47 mm,上、下、左、右方位的出血为 1 mm的文档,单击“确定”按钮,如图 4-3 所示。

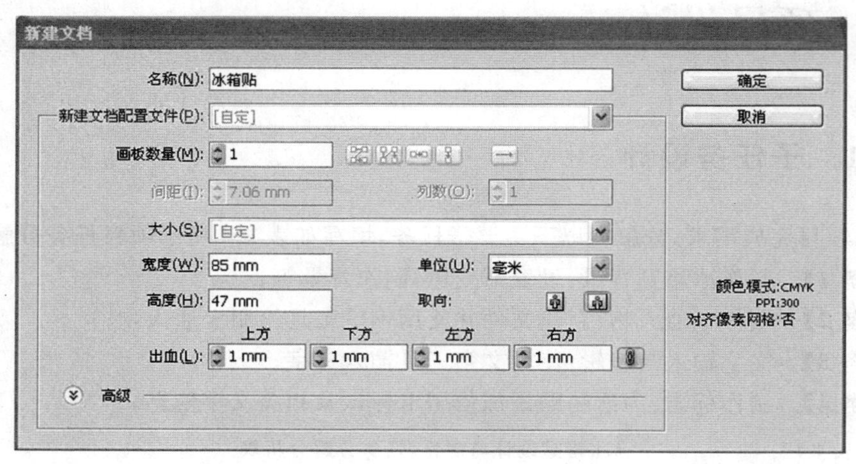

图 4-3 Illustrator CS5 新建文档

【步骤2】 制作冰箱贴渐变背景。在图层面板右下侧点击图标 新建图层命令,将图层命名为“背景”,如图 4-4 所示。选择 中的“矩形工具(快捷键“M”)”,绘制一个覆盖整个文档的矩形,如图 4-5 所示。双击 (快捷键“G”) 渐变工具,在弹出的渐变面板中设置渐变类型为“线性”,添加生成左中右三个色标如图 4-6 所示,双击色标分别设置色值为“C=20,M=0,Y=0,K=0”、“C=20,M=0,Y=30,K=0”、“C=20,M=0,Y=0,K=0”,如图 4-7 所示。在文档矩形中自上而下拖动鼠标,生成渐变背景,如图4-8所示。

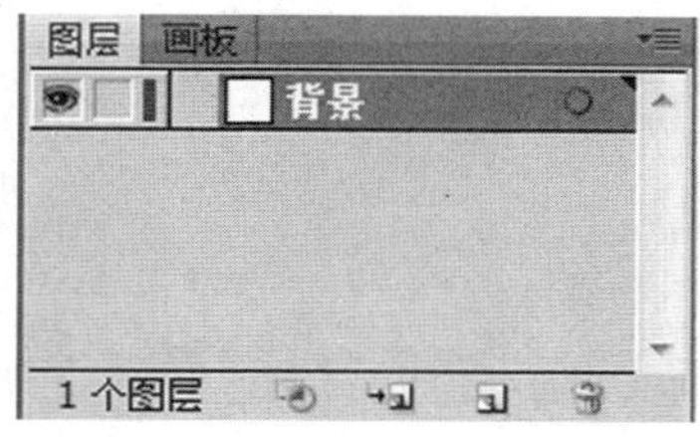

图 4-4　背景图层

图 4-5　冰箱贴背景

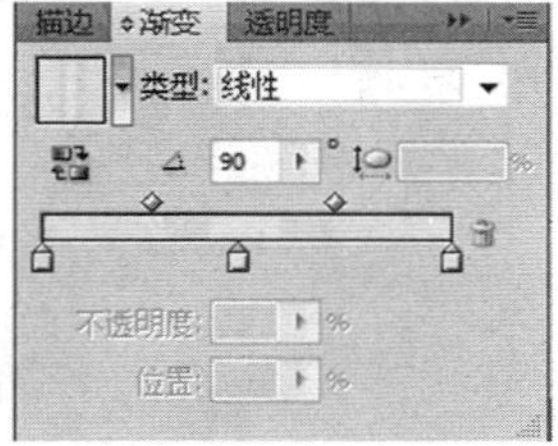

图 4-6 渐变边框

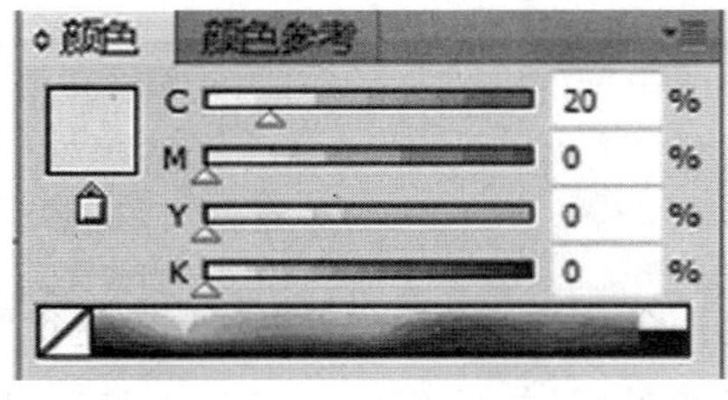

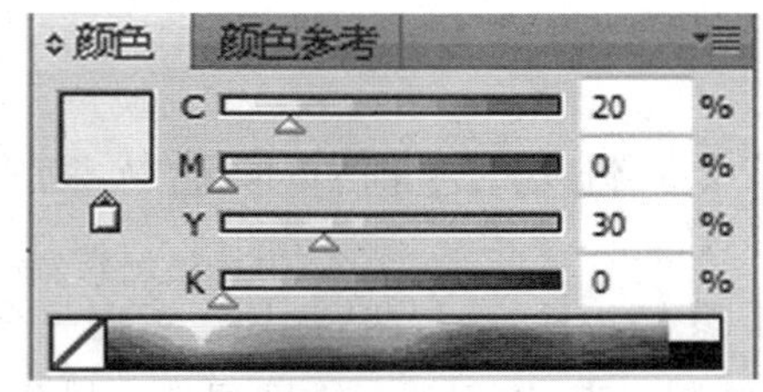

图 4-7　渐变颜色设置

图 4-8　渐变背景效果

友情提示：若要放大或者缩小页面，可以按住 Alt 键，使用鼠标滚轮上下滑动来调节或者将左下角的放大倍数调到 400%。

【步骤 3】　绘制背景不规则图形。使用钢笔工具绘制一个不规则的图形，填充颜色为白色，描边色为黑色。绘制完成后效果如图 4-9 所示。

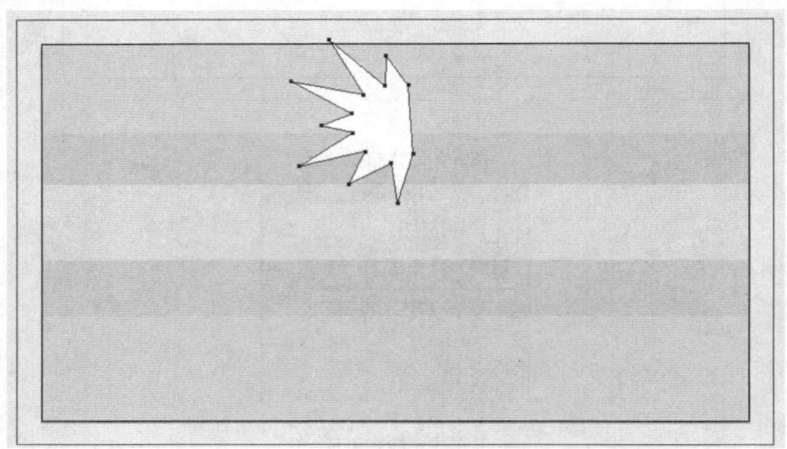

图 4-9　添加不规则图形后的效果

4.5.2　任务 2：制作卡通人物

【步骤 1】　绘制"蘑菇"背景。新建一个图层，命名为"蘑菇背景"。为了使得"蘑菇"图形的绘制清晰，以下选择在图层选项里隐藏了背景图层，使用白色背景上绘制"蘑菇"。在工具栏中点击 (快捷键"P")，选择"钢笔工具"。使用钢笔工具进行钩图描边，绘制完成后填充颜色的 CYMK 值为“C=40,M=0,Y=60,K=0”,描边色为黑色。如图 4-10 所示。

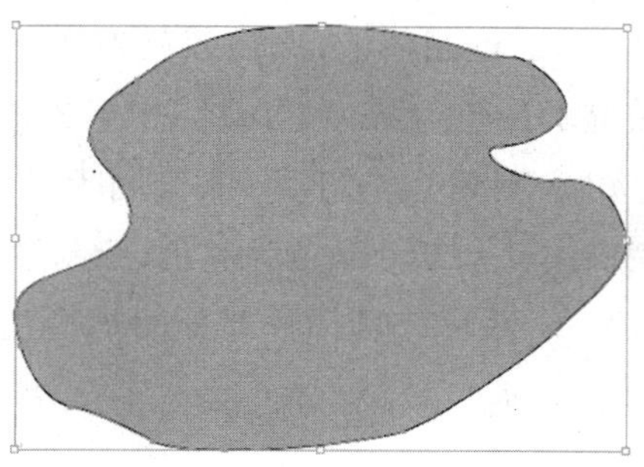

图 4-10　蘑菇背景

【步骤 2】 绘制“蘑菇”头部。在“蘑菇背景”图层上方新建一个图层,命名为“蘑菇头部”。选择“钢笔工具”进行钩图描边,如图 4-11 所示。继续绘制蘑菇头的部分,蘑菇帽填充颜色为“C=0,M=45,Y=60,K=0”,内部圆斑的填充颜色设置为“C=0,M=60,Y=45,K=0”,如图 4-12 所示。在右下侧绘制添加一个底面,颜色为“C=0,M=0,Y=60,K=0”,并且绘制花形,填充色“C=0,M=45,Y=60,K=0”。各部分图形的描边色均为黑色。完成后效果如图 4-13 所示。

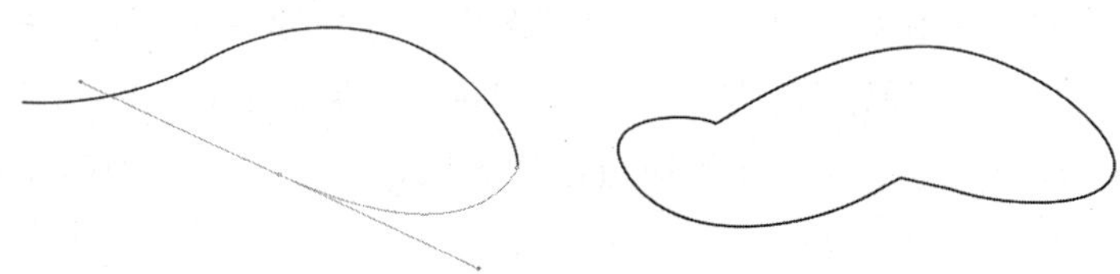

图 4-11　使用“钢笔工具”画的帽子轮廓

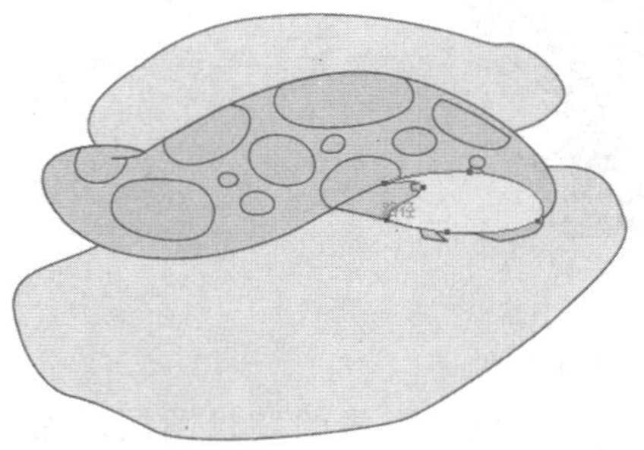

图 4-12　添加蘑菇帽子后的效果

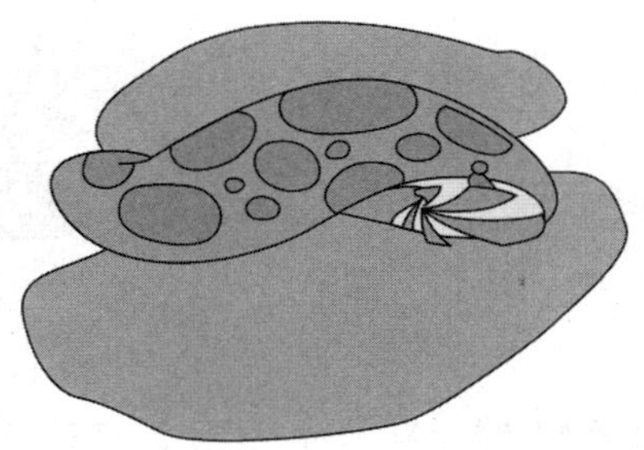

图 4-13　添加蘑菇帽花形后的效果

【步骤 3】 绘制“蘑菇”身体。在“蘑菇头部”图层上方新建图层，命名“蘑菇身体”，再次使用钢笔工具绘图，填充的颜色为“C＝0，M＝0，Y＝60，K＝0”，描边色为黑色。绘制完成后如图 4-14 所示。

【步骤 4】 绘制“蘑菇”五官。绘制眉毛，填充颜色为“C＝100(0)，M＝0，Y＝0，K＝100”；绘制眼睛，其中眼珠填充的颜色为“C＝100(0)，M＝0，Y＝0，K＝100”，眼睛上面的眼皮颜色为“C＝0，M＝50(60)，Y＝20(45)，K＝0”；绘制嘴巴，其中舌头填充的颜色“C＝0，M＝50，Y＝20，K＝0”，嘴巴内其余部分颜色为黑色；绘制微笑的轮廓和两边的皱纹，填充颜色“C＝100(0)，M＝0，Y＝0，K＝100”。各部分的描边色均为黑色。最终效果如图 4-15 所示。

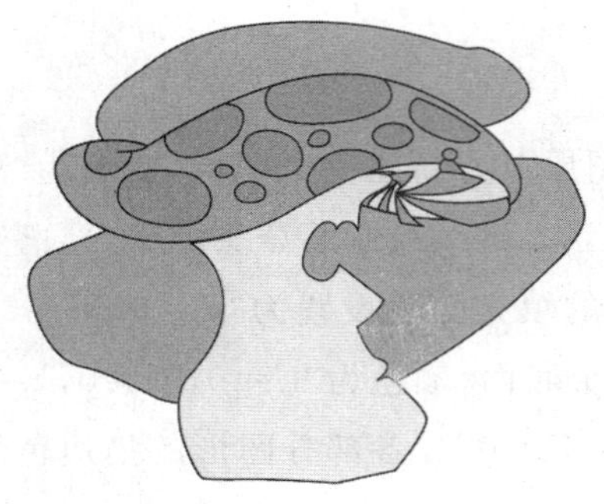

图 4-14　蘑菇身体

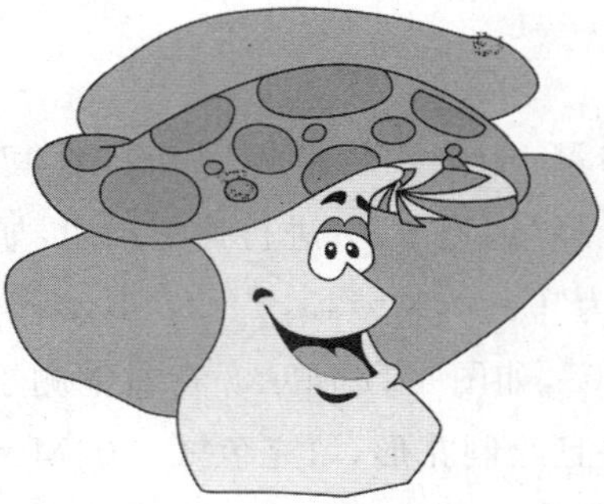

图 4-15　蘑菇五官

【步骤 5】 绘制石头和草。在“蘑菇身体”图层上方新建一个图层，命名为石头和草，使用钢笔工具绘图，其中草的颜色为“C＝100，M＝0，Y＝100，K＝20”，石头的颜色为“C＝50，M＝50，Y＝40，K＝0”，两部分的描边色均为黑色。最终效果如图 4-16 所示 。

图 4-16　添加草和石头后的效果

【步骤 6】 显示背景图层。在完成蘑菇的绘制后，显示隐藏的背景图层。缩放并调整蘑菇图于左侧，最终效果如图 4-17 所示。

图 4-17　完成蘑菇绘制与背景显示后的效果

4.5.3　任务 3:输入文字

【步骤 1】　制作标题。在工具栏中点击 T(快捷键“T”),选择“文字工具”,设置文字颜色为黑色、字体为 Boink LET Plain、大小为 17 pt。输入两行文字“NEW LONG KING EXPRESS”,如图 4-18 所示。

图 4-18　右上侧文字标题

> **友情提示:**标题使用的字体都是外部字体。外部字体可以从网上下载,或从素材文件夹中找到所需要的字体并安装在系统盘的 Fonts 中再使用。

【步骤 2】 其余文字制作。

在右侧输入文字“Dine-In Take out”,设置文字颜色为“C=50,M=100,Y=100,K=50”,字号为 10 号,字体为 Times New Roman Bold Italic。

输入文字“We Deliver”、“ $12.00 Minimum”,设置文字颜色为“C=50,M=100,Y=100,K=50”,分别使用 14 号和 10 号大小,字体为 Arial Bold。

输入“Tel 012-456-7970”、“012-456-9888”两行文字,设置文字颜色为“C=0,M=100,Y=100,K=0”,字号为 10 号,字体为 Benguiat Bold BT。

输入“3455 Alma Dr #412”、“Plano,TA 74230”两行文字,设置文字颜色为“C=40,M=100,Y=100,K=50”,字号为 10 号,字体为 Benguiat Bk BT。

在左下侧输入文字“Open 7 Days a Week”,设置文字颜色为“C=40,M=100,Y=100,K=50”,字号为 9 号,字体为 Helvetica Bold。

在左下侧输入“Monday-Saturday:11:00 am-9:30 pm”、“Sunday:12:00 noon-9:00 pm”两行文字,设置文字颜色为“C=40,M=100,Y=100,K=50”,字号为 6 号,字体为 Helvetica Regular。

至此,完成的效果如图 4-19 所示。

图 4-19 完善文字信息后的效果

4.5.4 任务 4:制作标志

【步骤 1】 VISA 卡边框制作。使用工具栏的圆角矩形工具,在左下侧绘制一个宽度为 17 mm、高度为 11 mm、半径为 1 mm 的圆角矩形。在属性对话框中设置描边颜色为“C=100,M=70,Y=30,K=0”,描边的粗细为 0.25 pt,完成后效果如图 4-20 所示。

【步骤 2】 VISA 卡色块制作。在框内使用圆角矩形工具绘制两个圆角矩形，并填充颜色。上方矩形的填充颜色为“C＝100，M＝70，Y＝30，K＝0”，下方矩形的填充颜色为“C＝0，M＝30，Y＝100，K＝0”。完成后如图 4-21 所示。

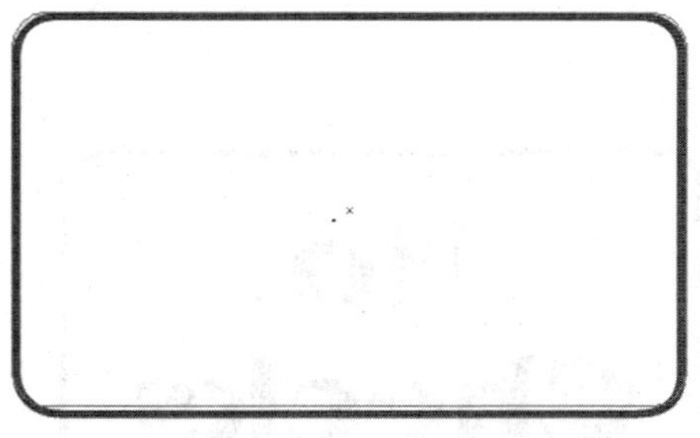

图 4-20　VISA 卡边框

图 4-21　添加 VISA 两个圆角矩形后的效果

【步骤 3】 VISA 卡文字制作。添加文字，设置文字颜色为“C＝100，M＝70，Y＝30，K＝0”，使用 6 号 Souvenir Demi Italic BT 字体，如图 4-22 所示。

【步骤 4】 MasterCard 卡的边框制作。绘制与步骤 1 相同的边框，如图 4-23 所示。

图 4-22　VISA 文字

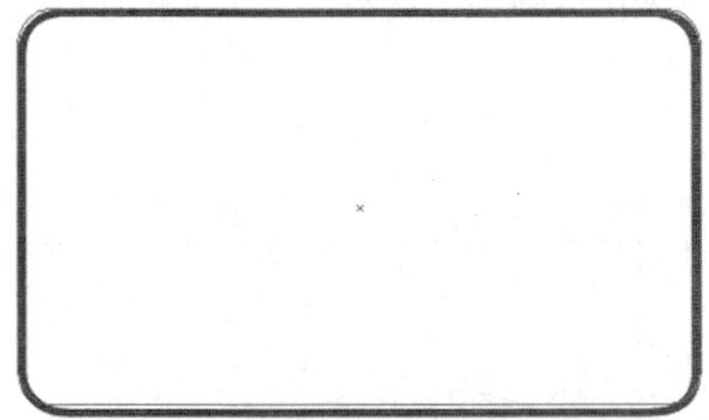
图 4-23　MasterCard 卡边框

【步骤 5】 MasterCard 卡圆的绘制。使用矩形工具中的“椭圆工具”绘制两个圆，并填充颜色，左右两个圆的填充颜色分别为“C＝0，M＝85，Y＝85，K＝0”和“C＝0，M＝55，Y＝80，K＝0”。其中左侧圆位于右侧圆的上一层，效果如图 4-24 所示。

【步骤 6】 MasterCard 卡的文字制作。添加文字“MasterCard”设置颜色为白色，使用 4 号的 Helvetica Oblique 字体。如图 4-25 所示。

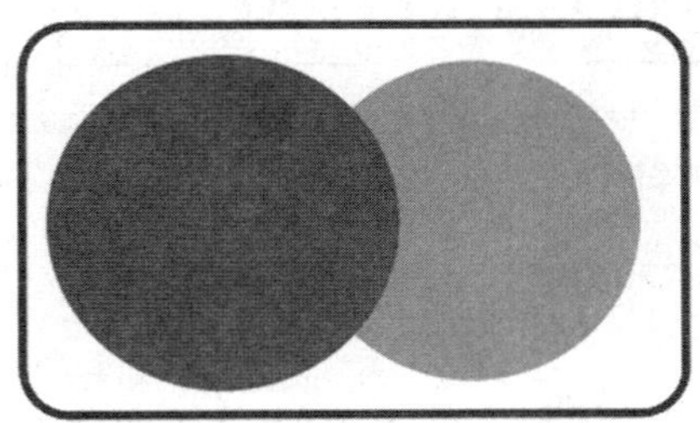
图 4-24　MasterCard 上的圆形

图 4-25　MasterCard 文字

【步骤 7】 No Checks 卡的制作。同步骤 4，制作边框。如图 4-26 所示。

【步骤 8】 No Checks 卡的文字制作。添加文字“No Checks”，设置颜色为“C＝0，M＝100，Y＝100，K＝0”，使用 4 号 Benguiat Bold BT 的字体。如图 4-27 所示。

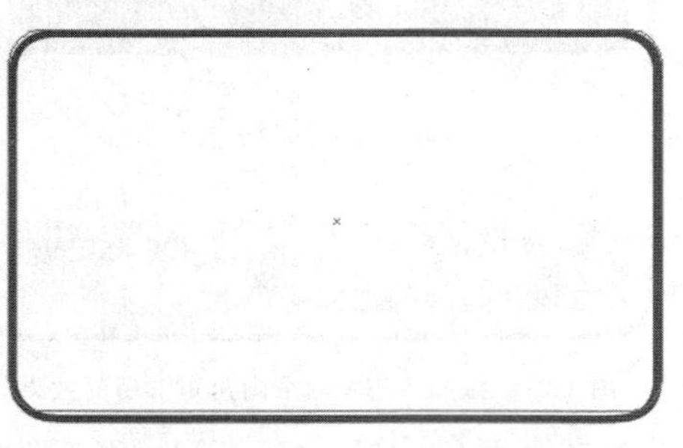

图 4-26　No Checks 边框

图 4-27　No Checks 文字

至此，完成全部图形绘制，完成后最终效果如图 4-28 所示。

图 4-28　冰箱贴最终效果图

最终将完成后的效果保存生成 PDF 及 AI 格式的图形文件各 1 份，主文件名命名为“冰箱贴”。

4.6 技术拓展

4.6.1 透视与新式绘图工具

1. 增加透视视图

新的透视网格工具可启用网格功能，支持在真实的透视图平面上直接绘图。在精确的一点、二点或三点透视中使用透视网格绘制形状和场景。新的透视选区工具可以动态地移动、缩放、复制和变换对象，还可以沿对象当前位置垂直移动对象。

用户可以按照透视方向绘制具有透视效果的建筑。通过透视网格工具组，用户可以使用预设透视模式快速轻松地工作。透视网格提供了用于管理场景的视角和视距的网格预设以及用于控制消失点、水平高度、地平面和原点的构件。

2. 绘图模式

Illustrator CS5 还添加了各种绘图模式，比如“正常绘图”、“背面绘图” 和“内部绘图”。通过不同的绘图模式，无须选择图层或设置堆栈顺序即可在其他对象下方或者图像对象内部进行绘图。

3. 形状生成器工具

“形状生成器工具”是一个通过合并或擦除简单形状创建复杂形状的交互式工具。它可用于简单和复合路径，并会自动亮显所选作品中可合并成新图形的边缘和区域。这一功能的前提是选择多个图形对象后再选择该工具。

4.6.2 冰箱贴设计注意事项

(1)冰箱贴的形状不必拘泥常规的形状，可以根据所选产品的特点设计。

如可以将瓶酒开的冰箱贴设计成“瓶酒开”形状，非常醒目。

(2)冰箱贴的色彩可以匹配不同色彩的冰箱贴做到一款多色。

如为同一款式的冰箱贴设计多种色彩。

(3)突出冰箱贴的广告效应。

冰箱贴也是一种广告，为突出广告效应，可以在冰箱贴上添厂家名称、地址等信息。

(4)冰箱贴三维特效制作。

Illustrator CS5 版本设计软件能通过投影等方法制作成仿三维显示效果。三维效果也可以根据产品需要，用三维动画软件如 Maya 等制作静态帧效果图。

4.7 项目总结

本项目通过冰箱贴的设计与制作及 Illustrator 软件的使用，主要训练学生项目构思、设计、实施、运行的综合能力。针对项目需求，Illustrator 软件使用部分主要进行文字、椭圆、钢笔等工具的使用，绘图、填充等操作，外部字体的导入与使用。完成本项目的主要工作是用钢笔绘制图形。项目完成过程设计了相应的表格进行汇总与测评。

4.8 强化练习与目标达成度评测

4.8.1 知识评测

1.（　　）是 Adobe Illustrator 的专用格式。（　　）

A. CDR　　B. PSD　　C. AI　　D. PDF

2. 灰度模式的图像由（　　）级灰度颜色组成，它是没有彩色信息的。（　　）

A. 256　　B. 216　　C. 285　　D. 276

3.（　　）是一种印刷模式，被广泛应用在印刷的分色处理上。（　　）

A. RGB 模式　　B. CMYK 模式

C. 灰度模式　　D. HSB 模式

4. 在 Adobe Illustrator 中，若当前文件中的图形复杂，为了加快屏幕刷新速度，最直接快速并且简单的方式是：（　　）

A. 增加运行所需的内存

B. 增加运行所需的显示内存

C. 将当前不编辑的部分隐藏

D. 通过“视野”→“轮廓”命令使图形只显示线条部分

5. 使用沿路径排布的文字输入工具时，应在何种路径上进行操作？（　　）

A. 必须是闭合路径

B. 必须是开放路径

C. 可以是开放路径，也可以是闭合路径

D. 可以是开放路径，也可以是闭合路径，但其填充色必须为无色

6. 下列哪种方式可创建渐层网格？（　　）

A. 使用工具箱中的渐层网格工具

B. 通过“图形”→“创建渐层网格”命令

C. 选择一个渐变色填充的对象，然后选择“图形”→“展开”命令，在弹出的对话框中选择“渐变网格”选项

D. 选择一个渐变色填充的对象，然后选择“图形”→“混合”→“展开”命令，在弹出的对话框中选择“渐变网格”选项

7. 设定好的渐变色可存储在下列哪个浮动调板中？（　　）

A. 储色调板　　B. 渐变调板

C. 颜色调板　　D. 属性调板

8. 下列有关渐变色的描述正确的是：（　　）

A. 定义好的渐变色可直接拖到储色调板中供取用

B. 通过移动渐变调板上菱形的位置可以控制渐变颜色的组成比例，菱形的缺省的位置位于两种颜色的中间位置，即颜色为均匀混合

C. 渐变调板上颜色滑块的颜色改变是通过颜色调板来实现的。颜色可以为 CMYK 模式的颜色、RGB 模式的颜色或者任意一种专色

D. 渐变色是指两种或者两种以上的颜色之间混合形成的一种填色方式。不但能用于图形内部的填充，而且还能用于边线填充

4.8.2　技能评测

1. 单项技能评测

（1）利用所学知识与技能绘制标志，背景颜色可以更换，如图 4-29 所示。

（2）利用所学知识与技能绘制如图 4-30 所示图形。

图 4-29　花形标志

图 4-30　礼盒

2. 综合技能评测

通过 Internet 网查找各类冰箱贴的图，下载 10 张图，在班级中进行交流汇报。

项目五

广告笔拉画设计与制作

◆知识与目标达成度

(1)掌握描边、符号、图形、滤镜等基础知识。

(2)了解广告笔拉画设计与制作的一般需求与工作流程。

◆能力与目标达成度

(1)能运用 Illustrator 钢笔、文字、矩形基本工具进行图形的绘制。

(2)能熟练运用图层、路径查找器、符号添加等操作。

(3)能主动学习并与他人有效交流。

◆学习重点与难点

钢笔工具的运用、渐变调色。

◆学时分配

8 学时。

◆教学设计与实施策略

(1)教学环境:投影等多媒体设备。

(2)教学策略:分组指导、一体化教学。

5.1 项目导引

5.1.1 项目来源

在市场竞争日益激烈的今天,企业纷纷寻找各种宣传媒介,宣传企业形象,扩展知名度,提高竞争参与能力。广告笔拉画如图 5-1 所示,作为一种现代新颖广告载体,具有流动性大、色彩鲜艳和良好的视觉效果,可在广告纸两面印刷彩色广告图案、文字,其图案具有设计不受限制、结构可任意选择以及美观耐用、质优价惠等多种优点,成为企业广告宣传的一种重要形式。

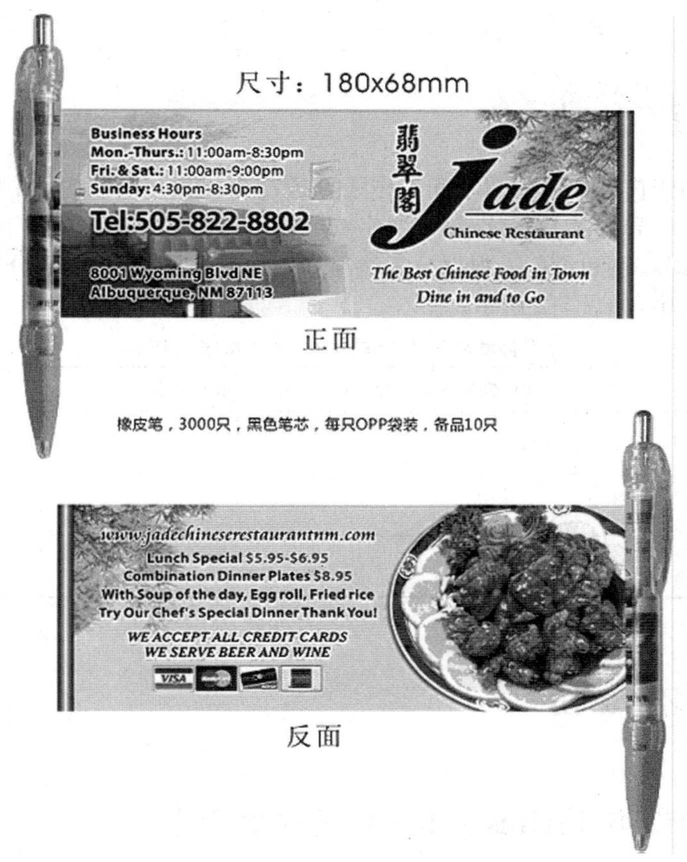

图 5-1 广告笔拉画

本项目来源于某餐馆，要求设计和制作餐馆宣传广告，最终用于广告笔拉画中。

5.1.2 工作要求

本项目工作任务书如表 5-1 所示。

表 5-1 《广告笔拉画设计与制作》工作任务书

《广告笔拉画设计与制作》工作任务书
一、效果要求 围绕餐馆主题做整体设计，主要以体现餐馆信息为主，包括餐馆标识、电话、地址、营业时间等必要信息。设计要求符合主题，形式美观，风格独特，要求体现对图形、文字、创意等因素的综合运用。
二、成果要求 1. 图像尺寸：宽度 18 cm，高度 6.8 cm。 2. 图像品质：高品质图像。 3. 文件格式：提供 AI 和 TIF 两种格式。

5.2 项目分析

根据餐馆用于广告展示的需求和工作任务进行分析，得出当前项目所需要完成的内容包括：制作背景、导入菜肴图片、输入文字和绘制餐馆吉祥物形象等，广告的主色调为该店的装扮色调，即红色和黄色。根据分析情况和工作任务要求，将需求分析与解决策略填写在需求分析表中，如表 5-2 所示。

表 5-2　《广告笔拉画设计与制作》工作需求分析表

《广告笔拉画设计与制作》工作需求分析表	
任务要求	
问题汇总	
解决思路	

5.3 技术准备

5.3.1 知识点 1：Illustrator 常用快捷命令

Illustrator 常用快捷命令如表 5-3 所示。

表 5-3　Illustrator 常用快捷命令

快捷键	作用	快捷键	作用
Ctrl＋3	隐藏所选对象	Ctrl＋Shift＋Alt＋3	隐藏没有选择的对象
Ctrl＋2	锁定所选的物体	Ctrl＋Alt＋2	全部解除锁定
Ctrl＋J	联接断开的路径	Ctrl＋Shift＋“]”	置于顶层
Ctrl＋Y	将图像显示为边框模式(切换)	Ctrl＋Shift＋Y	对所选对象生成预览(在边框模式中)

5.3.2 知识点 2：Illustrator 核心概念

1. 矢量图

矢量图形也称为向量图形，是根据其几何特性来描绘图像。矢量文件中的图形元素称为对象，每个对象都是一个自成一体的实体。使用“缩放”工具将图像不断放大，此时可看到矢量图形仍保持为精确、光滑的图形。

2. 图层

在制作一幅作品时，要使用多个图层。图层就像把一张张透明拷贝纸叠放在一起，由于拷贝纸的透明特征，使图层上没有图像的区域透出下一层的内容。

3. 画板

画板是指在 Illustrator 中用于呈现图像和绘图的区域。

4. 滤镜

滤镜主要是用来实现图像的各种特殊效果。在一幅图像中，滤镜可以叠加使用多次。

5. 路径查找器

在 Illustrator 中路径查找器针对对象进行相加、相减等操作。

6. 编组

编组是为了把多个对象组合成一个对象，利于操作。

5.4　项目设计

5.4.1　子任务设计

根据项目完成需求，分解为以下主要子任务，填写项目任务分解表，如表 5-4 所示。

【任务 1】　制作正面背景：背景填充与花边制作；
【任务 2】　描边文字制作：正面文字输入与编辑；
【任务 3】　图片导入与编辑：导入餐馆招牌菜肴；
【任务 4】　绘制吉祥物：绘制餐馆吉祥物—小厨师；
【任务 5】　制作背面效果：渐变色背景与符号制作。

表 5-4　　《广告笔拉画设计与制作》任务分解表

《广告笔拉画设计与制作》项目任务分解表		
任务序号	任务名称	任务说明

5.4.2 流程与操作设计

1. 操作流程

新建文件→制作正面背景→制作正面文字→制作正面图片→绘制吉祥物→制作背面背景→制作背面文字→制作背面吉祥物→保存输出。

2. 操作命令与工具

选择工具、钢笔工具、文字工具、编组、导入、符号、滤镜、保存操作等。

5.5 项目实施

5.5.1 任务1:制作正面背景

【步骤1】 新建"广告笔拉画"文档。打开 Illustrator 软件,执行"文件"→"新建"命令,在弹出的"新建文档"对话框中设置名称:广告笔拉画、宽度为 18 cm、高度为 6.8 cm,设置画板数量为 2,如图 5-2 所示,单击"确定"按钮。效果如图 5-3 所示。

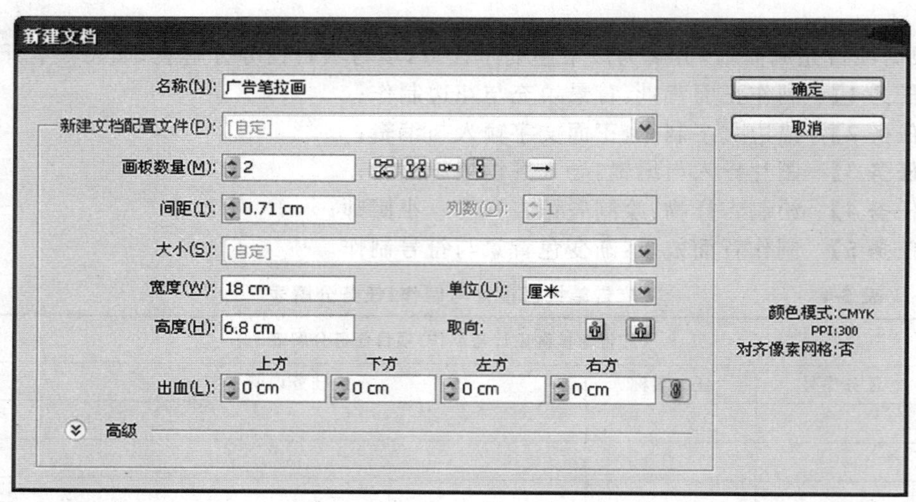

图 5-2 新建文档

【步骤2】 绘制背景。在工具栏中双击前景色工具图,在弹出的拾色器对话框中设置色值为#F8F08F,如图 5-4 所示。使用矩形工具，在画布上绘制与文档相同大小的矩形,如图 5-5 所示。

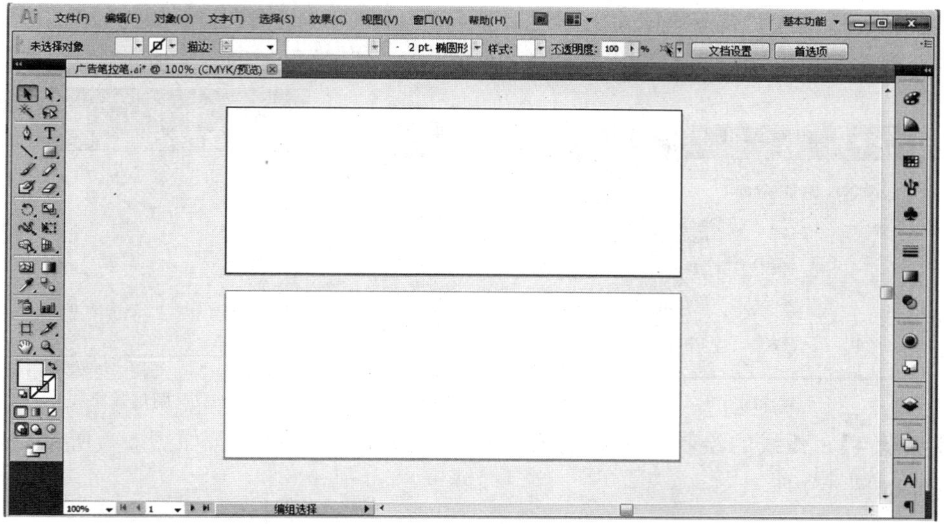

图 5-3　新建文档效果

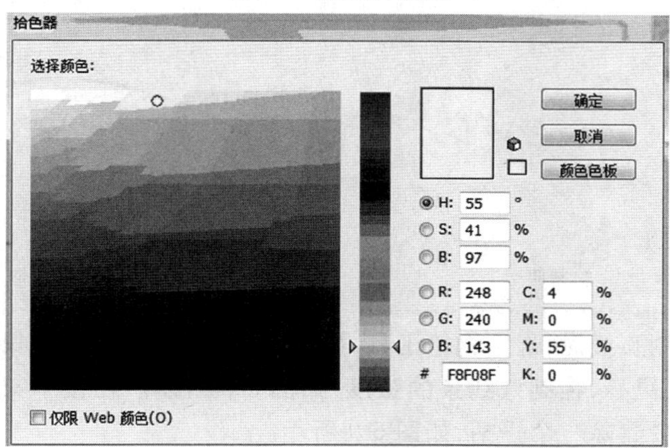

图 5-4　设置填色

图 5-5　绘制正面背景

【步骤 3】 新建“背景与边框”图层。执行“窗口”→“图层”命令，在弹出的“图层选项”对话框中，如图 5-6 所示，设置名称为“背景与边框”，效果如图 5-7 所示。

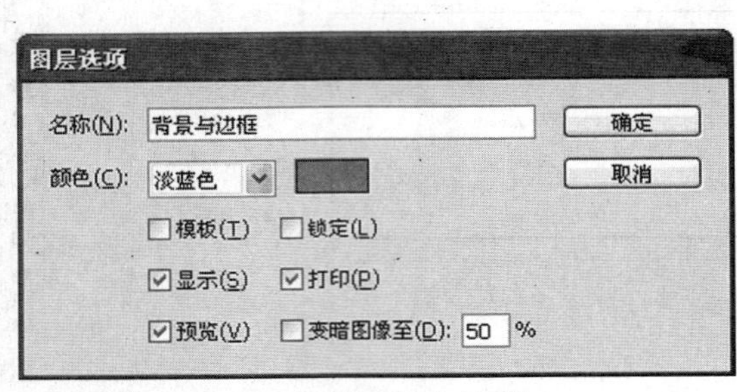

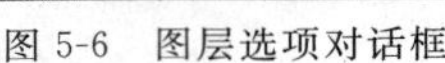
图 5-6　图层选项对话框

图 5-7　图层效果

【步骤 4】 弧线的绘制。选择钢笔工具，画出一条弧线。如图 5-8 所示，删除一个手柄，如图 5-9 所示。

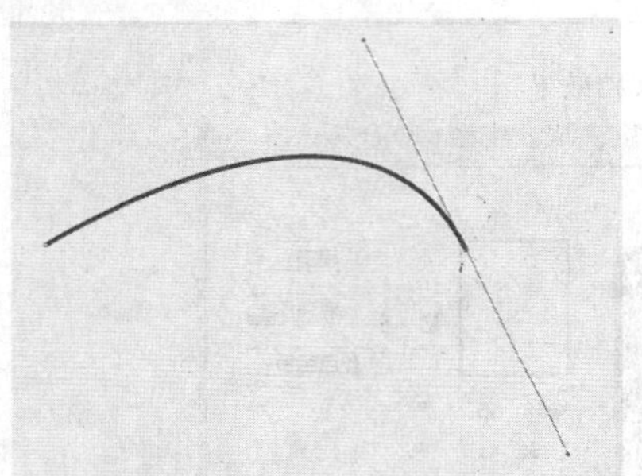
图 5-8　绘制曲线

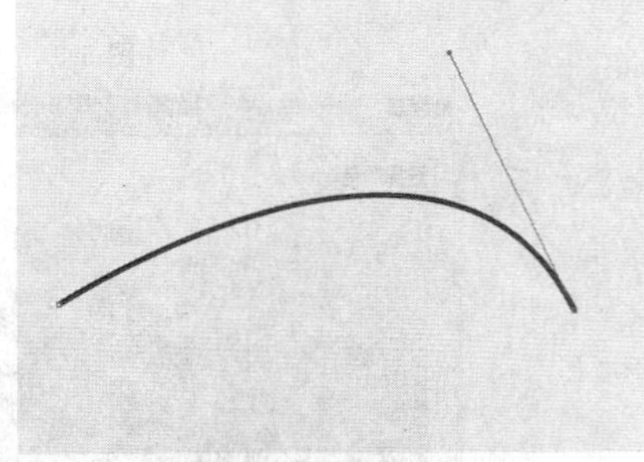
图 5-9　消除手柄

> **小技巧：**绘制弧线时，选中钢笔工具，确定第一个锚点，再确定第二个锚点，这时手不要放开拖动鼠标，控制好线条的弧度，如图 5-8 所示。在按下第三个锚点时，单击第二个锚点，会删除一个手柄，如图 5-9 所示。

【步骤 5】 绘制叶片效果。使用钢笔工具，绘制的图形如图 5-10 所示。执行“窗口”→“路径查找器”→“减去图层”命令，效果如图 5-11 所示。

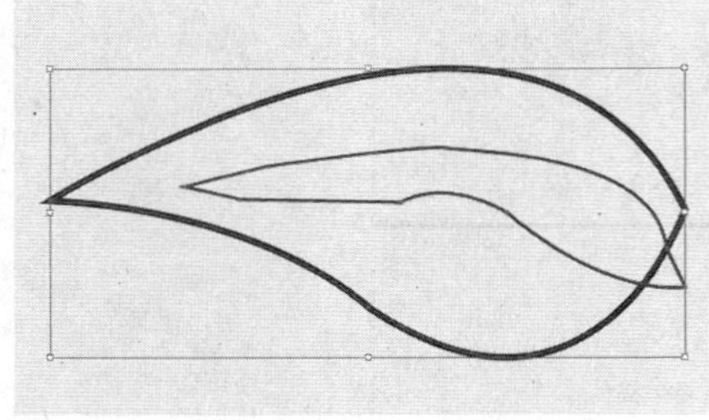
图 5-10　曲线最终效果

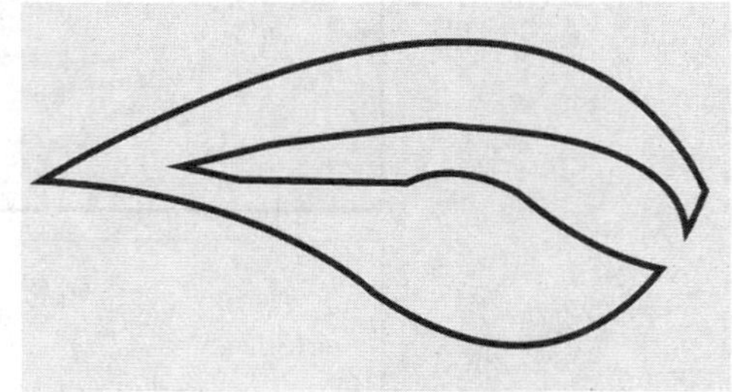
图 5-11　叶片效果

【步骤 6】 绘制图形。按照上面所讲的方法，继续使用钢笔工具，绘制如图 5-12 所示的矢量图形。

图 5-12　图形最终效果

【步骤 7】 填充颜色。选择"窗口"→"颜色"面板，填充图形颜色为红色＃E60012，色值为 C=0，M=100，Y=100，K=0，填充后效果如图 5-13 所示。选择图案中间四片颜色叶子处，填充颜色为白色＃FFFFFF，色值为 C=0，M=0，Y=0，K=0；效果如图 5-14 所示。

图 5-13　填充效果

图 5-14　填充后最终效果

【步骤 8】 编组。用选择工具，选中所有的叶片，单击鼠标右键选择编组命令，效果如图 5-15 所示。

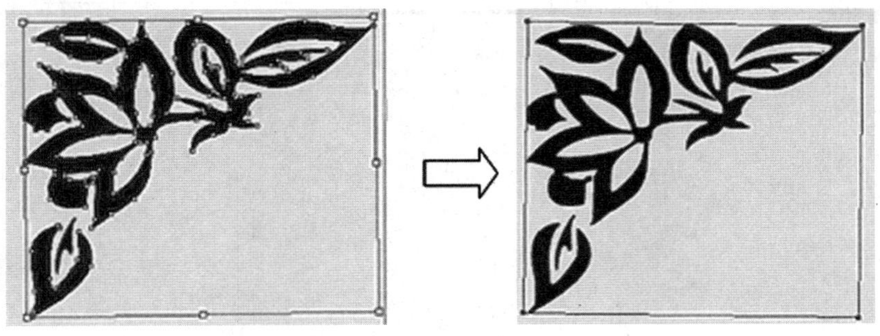

图 5-15　编组效果

【步骤 9】 复制图形。选中被编组的对象，按住"Alt"并且拖动，复制一个相同的图形，然后右键执行"变换"→"旋转"命令，在打开的"旋转"对话框中设置角度为 90 度，如图 5-16 所示，效果如图 5-17 所示。

图 5-16 旋转对话框

图 5-17 旋转后效果

【步骤 10】 绘制直线。选中直线段工具，按住 shift 键绘制直线。设置直线的颜色为红色＃E60012，色值为 C＝0，M＝100，Y＝100，K＝0，描边粗细为 2 pt，属性设置和效果如图 5-18 所示。使用相同方法再绘制一条竖线和一条横线。

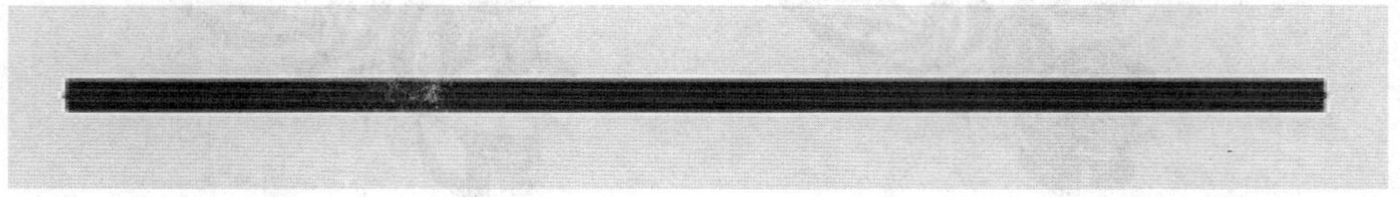

图 5-18 红色直线

【步骤 11】 排列图形。使用选择工具，将前面绘制的图形和直线排列成如图 5-19所示效果。

图 5-19 背景最终效果

5.5.2　任务 2:描边文字制作

【步骤 1】 “Chopsticks”红色文字制作。新建一个图层,命名为“文字”。单击工具栏中的文字工具 T,在窗口中拖出一个文本框,输入“Chopsticks”。选择字体为“AIVeritas”,大小为 50 pt,颜色为红色 #E60012,CMYK 色值为 C=0,M=100,Y=100,K=0。如图 5-20 所示。文字效果如图 5-21 所示。

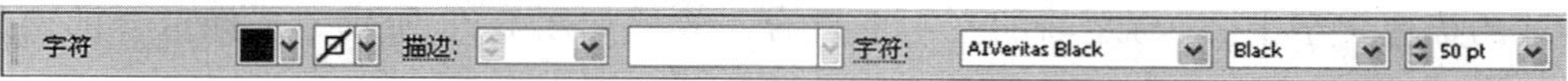

图 5-20　“Chopsticks”文字属性

图 5-21　“Chopsticks”文字效果

【步骤 2】 “Chopsticks”文字复制及描边效果制作。选择“Chopsticks”文字,将文字复制一层,并将文字填充为白色 #FFFFFF,色值为 C=0,M=0,Y=0,K=0,描边颜色为红色 #E60012,色值为 C=0,M=100,Y=100,K=0,粗细为 2 pt,颜色填充如图 5-22 所示。同时将原来的红色的文字填充色改变白色。两层效果如图 5-23 所示。

图 5-22　白色“Chopsticks”文字属性

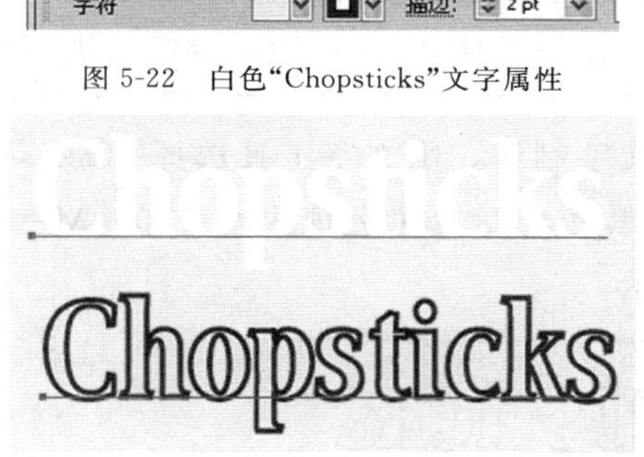

图 5-23　白色“Chopsticks”文字效果

【步骤 3】 两层文字组合。选择白色文字,右键执行“排列”→“置于顶层”命令,将白色文字置于顶层。使用选择工具拖动文字将两个文字重叠,描边的文字放在下面,描边的白色文字置于上方。选择两层文字,执行“对象”→“编组”命令(快捷键“Ctrl+G”),将文字进行编组。合成后的效果如图 5-24 所示。

图 5-24　白色填充的“Chopsticks”文字效果

友情提示: 描边文字的制作如果采用直接对输入的文字进行填充色和描边色的设置,则打印输出后的效果不清晰。采用上述方法效果能更清晰。

【步骤 4】 制作餐馆电话描边文字效果。使用文字工具，选择“AIVeritas”字体，输入“Takes Out and Faster”和“Service”，设置填充颜色为黑色，描边颜色为白色＃FFFFFF，色值为 C=0，M=0，Y=0，K=0，描边粗细为 1 pt；输入“Delivery”、“Tel：931-862-6141”、“931-990-8022”文字，设置填充颜色为红色＃E60012，色值为 C=0，M=100，Y=100，K=0，描边颜色为白色＃FFFFFF，色值为 C=0，M=0，Y=0，K=0，描边粗细为 1 pt。添加文字内容后的效果如图 5-25 所示。选择刚才完成的餐馆信息文字，将文字复制一层，去掉描边，然后置于刚才的描边文字上方，与之前的文本框重合。效果如图 5-26 所示。选择重合的两层文字，执行“对象”→“编组”命令（快捷键“Ctrl+G”），将文字进行编组。

图 5-25 输入文字效果

图 5-26 文字效果

友情提示：将多个对象进行编组，则可以同时对编组后的对象进行移动等操作。如果要单独对编组前的对象进行修改，也可以在解组后进行编辑。

【步骤 5】 部分黑色文字制作。用文字工具选择“Takes Out and Faster”和“Service”部分文字，设置颜色为黑色＃000000，色值为 C=100，M=100，Y=100，K=100。至此，整体效果如图 5-27 所示。

图 5-27 文字最终效果

5.5.3 任务 3：图片导入与编辑

【步骤 1】 导入菜的图片。在文字图层上方新建一个图层，命名为“菜”，如图 5-28 所示。执行“文件”→“置入”命令，打开“项目五广告笔拉画设计与制作/素材”文件夹中的

“菜 1. tif”文件，导入后用自由变换工具调整图片的大小，并移动到相应位置，如图5-29所示。

图 5-28　图层新建

图 5-29　“菜 1”的置入

【步骤 2】 置入“菜 2. tif”、“菜 3. tif”文件。分别置入“项目五广告笔拉画设计与制作/素材”文件夹中的“菜 2. tif”、“菜 3. tif”文件。用自由变换工具调整图片的大小，并移动到相应位置，效果如图 5-30 所示。

图 5-30　导入图片效果

5.5.4　任务 4:绘制吉祥物

【步骤 1】 新建“吉祥物”图层。新建一个图层，命名为“吉祥物”，如图 5-31 所示。

图 5-31　图层面板

【步骤 2】 绘制厨师帽子。为了方便绘制，选择背景文字及边框等选项，点击菜单栏中“对象”→“隐藏”→“所选对象”，将之前的对象暂时隐藏。选择钢笔工具，在空白画板上绘制出厨师的帽子，如图 5-32 和图 5-33 所示。

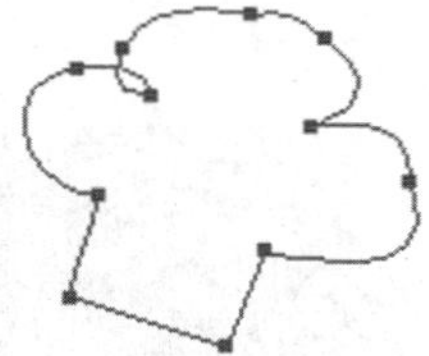

图 5-32　钢笔绘制图形

图 5-33　帽子图形效果

【步骤 3】 绘制厨师的脸。选择钢笔工具，在帽子下方绘制出厨师的脸，填充颜色为 C=0，M=10，Y=10，K=0，效果如图 5-34 所示。

【步骤 4】 绘制厨师的领子。选择钢笔工具，绘制出厨师的领子，填充颜色为 C=0，M=100，Y=100，K=0，效果如图 5-35 所示。

图 5-34　绘制厨师的脸

图 5-35　绘制厨师的领子

【步骤 5】 绘制厨师的胡子、头发、眉毛。选择钢笔工具，绘制出厨师的胡子、头发和眉毛。颜色填充为 C=100，M=100，Y=100，K=100，效果如图 5-36 所示。

【步骤 6】 绘制厨师的眼眶。选择钢笔工具，绘制出厨师的眼眶，在工具栏中双击背景色工具，在弹出的拾色器对话框中设置色值为 # 000000，前景色设置为 # FFFFFF，效果如图 5-37 所示。

图 5-36　绘制厨师的胡子、头发、眉毛效果图

图 5-37　绘制厨师的眼眶

【步骤 7】 绘制厨师的眼珠。选择钢笔工具 ，绘制出厨师的眼珠，在工具栏中双击背景色工具，在弹出的拾色器对话框中设置色值为＃000000，效果如图 5-38 所示。

【步骤 8】 绘制厨师的嘴。选择钢笔工具 ，绘制出厨师的嘴，在工具栏中双击背景色工具，在弹出的拾色器对话框中设置颜色为＃000000，舌头填充为＃E60012，色值为 C＝0，M＝100，Y＝100，K＝0。效果如图 5-39 所示。

图 5-38　绘制厨师的眼珠

图 5-39　绘制厨师的嘴

【步骤 9】 绘制厨师的衣服。选择钢笔工具 ，绘制出厨师的衣服，在工具栏中双击背景色工具，在弹出的拾色器对话框中设置颜色为＃FFFFFF，色值为 C＝100，M＝100，Y＝100，K＝100，效果如图 5-40 所示。

【步骤 10】 绘制厨师的手。选择钢笔工具 ，绘制出厨师的手，填充颜色为＃FDEDE4，色值为 C＝0，M＝10，Y＝10，K＝0。效果如图 5-41 所示。

图 5-40　绘制厨师的衣服

图 5-41　绘制厨师的手

【步骤 11】 绘制厨师的脚。选择钢笔工具 ，绘制厨师的脚，腿的颜色填充色为＃FFFFFF，色值为 C=0，M=0，Y=0，K=0。鞋子的颜色填充色为黑色＃000000，色值为 C=100，M=100，Y=100，K=100，效果如图 5-42 所示。

【步骤 12】 绘制厨师手上的托盘。选择钢笔工具 ，绘制厨师手上的托盘，填充颜色为＃FFFFFF，色值为 C=0，M=0，Y=0，K=0。效果如图 5-43 所示。

图 5-42　绘制厨师的脚　　　　图 5-43　拖着盘子的厨师

【步骤 13】 组合图形。选中全部对象，单击右键，执行“编组”命令，进行编组。执行菜单“对象”→“隐藏”→“所选对象”命令，调整卡通人物的大小，效果如图 5-44 所示。

图 5-44　吉祥物最终效果

【步骤 14】 保存文件。至此正面效果完成，选择“文件”→“存储”命令，弹出“存储为”对话框，选择保存类型为 Adobe Illustrator(＊.AI)，单击“保存”按钮。

5.5.5　任务 5：制作背面效果

【步骤 1】 渐变背景制作。在下面的画板中，选择矩形工具 ，绘制一个与画板大小相同的矩形。选择“窗口”→“渐变”命令，打开渐变面板，如图 5-45 所示。从左至右添加共 4 个颜料桶并移动位置，如图 5-46 所示。点击选中颜料桶 ，从颜色对话框中选择颜色，如图 5-47 所示，从左至右的颜料 CMYK 值分别为 C=0，M=0，Y=60，K=0；C=

0,M=0,Y=0,K=0; C=0,M=0,Y=40,K=0;C=0,M=0,Y=100,K=0。最终效果是一个黄白黄颜色的渐变,效果如图 5-48 所示。

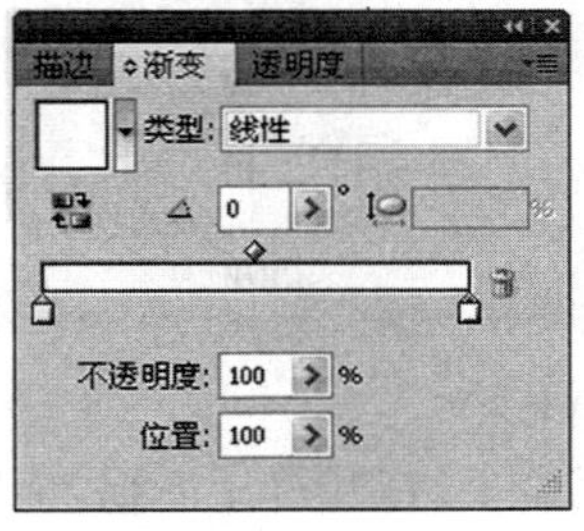

图 5-45　渐变面板

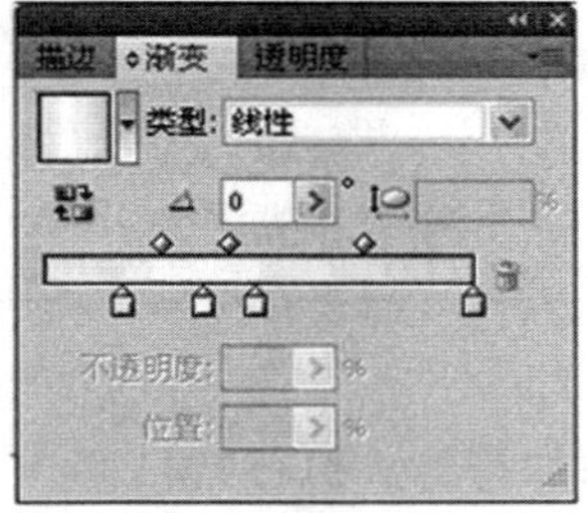

图 5-46　添加颜料桶

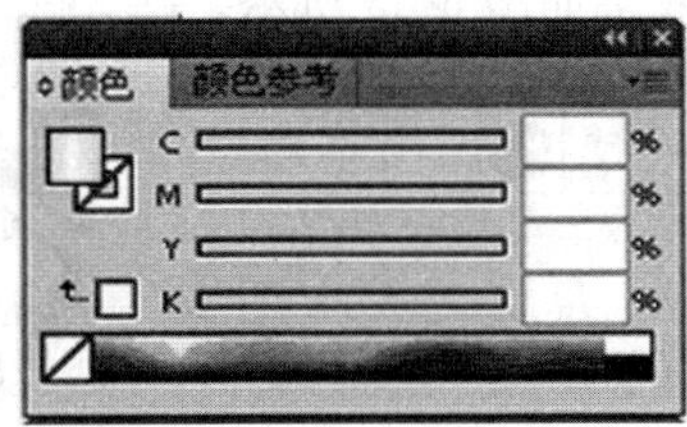

图 5-47　渐变面板颜色面板最终效果

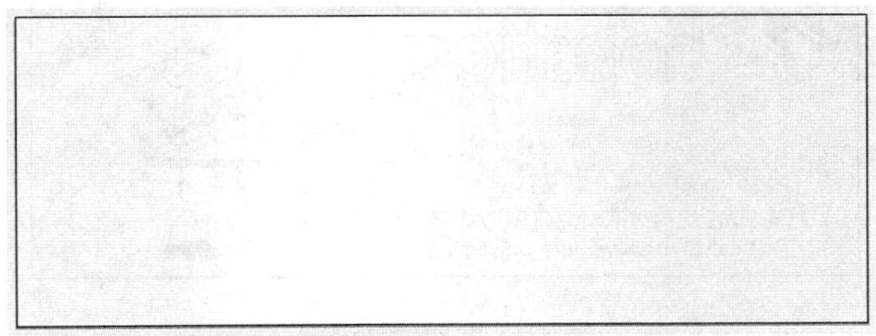

图 5-48　填充后效果

【步骤 2】　设置文字效果。在背景图层上方的"文字"图层上,输入文字设置其属性,效果如图 5-49 所示。

图 5-49　文字效果

【步骤 3】　复制吉祥物。新建一个图层,命名为"吉祥物",把在首页绘制的吉祥物复制粘贴到相应位置,如图 5-50 所示。

图 5-50　添加吉祥物效果

【步骤 4】 添加符号。执行"窗口"→"符号"命令，打开符号面板，如图 5-51 所示。用光标选中蝴蝶结，按 Ctrl+C 复制，然后按 Ctrl+Z 返回到前一个制作页面，按 Ctrl+V 粘贴，效果如图 5-52 所示。最后效果如图 5-53 所示。

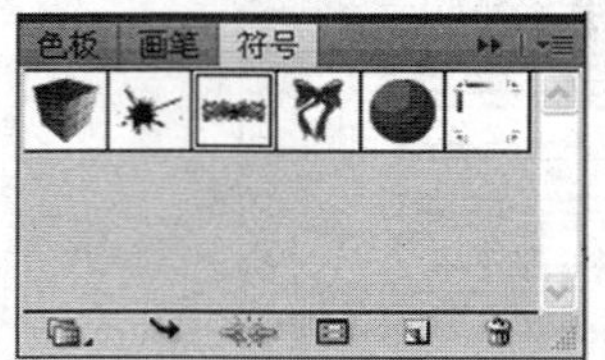

图 5-51　符号面板

图 5-52　蝴蝶结符号

图 5-53　添加蝴蝶结效果

【步骤 5】 添加滤镜效果。选中吉祥物，执行"效果"→"艺术效果"→"海报边缘"命令，如图 5-54 所示。

图 5-54　添加滤镜效果

【步骤6】 保存文件。至此背面效果完成，如图5-55所示。执行"文件"→"存储"命令，弹出"存储为"对话框，选择保存类型为Adobe Illustrator(*.AI)，单击"保存"按钮。用同样的方法保存一份"tif"格式的文件。

图5-55 背面最终效果

至此，最终处理后的效果如图5-56所示。

图5-56 正反面完成后的效果

5.6 技术拓展

5.6.1 钢笔工具高级应用

钢笔工具的应用非常广泛，使用它可以随意画出不规则的曲线路径，而且会自动根据鼠标指针的轨迹设置锚点，从而形成曲线路径。

1. 用钢笔工具绘制直线段

使用“钢笔”工具可以绘制的最简单路径是直线，方法是通过单击“钢笔”工具创建两个锚点，继续单击可创建由角点连接的直线段组成的路径，如图 5-57 所示。

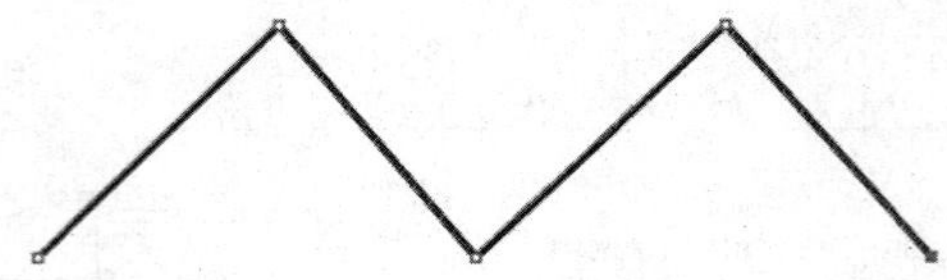

图 5-57　用钢笔工具绘制的直线段

具体操作步骤如下：

(1)单击工具箱中的钢笔工具按钮。

(2)将钢笔工具定位到所需的直线段起点并单击，以定义第一个锚点(不要拖动)。

(3)移动鼠标单击希望线段结束的位置，即可完成第一段直线的绘制。

(4)移动鼠标继续单击为其他直线段设置锚点。

最后添加的锚点总是显示为实心方形，表示已选中状态。当添加更多的锚点时，以前定义的锚点会变成空心并被取消选择。

友情提示：要闭合路径，请将“钢笔”工具定位在第一个(空心)锚点上。如果放置的位置正确，钢笔工具指针旁将出现一个小圆圈，单击或拖动可闭合路径。

2. 用钢笔工具绘制曲线

可以通过如下方式创建曲线：在曲线改变方向的位置添加一个锚点，然后拖动构成曲线形状的方向线。方向线的长度和斜度决定了曲线的形状。

具体步骤如下：

(1)单击工具箱中的钢笔工具按钮。

(2)将钢笔工具定位到曲线的起点，单击鼠标确定第一个锚点。

(3)移动鼠标确定好第二个锚点，按住鼠标左键并拖动，出现两个调节手柄，向需要的方向拖动，如图 5-58 所示。松开鼠标按钮后即可创建曲线。

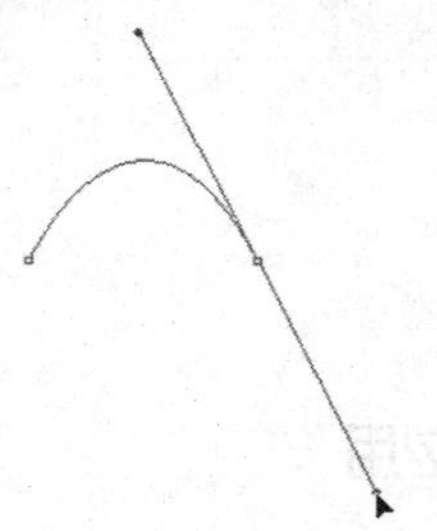

图 5-58　用钢笔工具绘制曲线

(4)继续从不同的位置拖动钢笔工具以创建一系列平滑曲线。

友情提示：当一条路径绘制完成后，按住 Ctrl 键在空白处单击鼠标，即可结束该路径的绘制，且可以开始新路径的绘制。

技巧一点通：绘制时如果需要重新定位锚点，可以单击创建锚点后，保持按下鼠标按钮，并按住空格键，然后拖动以重新定位锚点。

5.6.2　文字高级应用

Adobe Illustrator 的文字功能是其最强大的功能之一，可以在图稿中添加一行文字、创建文本列和行、在形状中或沿路径排列文本以及将字形用作图形对象。创建文字的方法有三种：点文字、区域文字和路径文字。

1. 点文字

点文字是指从单击位置开始并随着字符输入而扩展的一行或一列的横排或直排文本。每行文本都是独立的。对其进行编辑时，该行将扩展或缩短，但不会换行。这种方式非常适用于在图稿中输入少量文本的情形。具体操作步骤如下：

(1)单击工具箱中的文字工具按钮**T**或直排文字工具按钮**↓T**，鼠标指针会变成一个四周围绕着虚线框的文字插入指针。

(2)在文字“控制”面板中设置文本格式选项，如图 5-59 所示。

图 5-59　文字控制面板

(3)单击文本行所需的起始位置，出现闪烁光标，输入文本。

友情提示：不要单击现有对象，因为这样会将文字对象转换成区域文字或路径文字。如果现有对象恰好位于您要输入文本的地方，请先锁定或隐藏对象。

(4)输入完文本后，单击选择工具可以选择文字对象，如图 5-60 所示。

图 5-60　输入点文字

2. 区域文字

区域文字(也称为段落文字)利用对象边界来控制字符排列(既可横排，也可直排)。当文本触及边界时，会自动换行，以落在所定义区域的外框内。这种输入文本的方式适用于想创建包含一个或多个段落的文本(比如用于宣传册之类的印刷品)。具体操作步骤如下：

(1)使用绘图工具绘制一个要用作边框区域的对象，可以是方形或圆形，也可以是钢笔或铅笔工具绘制的不规则区域。

(2)单击工具箱中的区域文字工具按钮 或直排区域文字工具按钮，然后单击对象路径上的任意位置，输入文本。

(3)输入完文本后，单击选择工具可以选择文字对象，如图 5-61 所示。

图 5-61　输入区域文字

3. 路径文字

路径文字是指沿着开放或封闭的路径排列的文字。当水平输入文本时，字符的排列会与基线平行。当垂直输入文本时，字符的排列会与基线垂直。无论是哪种情况，文本都会沿路径点添加到路径上的方向来排列。具体操作步骤如下：

使用绘图工具绘制路径，单击工具箱中的路径文字工具按钮 或直排路径文字工具按钮，将指针置于路径上，然后单击输入文本。输入完文本后，单击选择工具可以选择文字对象，如图 5-62 所示。

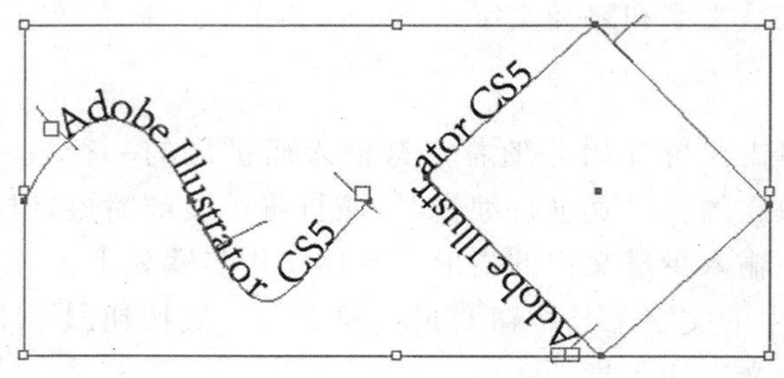

图 5-62　输入路径文字

5.6.3　对象的编组

在 Adobe Illustrator 中可以将若干个对象合并到一个组中，把这些对象作为一个单元同时进行处理，以便可以同时移动或变换若干个对象，且不会影响其属性或相对位置。

编组对象被连续堆叠在图稿的同一图层上，位于组中最前端对象之后。因此，编组可能会更改对象的图层分布及其在给定图层上的堆叠顺序。如果选择位于不同图层中的对象并将其编组，则其所在图层中的最靠前图层即是这些对象将被编入的图层。

组还可以是嵌套结构，它可以被编组到其他对象或组之中，形成更大的组。

编组或取消编组对象具体步骤如下：

(1)选择要编组的对象，或要取消编组的组。

(2)执行“ 对象”→“编组”命令 或“对象”→“取消编组”命令即可。如图 5-63 所示。

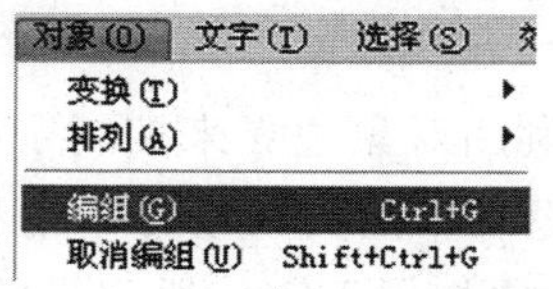

图 5-63　编组命令

5.7　项目总结

本项目通过广告笔拉画的设计与制作、Illustrator 软件的使用，主要训练学生项目构思、设计、实施、运行的综合能力。针对项目需求，Illustrator 软件使用部分主要进行钢笔工具、文字工具、选择、编组命令、符号面板、滤镜等技术的使用。项目完成过程设计了相应的表格进行汇总与测评。

5.8　强化练习与目标达成度评测

5.8.1　知识评测

1. 下面关于 Adobe Illustrator 的界面描述正确的是：（　　）

A. 启动 Adobe Illustrator 后，软件就会自动建立一个大小为 A4，色彩模式为 RGB 的新文件

B. 创建新文件时，在“新建文档”对话框中只有 RGB 和 CMYK 两种色彩模式可以设定

C. 创建新文件时，在“新建文档”对话框中可任意设定文件的大小，并且输入的时候数字及度量单位可以同时输入，如可直接输入 12 cm

D. 如果工具箱中某工具图标的右下角有黑色小三角，表示还有隐含的工具

2. 下列有关钢笔工具的描述不正确的是：（　　）

A. 使用钢笔工具绘制直线路径时，确定起始点需要按住鼠标键拖拉出一个方向线后，再确定下一个节点

B. 选中工具箱中的钢笔工具，将光标移到页面上，钢笔工具右下角显示“X”符号，表示将开始画一个新路径

C. 当用钢笔工具绘制曲线时，曲线上节点的方向线和方向点的位置确定了曲线段的形状

D. 在使用钢笔工具绘制直线的过程中，按住 Shift 键，可以得到 0 度，45 度或 45 度的整数倍方向的直线

3. 使用钢笔工具可绘制开放路径，若要终止此开放路径，下列操作不正确的是：（　　）

A. 单击工具箱中的钢笔工具

B. 在路径外的任何一处，按住 Ctrl 键单击鼠标

C. 双击鼠标

D. 在路径外任何一处单击鼠标

4. 在路径绘制中，可以增加锚点、删除锚点以及转换锚点，下列关于锚点编辑描述不正确的是：（　　）

A. 增加锚点工具在路径上任意位置单击就可以增加一个锚点，但是只可以在闭合路径上使用

B. 使用钢笔工具在锚点上单击，就可以删除该锚点

C. 如果要在路径上均匀地增加锚点，则选择“对象”→“路径”→“增加锚点”菜单命令，原有的两个锚点中间就增加了一个锚点

D. 转换锚点工具可将直线点转变成曲线点，也可以将曲线点转换为直线点

5. 关于矩形、椭圆及圆角矩形工具的使用，下列的叙述正确的是： （ ）

A. 在绘制矩形时，起始点为右下角，鼠标只需向左上角拖移，便可绘制一个矩形

B. 如果以鼠标击点为中心绘制矩形、椭圆及圆角矩形，使用工具的同时按 Shift 键就可实现

C. 在绘制圆角矩形时，如果希望长方形的两边呈对称的半圆形，可在圆角矩形对话框中使圆角半径值大于高度的一半

D. 如果欲显示图形的中心点，首先确定图形处于选择状态，然后在属性面板上单击显示中心按钮

6. 下列有关文字工具描述正确的是： （ ）

A. Illustrator CS 在工具箱中提供了六个文字工具，分别是：文字工具、区域文字工具、路径文字工具、竖排文字工具、竖排区域文字工具以及竖排路径文字工具

B. 如果有大量的文字输入，必须使用区域文字输入工具，使用其他文字工具无效

C. 当使用沿路径排布的文字输入工具时，该路径可以是闭合路径，也可以是开放路径

D. 在文字菜单下选择文字方向竖排命令，横排的文字就转成了竖排

7. 下列 Adobe Illustrator 中关于文字处理的描述正确的是： （ ）

A. 可将某些文字转换为图形

B. 文字可沿路径进行水平或垂直排列

C. 文字是不能执行绕图操作的

D. 文字可在封闭区域内进行排列

8. 在 Illustrator 文件中置入的图像，有链接和嵌入之分，它们的区别在于： （ ）

A. 嵌入的图像色彩逼真

B. 置入的图像链接到文件中，文件就会变大

C. 置入的图像嵌入到文件中，文件就会变大

D. 链接的图像会以灰阶形式显示

5.8.2 技能评测

1. 单项技能评测

使用 Illustrator 的绘图工具绘制八卦图案，如图 5-64 所示。相关效果见“项目五广告笔拉画设计与制作/练习”中的文件。

图 5-64 太极图形

2. 综合技能评测题

使用 Illustrator 设计和制作自己的个人名片。

InDesign训练篇

项目六

DM 信封广告设计与制作

◆知识与目标达成度

(1)了解 InDesign 界面结构与特点。

(2)掌握文本图形混排、利用制表符排版表格等综合排版的运用。

(3)了解 DM 信封广告设计与制作的一般需求与工作流程。

◆能力与目标达成度

(1)能运用 InDesign 的渐变工具进行文字图形的混合处理及排版。

(2)能灵活运用制表符进行文本及表格排版。

(3)能主动学习并与他人有效交流。

◆学习重点与难点

文字图形混合排版与设计,制表符的灵活运用。

◆学时分配

8 学时。

◆教学设计与实施策略

(1)教学环境:投影等多媒体设备。

(2)教学策略:分组指导、一体化教学。

6.1 项目导引

6.1.1 项目来源

DM 广告(Direct Mail Advertising,直接邮寄广告),是对所要宣传的产品或意向,以印刷品的样式,通过邮寄的方法来传达广告信息的一种手段。它的形式方法多种多样,如杂志、明信片、书信等等。一般由柜台放置自由拿取、派专人传送、信件索取等方式来完成以上形式的广告直邮传递。而国家工商行政管理局在全国广告专业技术岗位资格培训教材中,把 DM 定义为直销广告(Direct Market AD)。

DM 广告起源于埃及，最早的 DM 雏形用芦荟纤维制作而成，在 16 世纪前，电子通讯还处在萌芽状态，所以 DM 是当时广告传播的最重要的渠道，一批专业 DM 广告公司也随之诞生。DM 广告在西方发展的较早，特别是在欧美等一些发达国家，无论是在色彩搭配上或者是在印刷纸张工艺上都有比较成熟的设计技术，它的投资力度更是在这些国家的广告投资总额中占了很大的比重，是这些国家极其重要的媒介传播形式。

国内的 DM 广告在最近十年中，发展速度非常快。随着综合实力在不断增强，对外的眼界也在不断地开阔，一些比较先进的设计理念也逐渐融入到我们的设计领域里。但中国的广告业中，电视、广播等还是占据了广告市场的大部分。由于 DM 的可信度低，大众接受程度差等因素导致 DM 广告多年停滞，使 DM 多年来一直处于待开发阶段。现在 DM 的应用不再局限于一些大型的实力企业，相当大的一部分私企甚至是小型个体商家也认识到了 DM 广告宣传的重要性。再加上国家对广告市场行业正在逐年的加大规范力度，当然其中也包括对 DM 的管理，作为同 DM 有密切联系的邮政部门，也正在全国组织积极发展 DM 业务，并推出“中邮专送广告”专用媒体，为 DM 媒体地位的提升做出了积极的努力。

本项目来源于一家蛋糕店，要求设计和制作宣传广告，最终选择邮寄信封广告。

6.1.2 工作要求

工作任务书如表 6-1 所示。

表 6-1 《DM 信封广告设计与制作》工作任务书

《DM 信封广告设计与制作》工作任务书
一、效果要求 围绕蛋糕店这一主题做整体设计，要求设计与创意新颖别致，温馨有吸引力，封面不能太花哨，也不能过分简单。页面内容丰富可读、清晰可见、精致美观，能快速准确地传达内容信息，并能吸引更多的眼球。
二、成果要求 1. 图像尺寸：宽度 270 毫米，长度 300 毫米。 2. 图像品质：高品质图像。 3. 文件格式：提供 INDD 和 PDF 两种格式。

6.2 项目分析

根据主题和 DM 信封广告展示的需求及提供的原始素材进行分析，当前项目所需要完成的任务包括：信封版面布局、信封边框制作、信封封面制作、信封封底制作等。根据分析情况和工作任务要求，将需求分析与解决策略填写在需求分析表中，如表 6-2 所示。

表 6-2　　《DM 信封广告设计与制作》工作需求分析表

《DM 信封广告设计与制作》工作需求分析表	
任务要求	
问题汇总	
解决思路	

6.3　技术准备

6.3.1　知识点 1:InDesign 界面构成

InDesign CS5 的界面主要由应用程序栏、菜单栏、选项栏、工具箱、工具面板、文档区域状态栏等各部分组成。如图 6-1 所示。

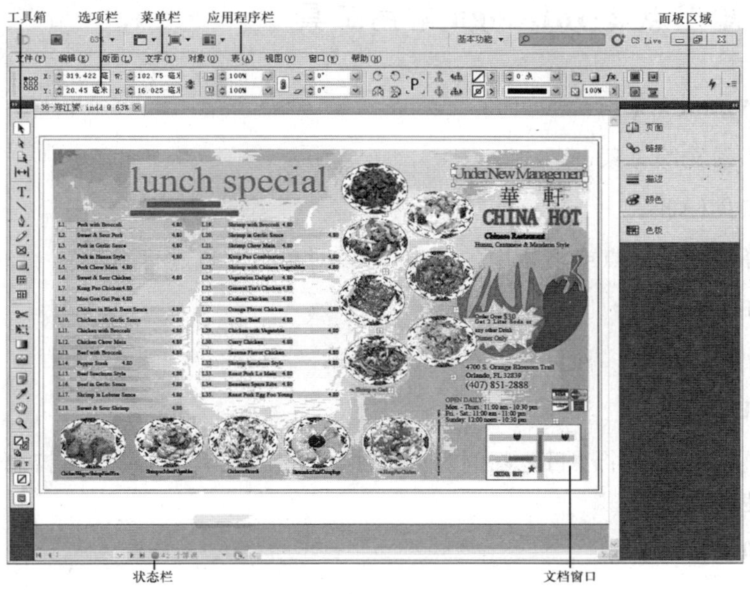

图 6-1　InDesign CS5 工作界面

1. 应用程序栏

位于窗口顶部,用于不同工作区和其他应用程序控件切换等。

2. 菜单栏

在菜单栏展示各类操作命令,包括文件、编辑、对象、文字、选择、效果、视图、窗口、帮助 9 部分。单击菜单按钮,在打开的下拉菜单中选择相应的命令,可以完成需要的操作。

3. 选项栏

显示当前所选择工具的选项,不同的工具有着不同的选项栏。在选项栏中可以设置相应工具的属性。

4. 工具箱

包含了用于创建图像、图稿、页面和编辑文字的工具,属性基本类似的相关工具被划分到一个工具组中。

5. 面板区域

此区域方便对页面的编辑工作,可以对面板进行编组、叠放或停放。

6. 文档区域

显示当前正在处理的文件内容。

7. 状态栏

位于图像下端,显示当前编辑的页面,以及页面内容中是否有错误出现。

6.3.2 知识点 2:InDesign 常用工具

1. 选取工具(V,ESC)

用于选择图文等对象。

2. 直接选取工具(A)

用于选择路径上的点或框架中的内容,可以对单独节点进行编辑。

3. 页面工具(Shift+P)

用于在文档中创建多种页面大小。

4. 间隙工具(U)

用于调整两个或多个项目之间间隙的大小。“间隙工具”通过直接控制空白区域,可以一步到位地调整布局。

5. 文字工具(T)

(1)横排文字工具:用于输入横排的文字。

(2)直排文字工具:用于输入直排的文字。

(3)路径文字工具:可以在路径上加入横排的文字。

(4)竖排路径文字工具:可以在路径上加入竖排的文字。

6. 直线(\\)

通过线条的属性可以在“描边”窗口中做各种样式。

7. 钢笔工具(P)

用于勾勒图形路径。

(1)添加锚点工具:用于在已绘制的路径上增加节点。

(2)添加锚点工具:用于在已绘制的路径上减去节点。

(3)转换方向点工具:用于将平滑曲线转换成尖锐曲线或直线段,反之亦然。

8. 铅笔工具(N)

用于绘制出模拟铅笔效果的图形。

9. 矩形框架工具(F)

用于绘制出定位框和图框,作为占位符,以便在排版时用来替代图片或文本。

10. 矩形工具(M)

选定该工具后,在图像工作区内拖动可产生一个矩形图形。

(1)椭圆工具:选定该工具后,在图像工作页面内拖动可产生一个椭圆形图形。

(2)多边形工具:选定该工具后,左键点击工作页面再设置多边形的边数与星行凹陷,用户可以绘制出多种多边形。

11. 水平网格工具(Y)

水平网格工具是InDesign CS5针对中文排版所设计的一种工具,非常类似于常用的“稿纸”、“作文纸”的格式。

12. 垂直网格工具(Q)

可以创建垂直框架网格,其中,文本从上向下排列,并在左侧的下一行继续。

13. 剪刀工具(C)

用于帮我们“剪”掉我们不需要的部分。

14. 自由变换工具(E)

集合了“缩放工具”和“倾斜工具”的功能,可以随意旋转、缩放和倾斜对象。

15. 渐变色板工具(G)

用于在整个图像区域或图像选择区域填充一种或多种颜色间的渐变混合色。

16. 渐变羽化工具(Shift+G)

用于将选区内外衔接的部分虚化,起到渐变的作用从而达到自然衔接的效果。

17. 吸管工具(I)

吸管工具具有两个作用。其一，可以利用吸管工具复制两个对象之间的属性；其二，可以利用吸管工具从置入图像的颜色进行采样。

18. 抓手工具(H)

用于当工作页面大于当前工作窗口时移动工作页面。在使用其他工具时按空格键，可以暂时切换至此工具。如果双击此工具图标，可以满屏显示当前工作页面。

19. 缩放显示工具(Z)

可以放大或缩小观察当前工作页面的倍率。每次用户用此工具单击当前工作页面时，都可以将视图放大为下一个预置百分比，当文件的放大比例达到 4000％时，放大镜不再可用。如果用户按下 Alt 键并用放大镜工具单击工作页面，可以缩小观察工作页面，每单击一次可以把视图缩小为下一个预置的百分比，当文件的缩小比例达到 5％时，放大镜不可再用。

6.3.3 知识点 3：InDesign 常用快捷命令

InDesign 常用快捷命令如表 6-3 所示。

表 6-3 InDesign 常用快捷命令

快捷键	作用	快捷键	作用
Ctrl＋Alt＋T	插入表格	Shift＋Ctrl＋Alt＋T	插入表格文本
Shift＋C	转换方向点工具	Shift＋T	路径文字工具
Shift＋X	互换填色和描边	Shift＋G	渐变羽化工具
Ctrl＋A	全选	Ctrl＋G	组合
Ctrl＋D	置入	Ctrl＋E	导出图片
Ctrl＋Shift＋O	转曲	Ctrl＋Shift＋T	制表符
钢笔工具＋空格键	绘制过程中移动“锚点和手柄”	剪刀工具＋Alt	临时选择添加锚点工具

6.3.4 知识点 4：InDesign 核心概念

1. 制表符

也叫制表位，其功能是在不使用表格的情况下垂直方向按列对齐文本。比较常见的应用包括名单、简单列表等。

2. 预检

执行“窗口”→“输出”→“分色预览”命令后，将对话框中的视图选项设置“分色”，然后逐一单击黄品青黑色版，观察每个色斑的颜色是否正确，对于文字尤其要注意观察。

3. 印前检查

执行“窗口”→“输出”→“印前检查”命令。可以检查到文档的错误，设计师可以根据

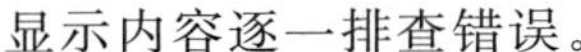

显示内容逐一排查错误。

4. 打包

执行“文件”→“打包”命令，在小结选项卡中如果出现叹号图标，表示文档中有错误内容，可以分别点开相应选项去查看。设计师可以通过打包的方式将文档的链接图和文档存储到一个文件夹中，这样可以避免丢失链接图。

5. 印刷色

印刷色是指由不同的 C、M、Y 和 K 的百分比组成的颜色，属于混合色。

6. 专色

专色是指在印刷时，不是通过印刷 C、M、Y、K 四色合成这种颜色，而是专门用一种特定的油墨来印刷该颜色。对于印刷品的每一种专色，在印刷时都有专门的一个色版对应，使用专色可使颜色更准确。对于设计中设定的非标准专色颜色，印刷厂不一定准确地调配出来，而且在屏幕上也无法看到准确的颜色，所以若不是特殊的需求就不要轻易使用自定义的专色。

6.4　项目设计

6.4.1　子任务设计

根据项目完成需求，分解为以下主要子任务，填写项目任务分解表，如表 6-4 所示。

【任务 1】　信封版面布局：根据信封的尺寸大小添加辅助线，方便内容的设计；

【任务 2】　信封边框制作：根据信封设计需要制作边框；

【任务 3】　信封口内容制作：使用文本工具，配合图形编排制作封口；

【任务 4】　信封封面内容制作：使用文本工具，配合图形编排制作封面；

【任务 5】　信封封底内容制作：使用制表符编排价格表；

【任务 6】　导出与打包：导出 PDF 并打包保存为 INDD 等文件格式。

表 6-4　《DM 信封广告设计与制作》任务分解分析表

《DM 信封广告设计与制作》项目任务分解表		
任务序号	任务名称	任务说明

6.4.2　流程与操作设计

1. 操作流程

新建文档→信封版面布局→信封边框制作→信封口内容制作→信封封面内容制作→信封封底内容制作→保存输出。

2. 操作命令与工具

文件新建、设置参考线、渐变工具、文字工具、钢笔工具、图形特效、保存操作等。

6.5　项目实施

6.5.1　任务1:信封版面布局

【步骤1】 新建文件。打开 Adobe InDesign CS5 软件,执行"新建"→"文件"命令,在弹出的对话框中设置宽度为270毫米,高度为300毫米,如图6-2所示。点击"边距和分栏"按钮,在弹出的对话框中设置上、下、左、右边距均为0毫米,如图6-3所示,点击"确定"按钮。

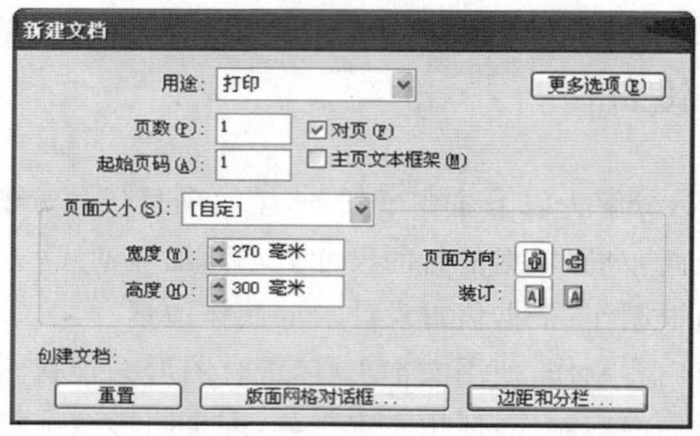

图6-2　新建文档

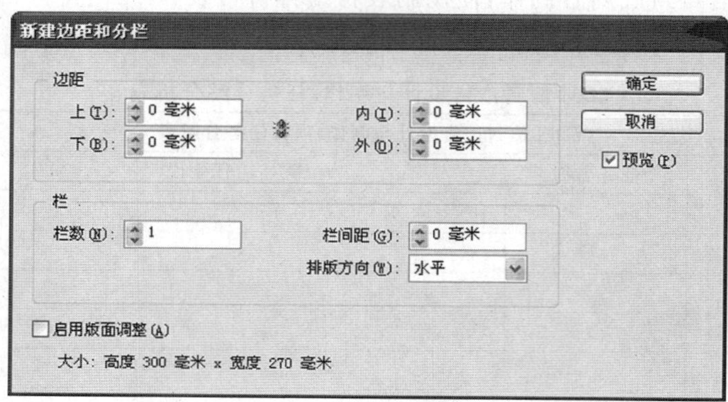

图6-3　边距和分栏

【步骤 2】 添加参考线。分别在竖直标尺的 40 毫米、160 毫米、280 毫米处，水平标尺的 19 毫米、250 毫米处添加参考线，如图 6-4 所示。

图 6-4　水平与竖直参考线添加效果

友情提示：如新建文档后页面中未显示标尺，这时候可以点击菜单栏中的视图显示标尺或是按快捷键 Ctrl＋R。

6.5.2　任务 2：信封边框制作

【步骤 1】 制作信封口矩形边框。执行“窗口”→“图层”命令（快捷键 F7），新建图层并命名为“信封边框”。在工具栏中选择矩形工具（快捷键“M”），在上方辅助线矩形框中绘制一个矩形，设置矩形的宽度 W 为 230 毫米，高度 H 为 120 毫米，边的粗细为 0.5 点，描边颜色为 C＝0，M＝10，Y＝100，K＝0。如图 6-5 所示。

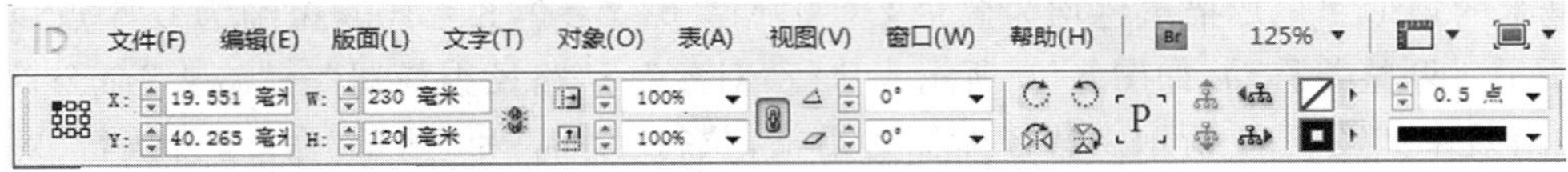

图 6-5　矩形工具属性面板

友情提示：在填充颜色的时候在颜色板中选择 CMYK 模式。

【步骤 2】 制作信封口圆角边框。选择工具（快捷键“V”），选择信封口矩形框，执行“对象”→“角选项”命令，在弹出的“角选项”对话框中设置左上角和右上角的转角大小为 25 毫米，形状为“╮”，如图 6-6 所示，点击“确定”按钮。效果如图 6-7 所示。

【步骤 3】 制作信封封面边框。点击选择矩形工具，绘制一个宽度 W 为 230 毫米，高度 H 为 120 毫米的矩形，边框颜色为 C＝0，M＝10，Y＝100，K＝0，粗细为 0.5点。如图 6-8 所示。

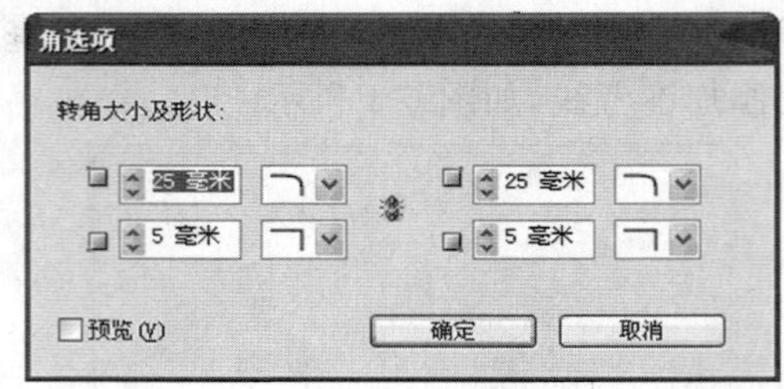

图 6-6　角选项对话框

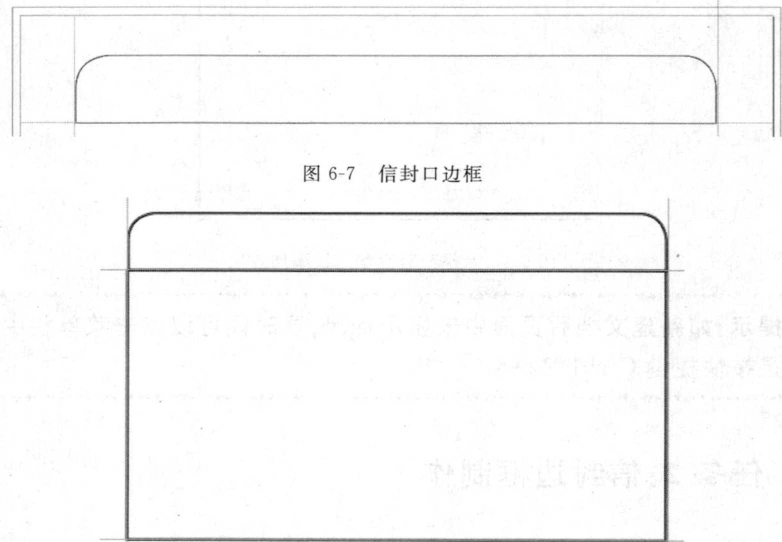

图 6-7　信封口边框

图 6-8　信封封面边框

【步骤 4】 制作信封封面左右边沿。选择矩形工具（快捷键“M”），在信封左侧绘制一个宽度 W 为 18 毫米，高度 H 为 120 毫米的矩形，两个宽度 W 为 18 毫米，高度 H 为 30 毫米的矩形。矩形描边色均为黑色 C＝0，M＝0，Y＝0，K＝100，粗细为 0.5 点，如图 6-9所示。调整并移动，如图 6-10 所示。执行“对象”→“路径查找器”→“减去”命令，则左侧边沿效果如图 6-11 所示。选择左侧边沿框，执行“复制”和“粘贴”命令，再执行“对象”→“变换”→“水平翻转”命令，将复制后的边沿移动至右侧，效果如图 6-12 所示。

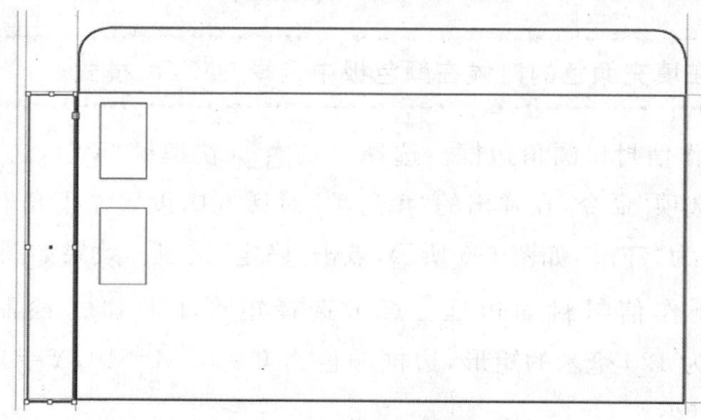

图 6-9　信息左侧添加三个矩形框

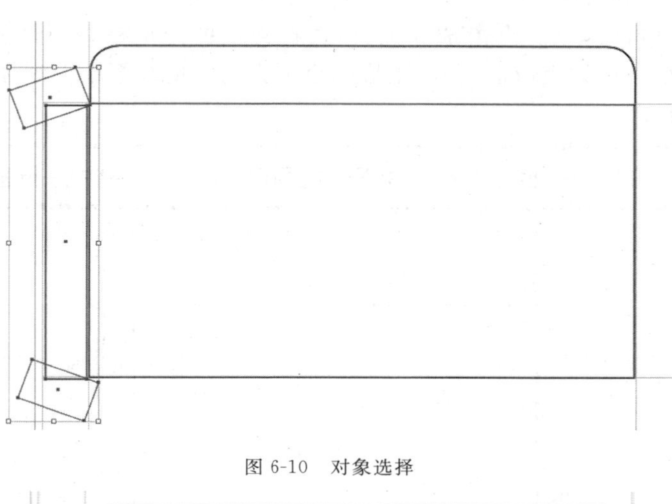

图 6-10 对象选择

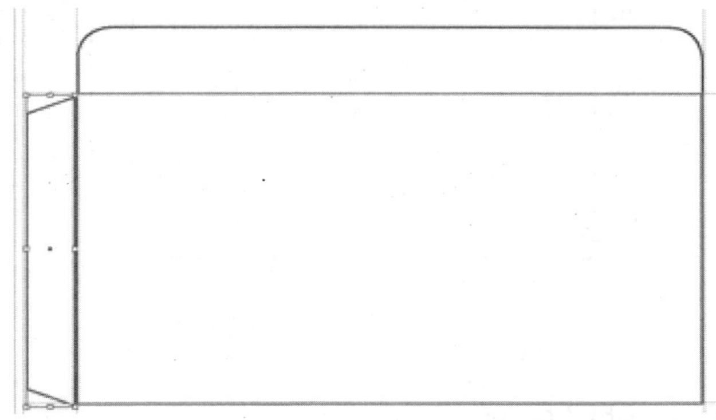

图 6-11 左边边框

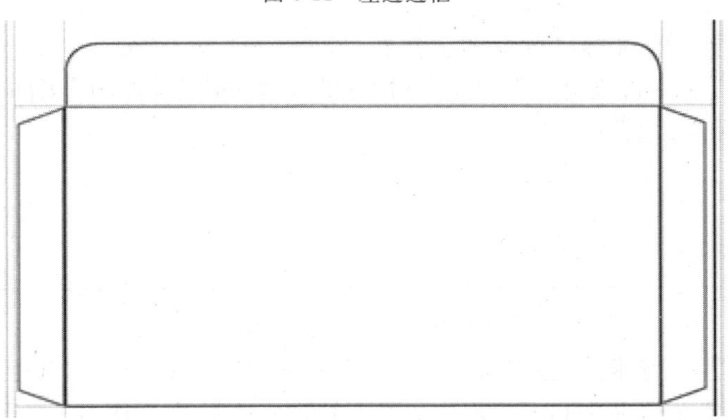

图 6-12 添加信封左右边沿边框后的效果

友情提示："路径查找器"可以使两个以上的物体结合、分离和支解，并且可以通过物体的重叠部分建立新的物体。用路径查找器结合图形并用钢笔工具能更准确调整角度。

【步骤 5】 制作信封封底边框。由于信封封面和封底的长与宽一致，所以封底的边框采用复制封面边框产生。点击选择工具，选择封面的矩形框，执行“复制”和“粘贴”命令，生成一个大小一样的矩形框，移动矩形框至下方的辅助线框中。添加封底边框后的效果如图 6-13 所示。

小技巧：图形的复制也可以在选择图形的同时，按住 Alt 键并进行移动鼠标产生。

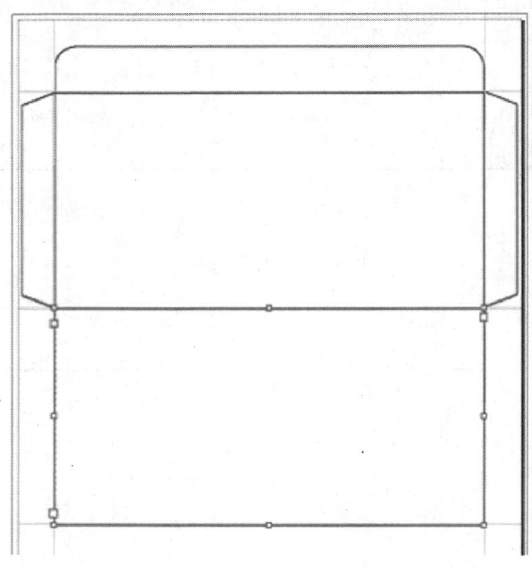

图 6-13　添加信封封底边框后的效果

6.5.3　任务 3：封口内容制作

【步骤 1】　导入信封封口背景图。执行“文件”→“置入”命令（快捷键“Ctrl＋D”），置入“项目六 DM 信封广告设计与制作/素材”文件夹中的“金桔.tif”文件，调整图像大小至信封封口内，如图 6-14 所示。

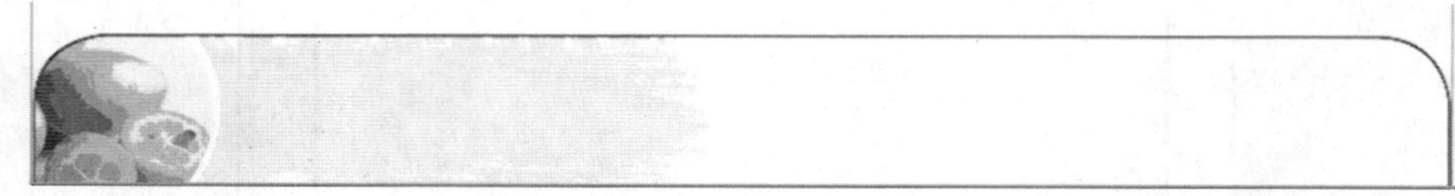

图 6-14　图片调整后的效果

【步骤 2】　置入“蛋糕 1”图片。执行“文件”→“置入”命令，在“项目六 DM 信封广告设计与制作/素材”文件夹中打开“蛋糕 1.tif”文件。选择这一图片，将图片大小调整为宽 55 毫米，高 23 毫米，移动图片至信封口内，如图 6-15 所示。

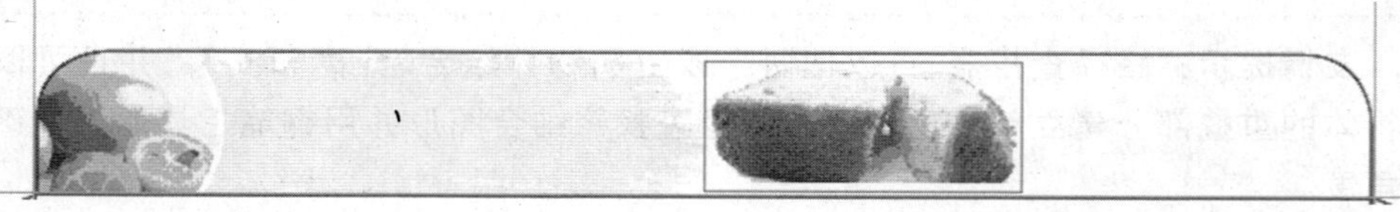

图 6-15　图片置入后的效果

> **友情提示：**若置入的图片不是很清晰，可以选择置入的这张图片，点击鼠标右键执行“显示”→“高品质显示”命令。调整图片大小可以按“Ctrl＋Shift”同时拖动鼠标，使用这种方法可以等比例缩放图片。

【步骤 3】　添加信封口左侧文字。选择文字工具 T（快捷键“T”），在信封口左侧图片上添加文字“金桔味”、“金黄色的小蛋糕，勾起你的食欲～香酥乳味搭配金桔的酸甜清新，美味又营养”。在窗口上方字体属性面板中将文字“金桔味”设置字体及字号，分别为“方正新舒体繁体”，“24 点”，如图 6-16 所示。执行“窗口”→“颜色”命令（F6），在颜色面板中设置 C＝0，M＝44，Y＝100，K＝0，如图 6-17 所示。设置“金黄色的小蛋糕，勾起你的食欲～香酥乳味搭配金桔的酸甜清新，美味又营养”字体为“华文细黑”，字号为 9 点。至此，文字效果如图 6-18 所示。

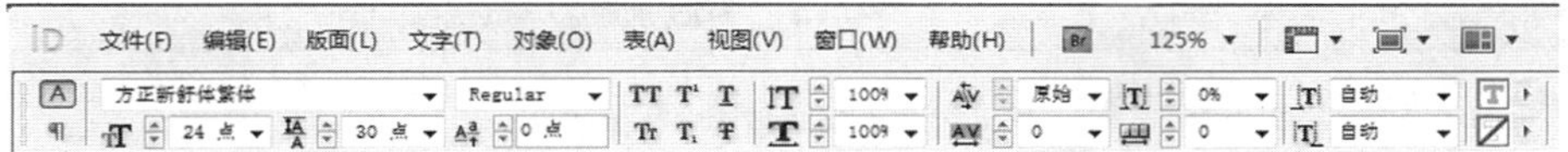

图 6-16　字体属性面板

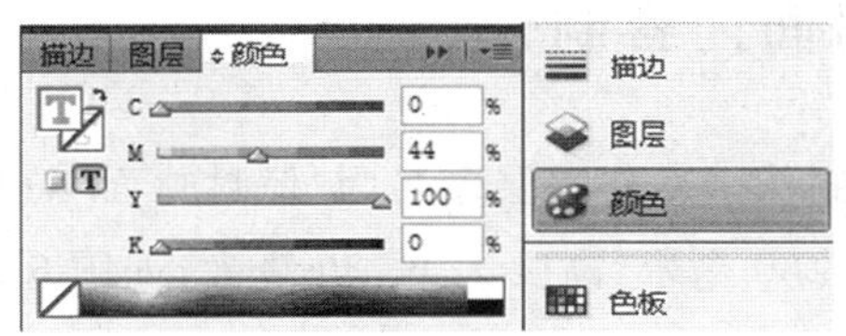

图 6-17　字体颜色面板

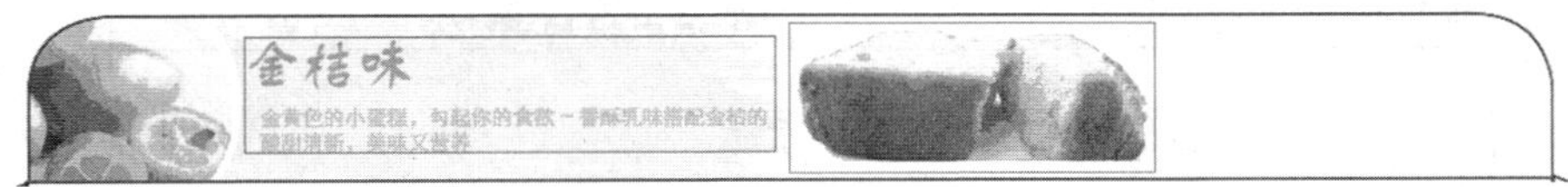

图 6-18　添加文字后的效果

> **友情提示：**如电脑上没有安装这些字体，可以从配套光盘中本实训的“字体”文件夹中导入外部字体到电脑上的 Fonts 文件夹中。若要使用新的外部字体，可从网上下载。

【步骤 4】　添加信封口右侧路径文字。选择钢笔工具（快捷键“P”），在右侧绘制路径，如图 6-19 所示。选择路径文字工具（快捷键“Shift＋T”），如图 6-20 所示。在路径上添加“不一样的选择”文字，设置字体为“文鼎潇洒体”，字号为 19 点，颜色为 C＝50，M＝0，Y＝100，K＝0，文字居中，效果如图 6-21 所示。用同样的方法制作“不一样的口味”路径文字，如图 6-22 所示。

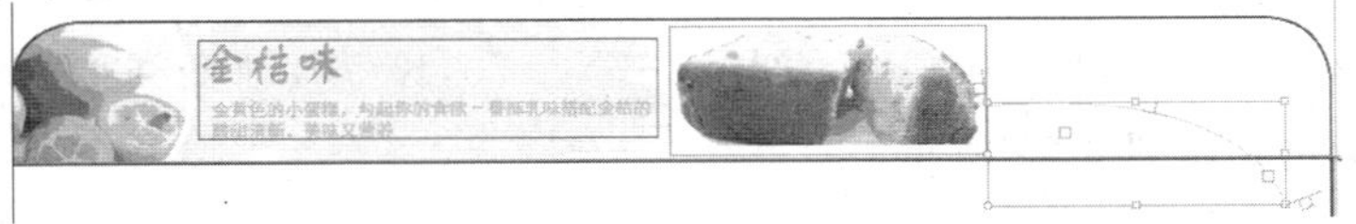

图 6-19　右侧“矩形”状钢笔路径

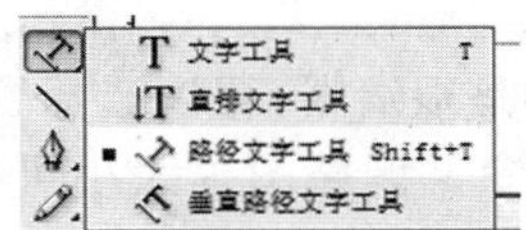

6-20　路径文字工具选项

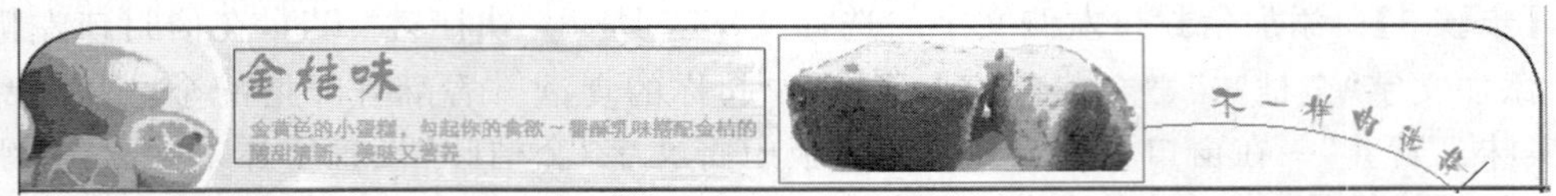

图 6-21　右侧“不一样的选择”路径文字效果

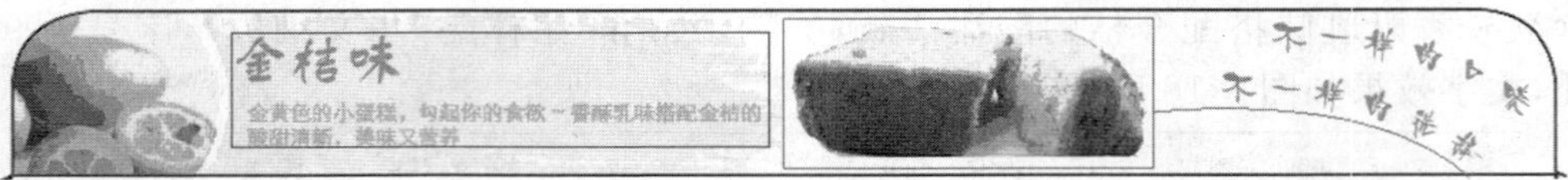

图 6-22　右侧路径文字整体效果

6.5.4　任务 4:封面内容制作

【步骤 1】　封面正面制作。新建图层命名为“信封封面”。选择矩形工具绘制一个矩形,设置矩形的宽度为 W:230 毫米,高度为 H:30 毫米,如图 6-23 所示。

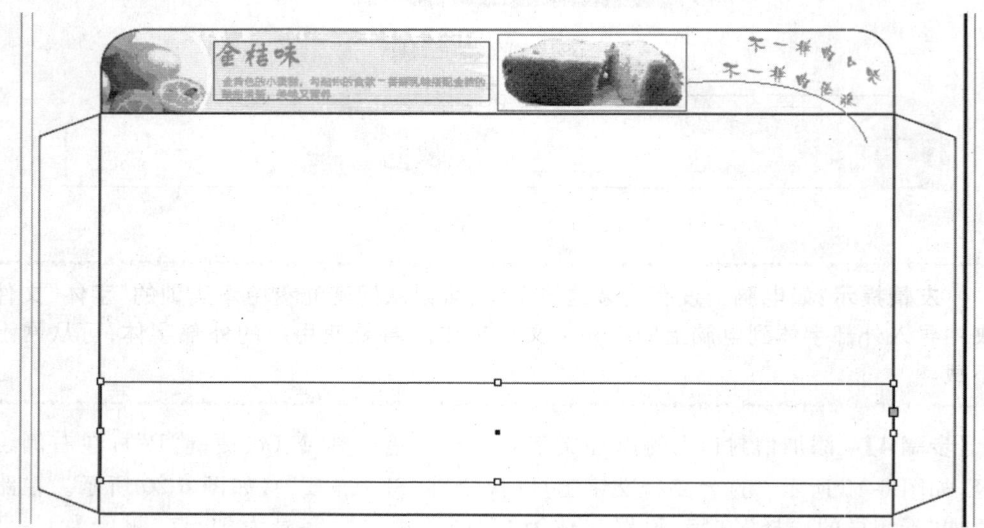

图 6-23　矩形框

【步骤 2】　绘制渐变矩形。选择渐变工具▣(快捷键“G”),从左到右渐变,颜色分别是 C=0,M=7,Y=70,K=0;C=0,M=20,Y=70,K=0,渐变类型为线性,如图6-24 所示,填充渐变效果如图 6-25 所示。

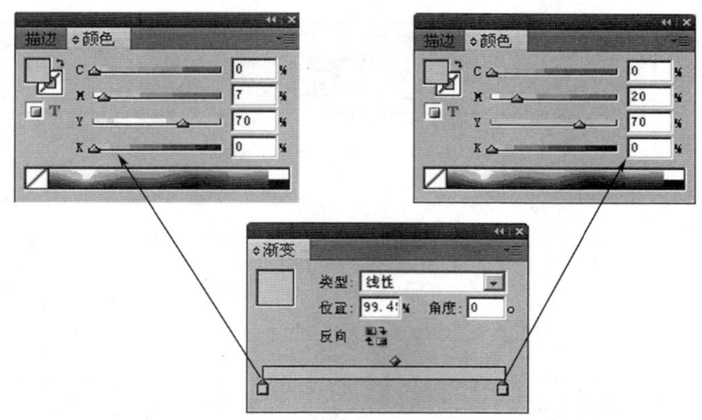

图 6-24　填充渐变

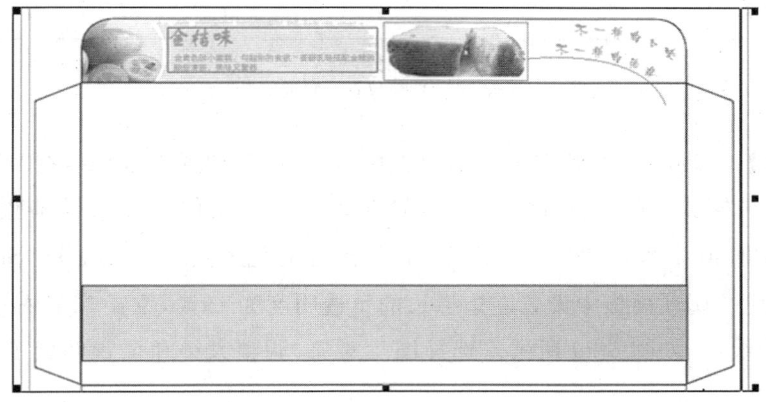

图 6-25　渐变效果

【步骤 3】 绘制矩形上的圆。选择矩形工具绘制一个矩形，选择椭圆工具绘制一个正圆，颜色填充为白色 C=0，M=0，Y=0，K=0，描边为 1 点，描边颜色为 C=0，M=70，Y=100，K=0。再将矩形和圆重叠，如图 6-26 所示。选择矩形和正圆，执行"对象"→"路径查找器"→"交叉"命令，移动圆并调整位置，最终效果如图 6-27 所示。

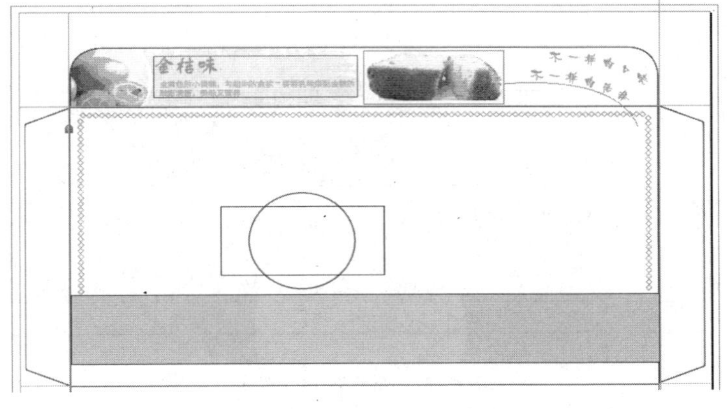

图 6-26　"交叉"命令前的效果

图 6-27　调整位置后圆形效果

【步骤 4】“蛋糕 2”图片置入与羽化。执行“文件”→“置入”命令，在“项目六 DM 信封广告设计与制作/素材”文件夹中选择“蛋糕 2. tif”文件。置入后调整大小为宽度 150 毫米，高度 30 毫米，如图 6-28 所示。选择渐变羽化工具（快捷键“Shift+G”），在打开渐变羽化的属性面板中设置左边标尺的不透明度为 19%，位置 5%，右边的标尺参数不变，类型为线性，如图 6-29 所示。选择图片对象，调整大小和位置并置于信封右下侧，如图 6-30 所示。

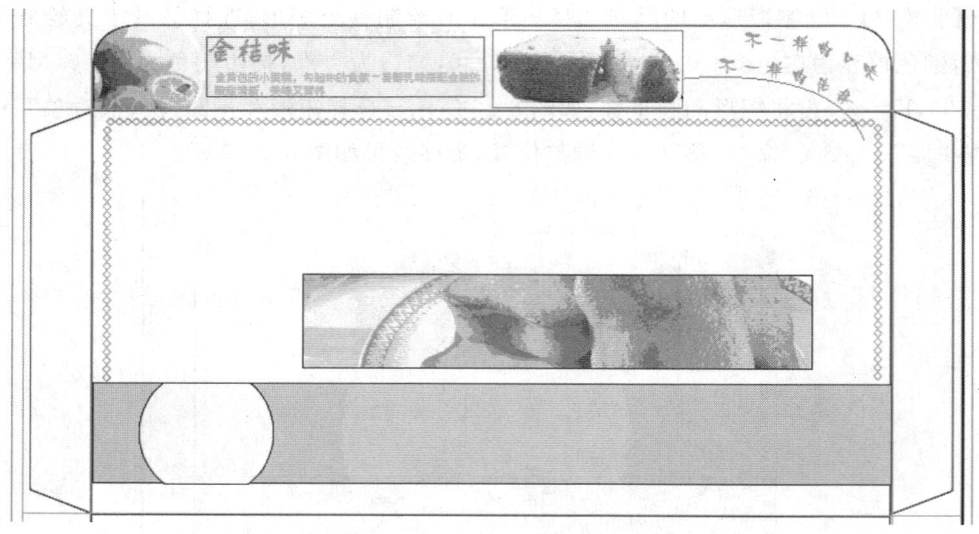

图 6-28　“蛋糕 2”图片置入

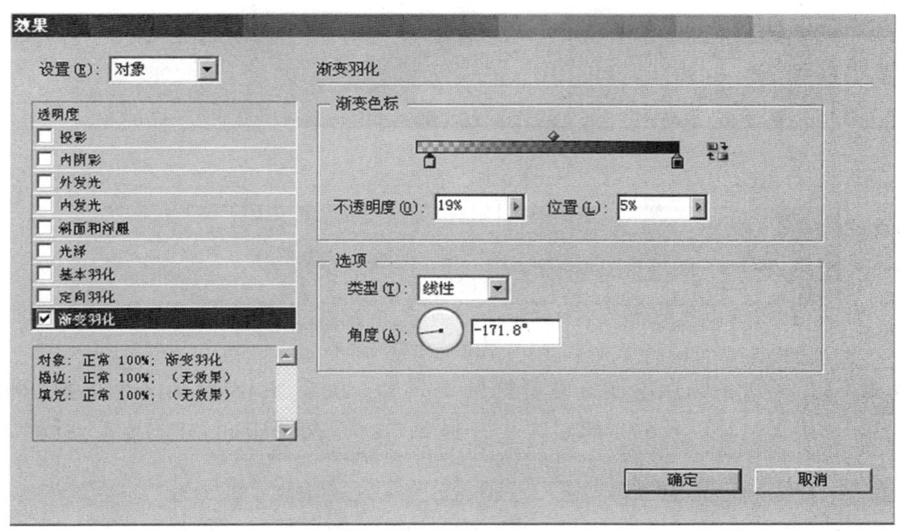

图 6-29 “渐变羽化”面板属性

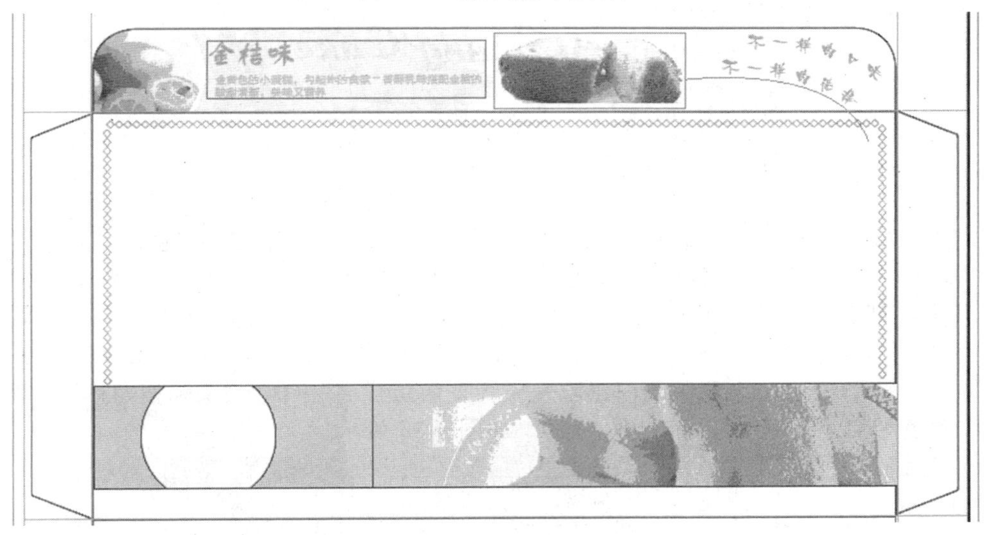

图 6-30 调整位置后的效果

友情提示:对象大小调整可以选中后在左上角的菜单栏中输入数值,也可在点击对象按住“Shift+Ctrl”拖动鼠标来调整。

【步骤 5】 添加“爱尚 AiShang Cake 蛋糕店”文字。选择文字工具,在左侧输入“爱尚 AiShang Cake 蛋糕店”文字并居中,如图 6-31 所示,设置“爱尚”字体为“方正行楷繁体”,字号为 41 点,颜色为 C=50,M=0,Y=100,K=0。设置“AiShang Cake”字体为“Brush455 BT”,字号为 14 点,颜色为 C=0,M=0,Y=100,K=100。设置“蛋糕店”字体为“方正行楷繁体”,字号为 22 点,颜色为 C=50,M=0,Y=100,K=0,如图 6-32 所示。

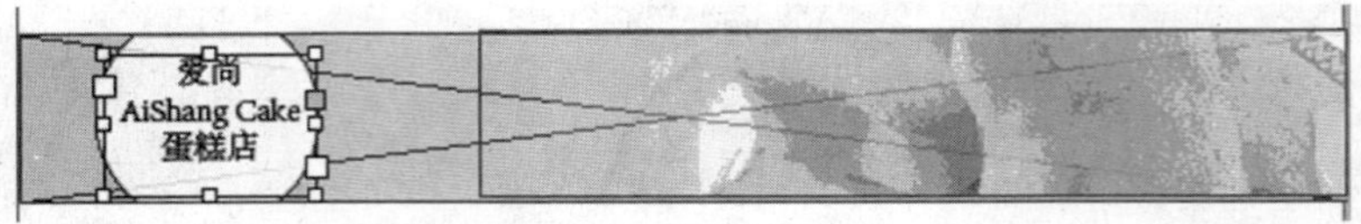

图 6-31　添加文字

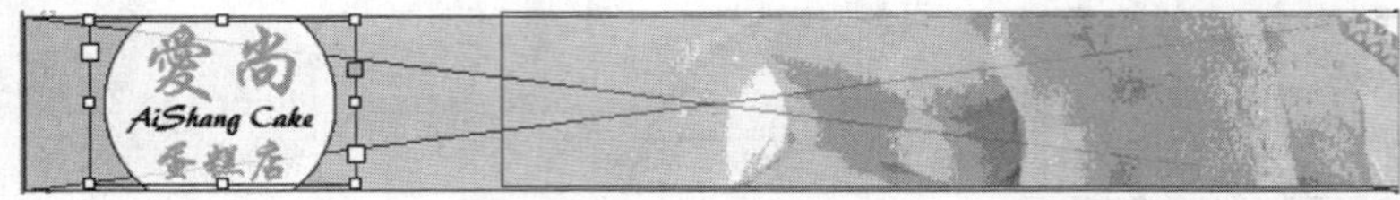

图 6-32　左侧文字最终效果

【步骤 6】 字间小圆点绘制。选择椭圆工具，按住 Shift 键画一个正圆，颜色填充为C＝50，M＝0，Y＝100，K＝0，调整大小并移至“爱尚”两字中间，如图 6-33 所示。

图 6-33　“爱”与“尚”文字中间的小圆点

【步骤 7】 添加店名、地址、电话、邮编的文字。选择文字工具，输入“订购热线：0579-82982409　地址：金职院西门小吃一条街爱尚蛋糕店　邮编：321000”，如图 6-34 所示。其中，“订购热线：”字体为“方正黑体简体”，字号为 19 点，颜色为 C＝0，M＝70，Y＝100，K＝0。“0579-82982409”字体为“Bauhaus 93”，字号为 28 点，颜色为 C＝0，M＝70，Y＝100，K＝0。“地址：金职院西门小吃一条街爱尚蛋糕店”字体为“文鼎妞妞体”，字号为 16 点，颜色为 C＝0，M＝0，Y＝0，K＝100。如图 6-35 所示。

图 6-34　添加文本

图 6-35　设置字体后的效果

【步骤 8】 绘制信封框空心菱形线条。选择直线工具，按住 Shift 键，在信封封面绘制三条直线，颜色为 C＝0，M＝64，Y＝100，K＝0，粗细为 7 点，如图 6-36 所示。在窗口上方选项栏中选择线的类型为空心菱形，如图 6-37 所示，至此，信封最终效果如图 6-38 所示。

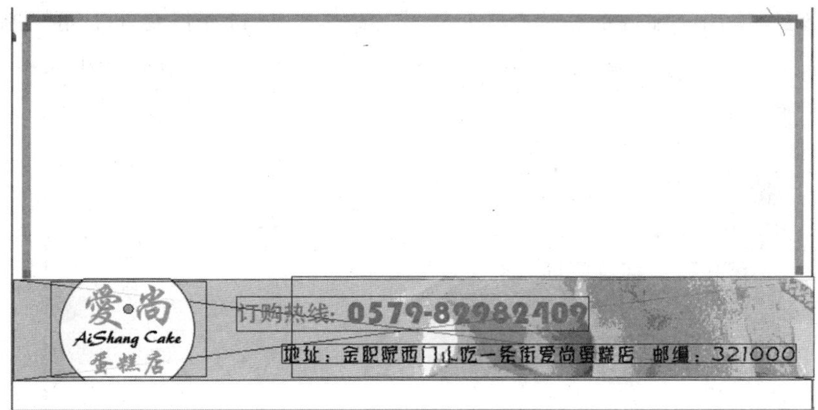

图 6-36　信封框线条绘制

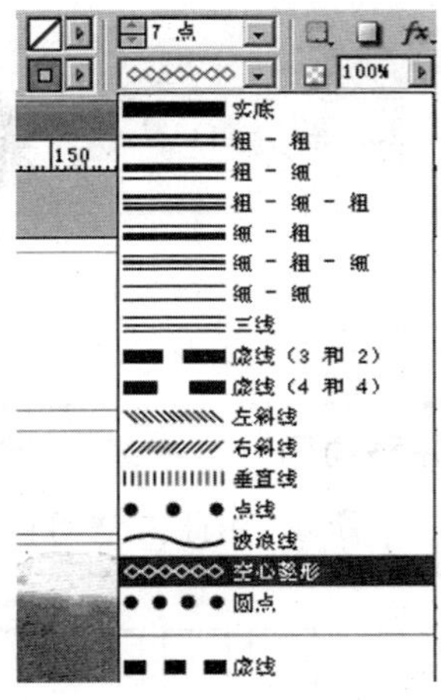

图 6-37　线条属性设置

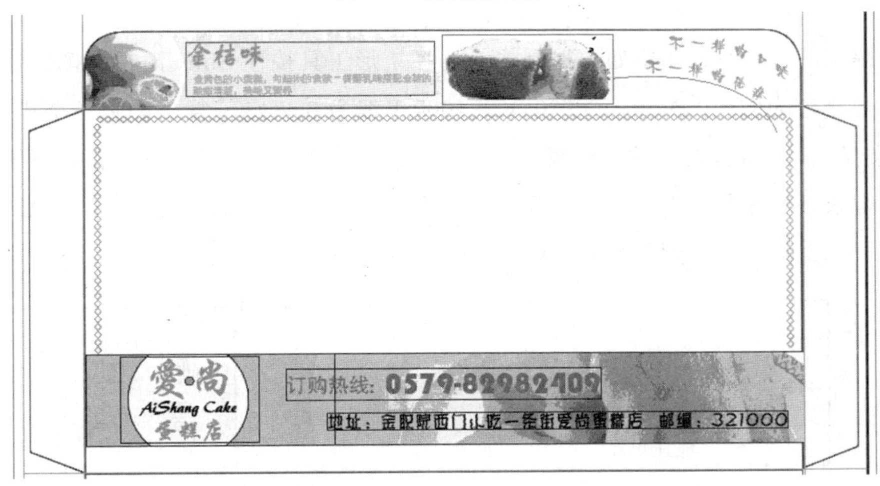

图 6-38　空心菱形框效果

【步骤 9】 添加邮编方框。选择矩形工具，按住 Shift 键在信封左上角绘制一个小正方形，描边颜色为 C=0，M=0，Y=0，K=100，粗细为 0.5 点。复制产生四个小正方形，使它们水平排列整齐，如图 6-39 所示。

图 6-39 邮编方框

小技巧：【步骤 9】中，选中并移动同一排中某一个方框时，会出现水平对齐线及与相邻方框的距离图示，如图 6-40 所示，用此方法可以快速判断多个方框排列整齐。

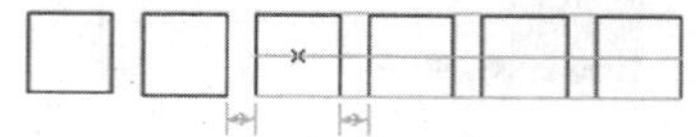

图 6-40 水平对齐

【步骤 10】 右侧贴邮票处方框制作。选择矩形工具按住 Shift 键在右侧绘制一个正方形，描边颜色为 C=0，M=0，Y=0，K=100，粗细为 0.5 点。复制产生一个小正方形，将线的类型改为虚线，置于前一方框左侧，排列整齐，如图 6-41 所示。在右侧方框中添加文本“贴邮票处”，字体为“方正细黑-简体”，字号为 11 点，颜色为 C=0，M=0，Y=0，K=100，如图 6-42 所示。至此，封面正面效果如图 6-43 所示。

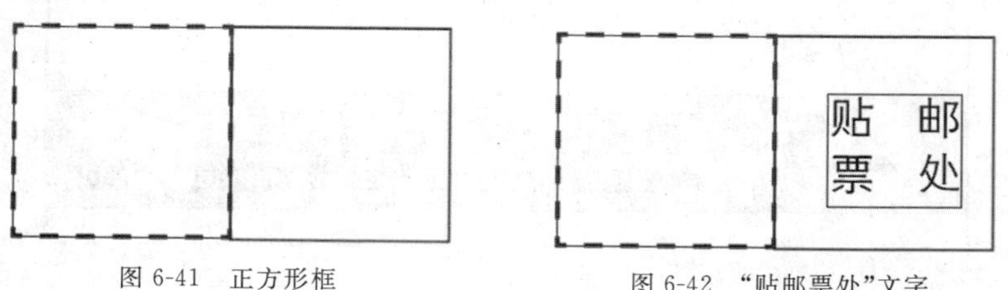

图 6-41 正方形框

图 6-42 “贴邮票处”文字

图 6-43　正面效果图

6.5.5　任务 5:封底内容制作

【步骤 1】 制作渐变背景。执行“窗口”→“图层”命令,新建图层并命名为“信封封底”,如图 6-44 所示。选择信封封底边框,双击渐变工具,在弹出的渐变面板中设置左侧色标色值为 C=0,M=0,Y=0,K=0,右侧色标色值为 C=0,M=30,Y=100,K=0,渐变类型为线性,如图 6-45 所示。在封底边框上从左上角到右下角拖动鼠标,填充渐变效果如图 6-46 所示。

图 6-44　图层面板

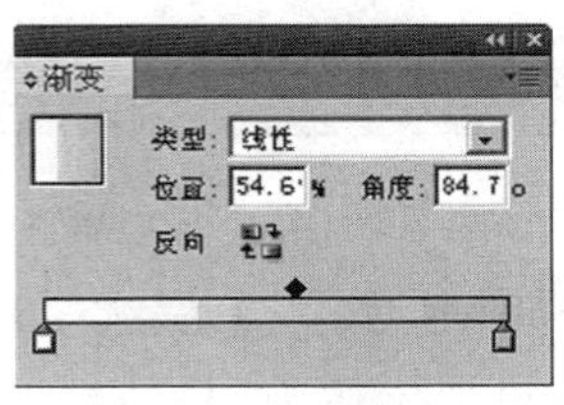

图 6-45　渐变属性

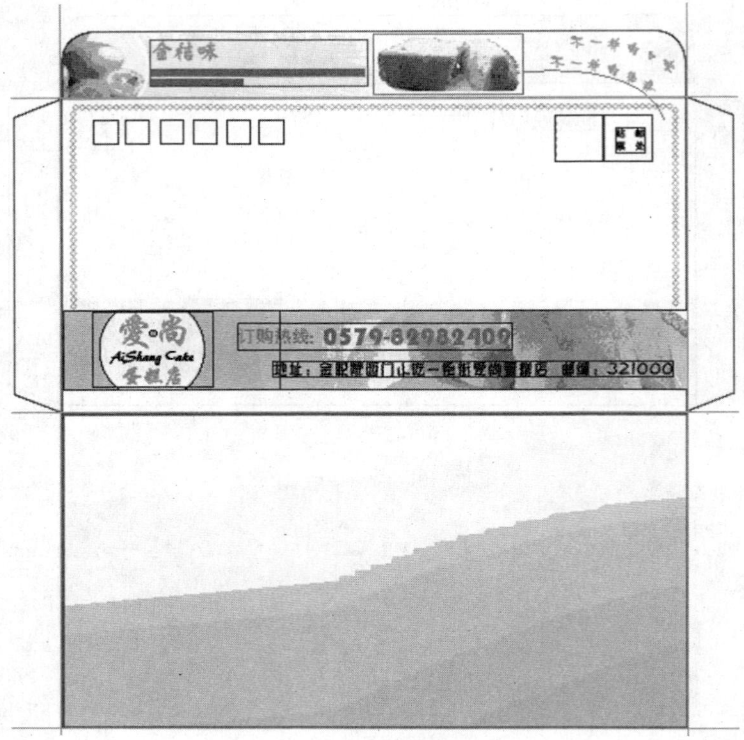

图 6-46　填充渐变效果

【步骤 2】　绘制圆框并置入卡通人图片。选择椭圆工具，绘制一个椭圆，颜色填充为白色 C＝0，M＝0，Y＝0，K＝0，描边为 0 点，如图 6-47 所示。选中椭圆对象，执行“文件”→“置入”命令，置入“项目六 DM 信封广告设计与制作/素材”文件夹中的“卡通人.jpg”图片并调整大小，如图 6-48 所示。

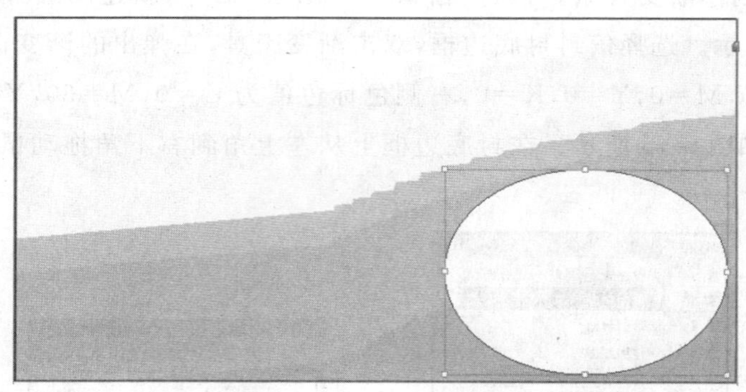

图 6-47　椭圆绘制

【步骤 3】　添加“卡通人”上层文字。选择文字工具，添加文本“欢迎新老顾客的光临，还有优惠哦！”，设置字体为“长城海报体繁”，字号为 14 点，颜色为黑色 C＝0，M＝0，Y＝0，K＝100。其中“优惠”文字字体为“长城海报体繁”，字号为 24 点，颜色为 C＝0，M＝70，Y＝100，K＝0，如图 6-49 所示。

图 6-48　“卡通人”置入

图 6-49　“卡通人”上层文字添加

【步骤 4】　图文编组并翻转。选择椭圆、卡通人及文字，点击右键执行“编组”命令，再执行“对象”→“变换”→“逆时针旋转 90 度”命令 2 次，调整到合适位置，如图 6-50 所示。

图 6-50　调整后效果

【步骤 5】 添加右上侧标语文字。选择文字工具，添加文本“本店蛋糕每层均送水果夹心，如需订购架子蛋糕面谈，本店会员请主动出示会员卡”文字，设置字体为“文鼎妞妞体”，字号为 12 点，颜色为黑色 C＝0，M＝0，Y＝0，K＝100。在下方添加文本“AiShang CREA”、“爱尚糕点”、“您最佳的选择，”、“您的满意就是对我们的肯定”、“我们提供送货上门的服务”。设置“AiShang CREA”字体为“Present Black Condensed”，字号为 22 点，颜色为黑色 C＝0，M＝0，Y＝0，K＝100。设置“爱尚糕点”、“您最佳的选择，”、“您的满意就是对我们的肯定”、“我们提供送货上门的服务”字体为“方正舒体简体”，字号为 19 点，颜色为黑色 C＝0，M＝0，Y＝0，K＝100。设置“糕点”、“满意”、“送货上门”字体颜色为 C＝0，M＝70，Y＝100，K＝0。最终效果如图 6-51 所示。

图 6-51 右上侧标语文字

【步骤 6】 文字左侧方框绘制。选择矩形工具，按住 Shift 键，绘制一个小正方形，颜色填充为 C＝50，M＝0，Y＝100，K＝0，再复制相同的两个，分别置于各行文字左侧，如图 6-52 所示。

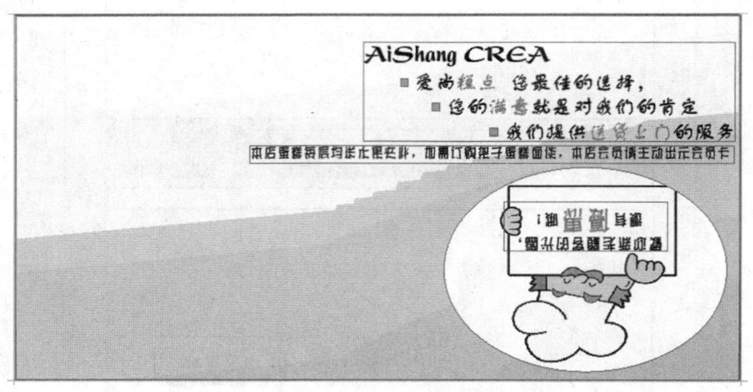

图 6-52 左侧方框

【步骤 7】 文字编组并翻转。执行“对象”→“变换”→“逆时针旋转 90 度”命令两次，调整到合适位置，效果如图 6-53 所示。

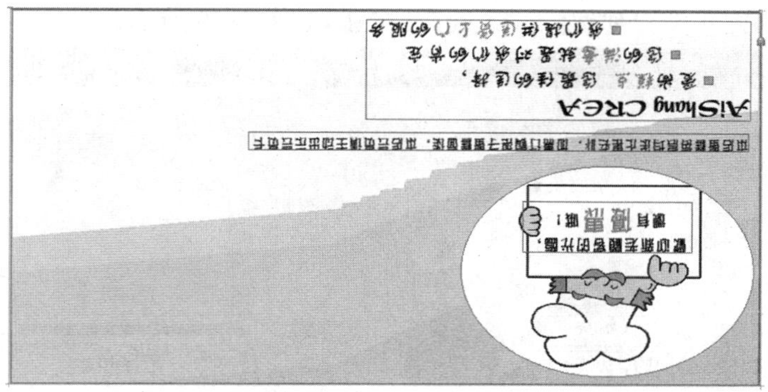

图 6-53 翻转后效果

【步骤 8】 插入价格表。添加文本框，把光标点在文本框中执行“表”→“插入表”命令，在弹出的对话框中设置，正文行为 8，列为 5，表头行为 1，如图 6-54 所示，点击”确定”按钮。表效果如 6-55 所示。

插入表

表尺寸

正文行(B)：8

列(M)：5

表头行(H)：1

表尾行(F)：0

表样式(T)：[基本表]

确定

取消

图 6-54 “插入表”面板设置

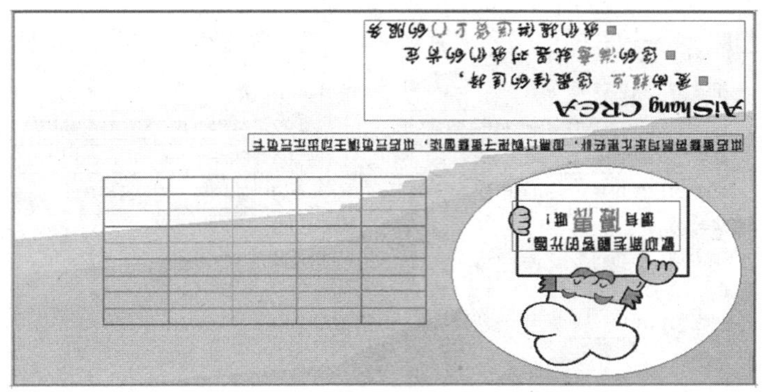

图 6-55 表效果图

【步骤 9】 设置表的属性。选中表，执行“窗口”→“文字和表”→“表”命令，在表面板中设置行高为 7 毫米，列宽为 25 毫米，如图 6-56 所示。执行“表”→“表选项”→“表设置”命令，边外框粗细为 0.75 点，颜色为 C=50，M=0，Y=100，K=0，线类型为实线，如图6-57所示。点击表选项中的行线按钮，在行线面板中设置交替模式为自定行，粗细为 0.75 点，颜色为 C=50，M=0，Y=100，K=0，线类型为实线，如图 6-58

图 6-56 “表”属性

所示。用同样的方法设置列线，点击“确定”按钮，如图 6-59 所示。

表选项
表设置 行线 列线 填色 表头和表尾
表尺寸
正文行(B): 8　列(M): 5
表头行(H): 1　表尾行(F): 0
表外框
粗细(W): 0.75 点　类型(Y):
颜色(C): C=50 M=0 Y=100 K=0　色调(T): 100%　叠印(O)
间隙颜色(G): [纸色]　间隙色调(N): 100%　叠印(E)
保留本地格式(R)
表间距
表前距(S): 0 毫米　表后距(A): 1 毫米
表格线绘制顺序
绘制(D): 最佳连接
预览(V)　确定　取消

图 6-57　“表选项”属性设置

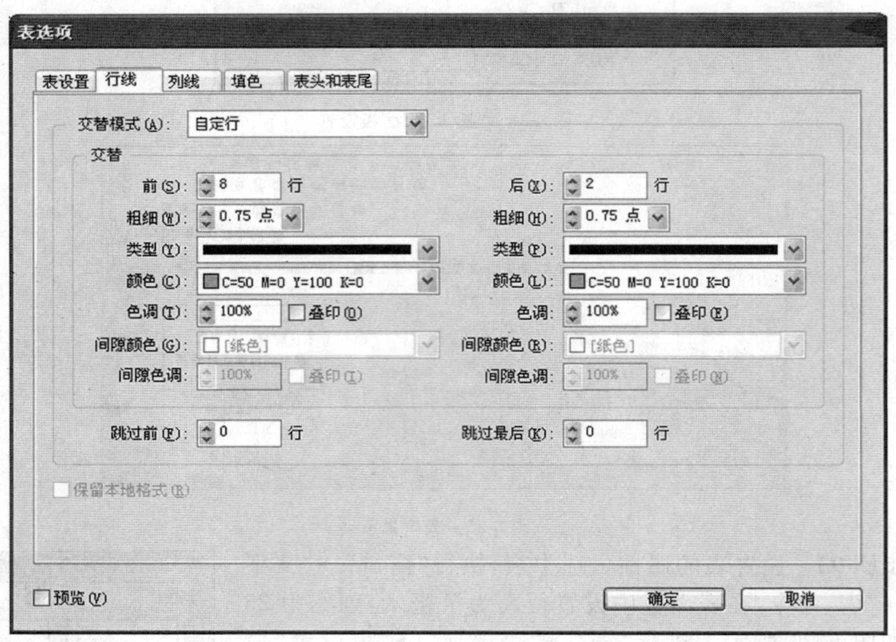

图 6-58　“行线”属性设置

【步骤 10】 合并表头。选中表头行执行“表”→“合并单元格”命令，填充颜色为 C=50，M=0，Y=100，K=0。效果如图 6-60 所示。

表选项

表设置　行线　列线　填色　表头和表尾

交替模式(A)：自定列

交替

前(S)：6 列　　后(X)：2 列

粗细(W)：0.709 点　　粗细(H)：0 点

类型(Y)：　　类型(P)：

颜色(C)：C=50 M=0 Y=100 K=0　　颜色(L)：[黑色]

色调(T)：100%　□叠印(O)　　色调：50%　□叠印(E)

间隙颜色(G)：□[纸色]　　间隙颜色(R)：□[纸色]

间隙色调：100%　□叠印(I)　　间隙色调：100%　□叠印(N)

跳过前(F)：0 列　　跳过最后(K)：0 列

□保留本地格式(R)

□预览(V)　　确定　取消

图 6-59　“列线”属性设置

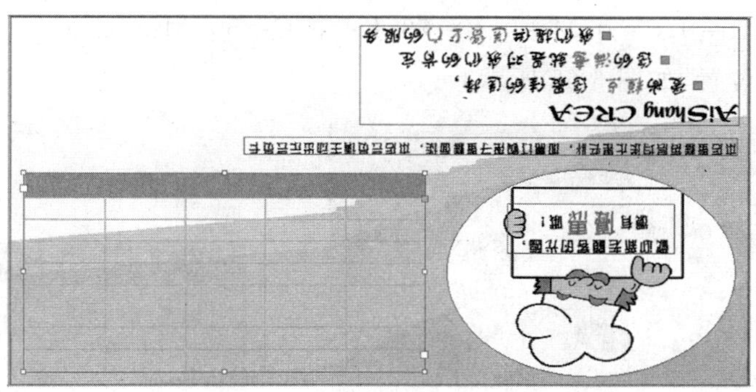

图 6-60　表头填充后的效果

【步骤 11】　添加表中的文字并旋转表。设置字体为“方正黑体-GBK”，“爱尚蛋糕店价格表”字号为 14 点，其余的字体字号为 12 点，颜色为 C=0，M=70，Y=100，K=0，文字居中，如图 6-61 所示。选择表，执行“对象”→“变换”→“逆时针旋转 90 度”命令两次，调整到合适位置，如图 6-62 所示。

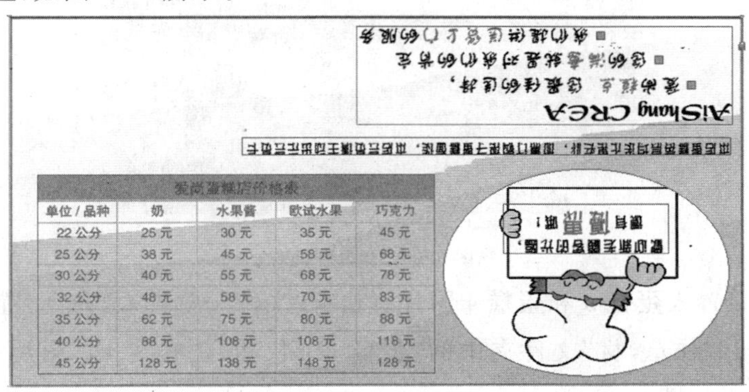

爱尚蛋糕店价格表				
单位/品种	奶	水果酱	欧试水果	巧克力
22 公分	25 元	30 元	35 元	45 元
25 公分	38 元	45 元	58 元	68 元
30 公分	40 元	55 元	68 元	78 元
32 公分	48 元	58 元	70 元	83 元
35 公分	62 元	75 元	80 元	88 元
40 公分	88 元	108 元	108 元	118 元
45 公分	128 元	138 元	148 元	128 元

图 6-61　表中文字的添加

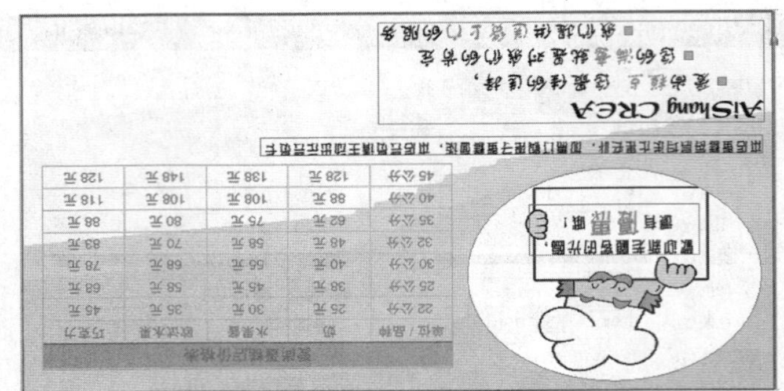

图 6-62　旋转后的表效果

【步骤 12】　制作小图形。选择矩形工具画几个大小不一的小矩形。颜色分别填充为 C＝50，M＝100，Y＝0，K＝0；C＝75，M＝38，Y＝0，K＝0；C＝80，M＝0，Y＝0，K＝0；C＝0，M＝38，Y＝75，K＝0；C＝91，M＝0，Y＝41，K＝0。如图 6-63 所示。选择多边形工具，双击多边形工具的图标，在属性面板中设置边数为 5，星形内陷 50％，如图 6-64 所示，点击“确定”按钮。绘制 4 个五角星，颜色分别填充为 C＝0，M＝100，Y＝0，K＝0；C＝80，M＝0，Y＝0，K＝0；C＝0，M＝0，Y＝79，K＝0；C＝50，M＝90，Y＝0，K＝0，移动小图形至左下侧合适位置，如图 6-65 所示。

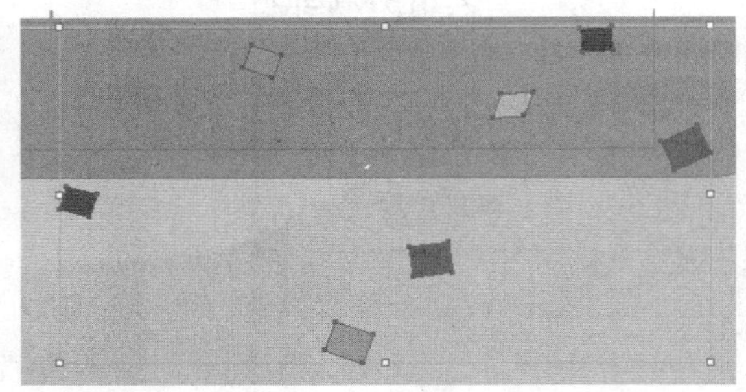

图 6-63　小矩形

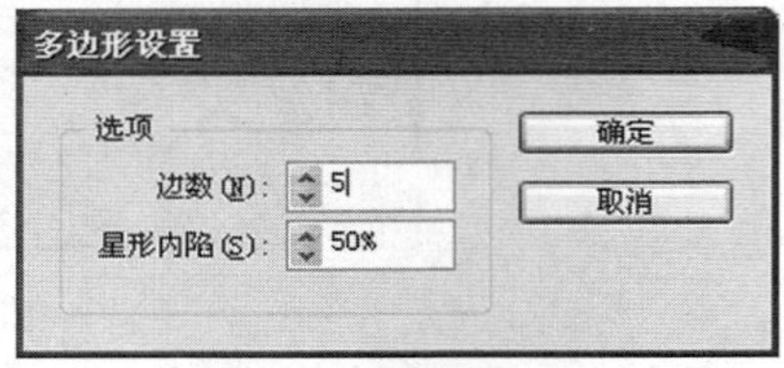

图 6-64　多边形设置

图 6-65　小图形效果

【步骤 13】　置入蛋糕 3 和蛋糕 4 图片。执行“文件”→“置入”命令，置入“项目六 DM 信封广告设计与制作/素材”文件夹中的“蛋糕 3. tif”和“蛋糕 4. tif”图片并调整大小，至此，信封封底效果如图 6-66 所示。

至此，完成信封制作，最终效果如图 6-67 所示。

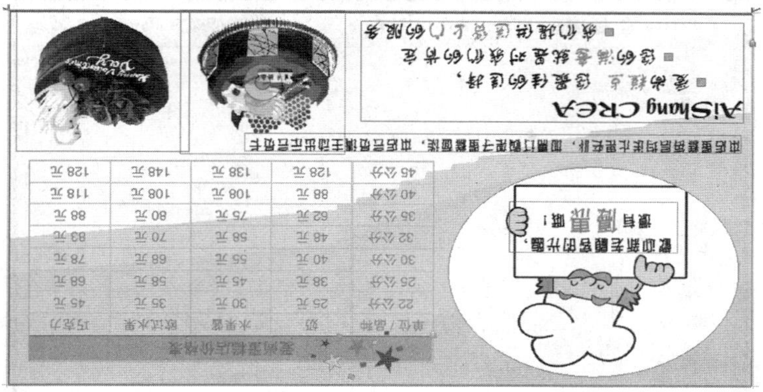

图 6-66　信封封底效果图

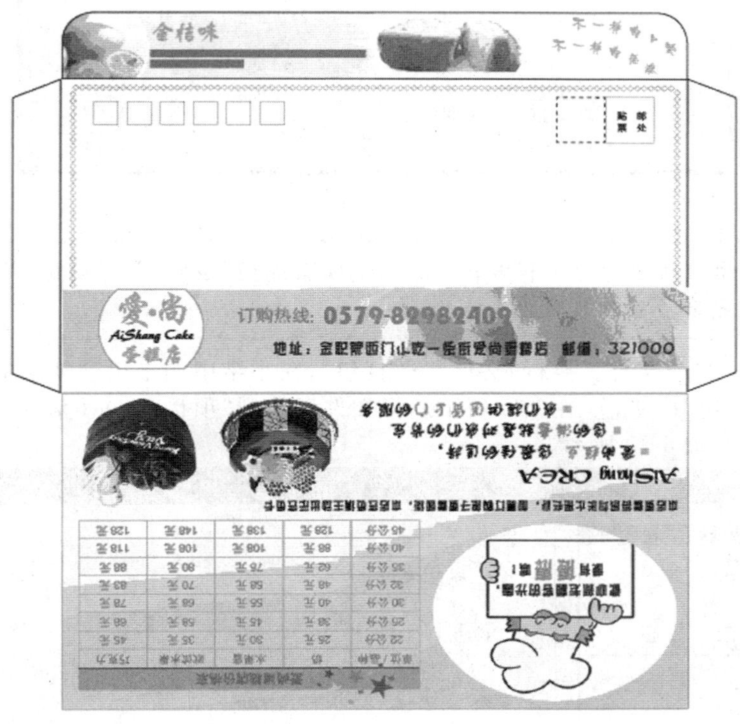

图 6-67　封面与封底最终效果

6.5.6　任务 6:导出与打包

【步骤 1】　导出文件。先按“Ctrl＋A”选择所有对象，执行“对象”→“解锁跨上所有内容”和“取消所有编组”命令。再执行“文字”→“创建轮廓”命令，然后执行“文件”→“导出”(快捷键“Ctrl＋E”)命令，选择类型为 Adobe PDF，将文件存储到“项目六 DM 信封广告设计与制作”文件夹中，点击“保存”按钮，如图 6-68 所示。

图 6-68　导出 PDF

友情提示:"解锁跨上所有内容"和"取消所有编组"后再"创建轮廓",这样导出的 PDF 文件内容才不会出现变形。

【**步骤 2**】　打包文件。执行"文件"→"打包",在小结中如未出现缺失的字体和缺失图片就点击"打包"按钮,如图 6-69 所示。将文件存储到"项目六 DM 信封广告设计与制作"文件夹中,如图 6-70 所示。

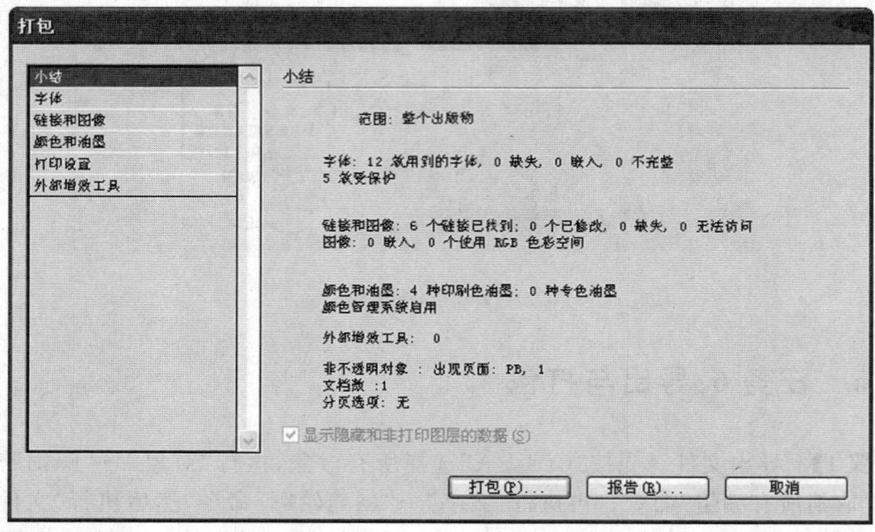

图 6-69　打包属性面板

友情提示：中文字体不能打包，所以要自己将用到的中文字体复制到字体文件夹中或是在做的时候就创建轮廓。

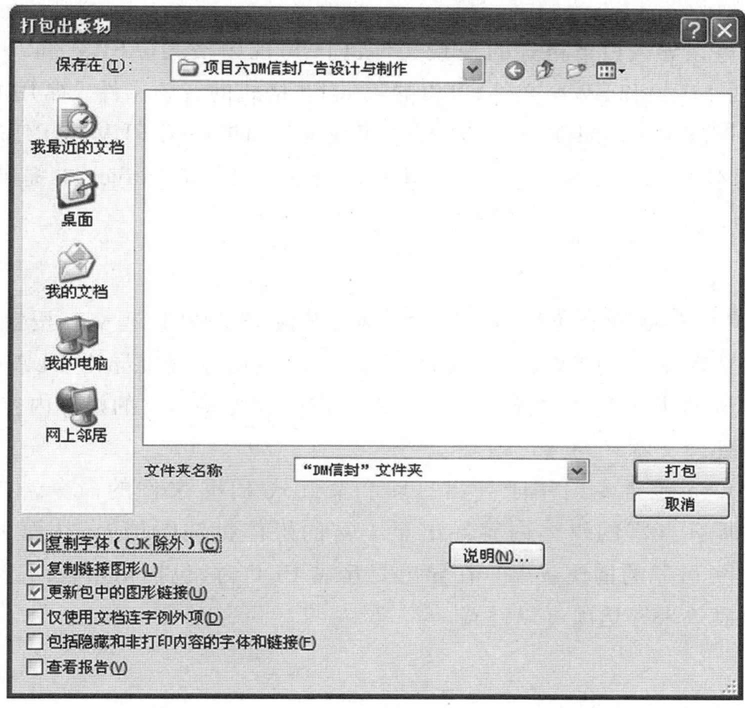

图 6-70　"打包出版物"面板

6.6　技术拓展

6.6.1　InDesign 中生成表格的方法

方法 1：先绘制一个文本框，把光标放到文本框里，执行"文本"→"插入表格"命令。

方法 2：在字处理软件里先文字输入，存为文本文档然后导入 InDesign 中生成表格。文本中的行或列可以是"Tab"、"，"或段落作为分隔符号。导入 InDesign 中后，依据分隔符类型生成表格。转为表格的方法是全选导入 InDesign 中的文本，执行"文本转换为表格"命令即可。

方法 3：直接导入 Word、Excel 中做好的表格。

6.6.2 InDesign 中设计多媒体

1. 媒体导入

InDesign 可以导入以下格式的视频文件：Flash 视频格式(.FLV 和.F4V)、H.264 编码的文件(如 MP4)和 SWF 文件；可以导入 MP3 格式的音频文件。常用的传统媒体文件类型，如 QuickTime(.MOV)、.AVI 和.WMV。如果使用 FLV、MP4、MP3 格式，可以利用最新版本的 Acrobat、Adobe Reader 和 Adobe Flash Player 中提供的丰富媒体支持。

2. 媒体导出

导出 SWF 文件的同时可以选择包含动画、视频、音频和远程交互按钮等。此外，还可以使用许多选项来控制 SWF 文件的输出。同时还可以直接导出 FLA 格式，可以在 Flash Professional 中对文件进行编辑。FLA 导出选项支持丰富的媒体内容，并且可以提供更多方式来处理文本。

InDesign CS5 包含专门用于导出打印和交互式 PDF 文件的命令。在导出交互式 PDF 时，会将所有丰富的媒体内容导出至丰富的媒体批注图层上，从而可以在 Adobe Reader 中获得更可靠的播放效果。在导出交互式 PDF 时，包括初始视图选项、演示文稿设置和页面过渡效果等选项可以设置。

6.7 项目总结

本项目通过对邮寄信封的设计与制作、InDesign CS5 软件的使用，主要训练学生项目构思、设计、实施、运行的综合能力。针对项目需求，InDesign CS5 软件使用部分主要进行钢笔、矩形、文字、直线工具及渐变等命令的使用、图层、路径查找器、图形置入等命令的使用。

6.8 强化练习与目标达成度评测

6.8.1 知识评测

1. 使用文本工具不能完成的操作有： （ ）

A. 选中多段文本　　B. 选中文本框

C. 选中指定文本　　D. 插入文本插入点

2. 在链接调板中，出现“红色圆形中带一个问号”的符号表明：（　　）

A. 某链接文件被修改过　　B. 文档中包含错误链接

C. 某链接文件被损坏　　D. 某链接文件丢失或无法找到

3. 描边调板中斜接限量的默认值是多少？（　　）

A. 6　　B. 5　　C. 4　　D. 3

4. 什么情况下使用专色？（　　）

A. 当印刷色无法重现某些颜色时　　B. 当颜色的准确度不关键时

C. 希望降低成本　　D. 使用非 PostScript 打印机打印

5. 对于文本，下列操作不能实现的有：（　　）

A. 为文本设置渐变填充　　B. 将个别字符转换为轮廓

C. 为个别字符设置透明效果　　D. 为个别字符设置不同大小

6. 关于“全局印刷色(Global Process Colors)”哪个是正确的？（　　）

A. 全局印刷色仅应用于特定图形或文字

B. 全局印刷色应用于在 Web 上出版的文件

C. 全局印刷色被链接到一个色样，当该色样发生改变时，使用该色样的所有物体都随之发生同样的改变

D. 全局印刷色不能和专色一起使用

7. 设定渐变色时，在渐变色条下方单击鼠标，可增加一个表示新颜色的三角形滑块，同时也增加一个表示中间色的菱形滑块，三角形滑块的数量和菱形滑块数量的关系是：（　　）

A. 三角形滑块的数量始终比菱形滑块的数量多

B. 三角形滑块的数量始终比菱形滑块的数量少

C. 三角形滑块的数量和菱形滑块的数量一样多

D. 三角形滑块的数量和菱形滑块的数量是倍数关系

8. 下列哪项操作可把浮动调板从调板组中分离出来？（　　）

A. 从“窗口”菜单中选择要分离的调板的名称

B. 从调板右上角的弹出菜单中选择合适的命令

C. 单击调板标签，并按住鼠标将其拖放到新位置

D. 按键盘上 Tab 键

6.8.2　技能评测

1. 单项技能评测

利用所学技能完成如图 6-71 所示广告图文的制作。效果图是配套光盘中“项目六 DM 信封广告设计与制作/练习”中相关文件。

图 6-71　中餐百佳广告

本产品为竹帘小号的单色广告位，整个产品采用的颜色都是大红。右边的文字主要是文本工具以及文字格式的设置。最右边的银行卡主要是应用矩形工具制作完成，中间还会涉及路径的使用。最左边的则是钢笔工具的应用，而不是图片的置入，因为钢笔绘制出的是路径，放大后不会失真。

2. 综合技能评测题

请运用所学技能进行制作如图 6-72 所示的酒店菜单。效果图见配套光盘中“项目六 DM 信封广告设计与制作/练习”中相关文件。

图 6-72　餐馆菜单

项目七

广告宣传册设计与制作

◆知识与目标达成度

(1)熟悉 InDesign 界面结构与特点。

(2)掌握文档框架处理、文本工具、钢笔工具体的使用等基础知识。

(3)了解广告宣传画设计与制作的一般需求与工作流程。

◆能力与目标达成度

(1)能运用 InDesign 文字等工具进行文字处理及排版。

(2)能灵活运用钢笔等工具进行图形绘制操作。

(3)能主动学习并与他人有效交流。

◆学习重点与难点

文字排版与设计,钢笔、路径等图形绘制工具、按框架适合内容路径查找器等命令的运用。

◆学时分配

8 学时。

◆教学设计与实施策略

(1)教学环境:投影等多媒体设备。

(2)教学策略:分组指导、一体化教学。

7.1 项目导引

7.1.1 项目来源

广告宣传,对一个商家来说,是向消费者推荐自己的不可或缺的模式。广告宣传的好与坏,直接关系到商家的销量和人气。广告方式很多,从电视、报纸到网络广告等,但广告宣传册有其自己的优势。成本低廉、见效迅速。在所有的广告投入中,传单的成本较低也较容易控制,其灵活机动的版面设计和随意更改的印刷数量使得广告利益得到最大限度的发挥,同时也为广告效果的评估提供了一个最好的平台。传单广告以纸为载体,图文并茂,再经各种彩色、线条、符号等视觉元素,将广告信息传达给受众,信息直观,一目了然。而纸质传单还可以长期保存,广告主可以通过它延伸广告内容,强化销售的附加值,多方面吸引消费者注意,多角度引导消费者购买。

本项目来源于茶楼,要求设计和制作茶叶宣传广告,最终用于广告宣传册中。

7.1.2 工作要求

本项目工作任务书如表 7-1 所示。

表 7-1 《广告宣传册设计与制作》工作任务书

《广告宣传册设计与制作》工作任务书
一、效果要求 围绕茶楼主题做整体设计,要求传统文化气息浓郁,表现要求简约大气、突显雍容华贵。无论是文字广告还是图画广告,都应言简意赅,重点突出,文字图画不宜过多,同时还要应注意文字与图画的协调性。设计要求符合主题,形式美观,风格独特,要求体现对图形、文字、创意等因素的综合运用。
二、成果要求 1. 图像尺寸:宽度 210 毫米,高度 285 毫米。 2. 图像品质:高品质图像。 3. 文件格式:提供 INDD 和 PDF 两种格式。

7.2 项目分析

根据茶楼用于广告宣传册展示的需求及提供的原始素材进行分析,得出当前项目所需要完成的内容包括:图片的置入、文字编排、图形绘制、效果的应用等,广告的主色调为茶楼中的茶叶,即绿色。根据分析情况和工作任务要求,将需求分析与解决策略填写在需求分析表中,如表 7-2 所示。

表 7-2 《广告宣传册设计与制作》工作需求分析表

《广告宣传册设计与制作》工作需求分析表	
任务要求	
问题汇总	
解决思路	

7.3 技术准备

7.3.1 知识点1:InDesign常用快捷命令

表7-3　　InDesign常用快捷命令

快捷键	作用	快捷键	作用	快捷键	作用
Ctrl+C	复制	Ctrl+“]”	前移一层	Ctrl+“—”	缩小
Ctrl+X	剪切	Ctrl+N	新建文档	Ctrl+Shift+S	另存为
Ctrl+Z	撤销	Ctrl+0	使页面适合窗口	Ctrl+S	保存
Ctrl+D	置入	Ctrl+1	实际尺寸	Ctrl+Shift+T	制表符
Ctrl+E	导出图片	Ctrl+V	粘贴	T	文字工具
Ctrl+“[”	后移一层	Ctrl+“+”	放大	F5	色板

7.3.2 知识点2:InDesign核心概念

1. 出血线

出血线是用于界定图片或色地的哪些部分需要被裁切掉的线。出血线以外的部分会在印刷品装订前被裁切掉,所以也叫裁切线。也就是会被裁切掉的部分。

2. 参考线

分为标尺参考线和智能参考线。其中标尺参考线包括页面参考线和跨页参考线。页面参考线仅在创建该参考线的页面上显示,而跨页参考线可跨越所有的页面和多页跨页的粘贴板,可以将任何标尺参考线拖动到粘贴板上。标尺参考线与它所在的图层一同显示或隐藏。智能参考线则用于帮助对象向标尺辅助线靠齐,即当用户操作的对象距标尺辅助线的距离在用户指定的范围之内时,对象自动向辅助线靠齐,该命令在对齐对象时对用户非常有帮助。

3. 路径查找器

路径查找器可以使两个以上的物体结合、分离和支解,并且可以通过物体的重叠部分建立新的物体,对制作复杂图形很有帮助。

7.3.3 知识点 3:InDesign 典型操作

1. 框架处理

在 InDesign CS5 软件中进行大部分编辑时都要使用“框架”,“框架”实际上就是一个“容器”,通过“框架”来控制对象的“尺寸”、“角度”和“位置”参数。具体的创建方法如下:在工具箱中选择“矩形框架工具”工具,或使用快捷键“F”,在页面的左上角拖动鼠标创建一个大概的矩形框,如图 7-1 所示是框架创建过程和框架对象创建。

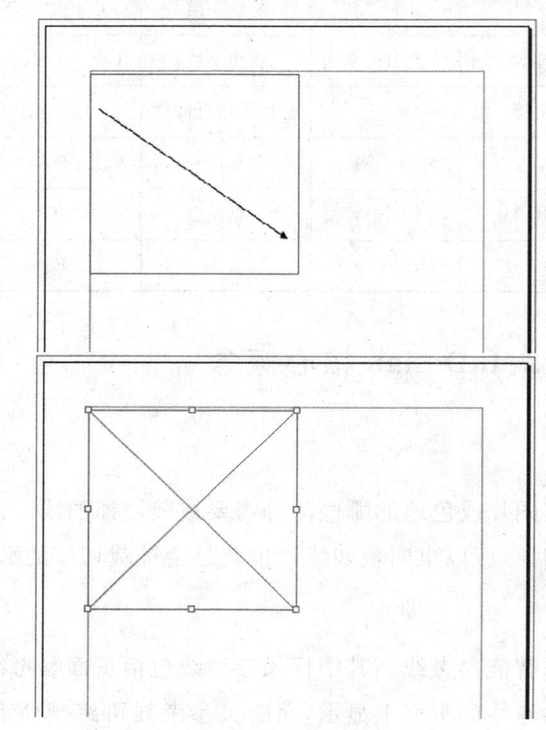

图 7-1 框架创建过程和框架对象创建

2. 文本处理

在宣传单的设计与制作中,文字是非常重要的组成部分。在 InDesign 中文本需要放在文本框架中,当创建了或已经拥有了文本框后,可以直接输入文字,也可以置入其他文字编辑软件创建文本文件。无论是如何得到的文本对象,在 InDesign 中都可以编辑文字的“字体”、“字号”、“颜色”等信息。具体的操作方法如下:在“工具箱”中选择“文字工具”,或使用快捷键“T”,设置如图 7-2 文本工具栏中文字属性和段落属性,然后绘制文本框,输入文字。

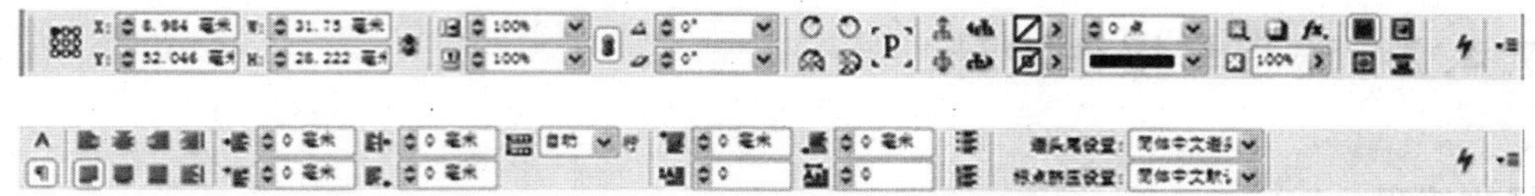

图 7-2 文本工具栏

7.4 项目设计

7.4.1 子任务设计

根据项目完成需求，分解为以下主要子任务，填写如表 7-4 所示项目任务分解表。

【任务 1】 分栏设置：新建文档，分栏设置；

【任务 2】 第一栏上部分制作：古镇图、竹画的置入，诗句的添加；

【任务 3】 第二栏上部分制作：茶壶的置入，地图的绘制，茶楼信息的添加；

【任务 4】 第三栏上部分制作：茶山图的置入，组合路径的添加，文字的加入；

【任务 5】 第一栏下部分制作：缺口矩形框的绘制，“茶”的相关文字的添加，茶山羽化的置入，原型图的绘制；

【任务 6】 第二栏下部分制作：茶具展示的置入，矩形条的绘制，“茶道”两字的添加，字与圆形组合的制作；

【任务 7】 第三栏下部分制作：竹的置入，圆角矩形的绘制，文字的添加；

【任务 8】 测试与保存：检查错误，保存文件。

表 7-4 《广告宣传册设计与制作》任务分解分析表

《广告宣传册设计与制作》项目任务分解表		
任务序号	任务名称	任务说明

7.4.2 流程与操作设计

1. 操作流程

分栏设置→第一栏上部分制作→第二栏上部分制作→第三栏上部分制作→第一栏下部分制作→第二栏下部分制作→第三栏下部分制作→错误检查→保存设置。

2. 操作命令与工具

文字工具、选择工具、钢笔工具、矩形工具、阴影效果、透明效果、保存操作等。

7.5 项目实施

7.5.1 任务1:分栏设置

【步骤1】 新建文档。执行“文件”→“新建文档”命令(快捷键“Ctrl+N”),在弹出的“新建文档”对话框中设置参数:页数为1、页面宽度为210毫米、高度为285毫米。如图7-3所示。

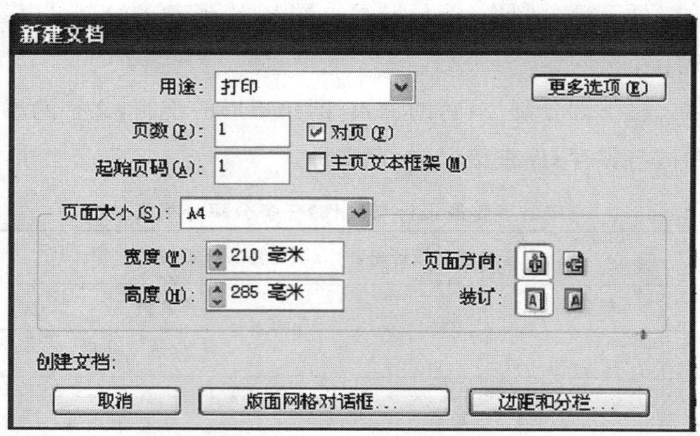

图7-3 “新建文档”对话框

【步骤2】 分栏设置。单击“边距和分栏”按钮,在弹出的“新建边距和分栏”对话框中设置上、下、左、右边距均为0毫米,栏数为3,栏间距为0毫米,如图7-4所示,点击“确定”按钮。效果如图7-5所示。

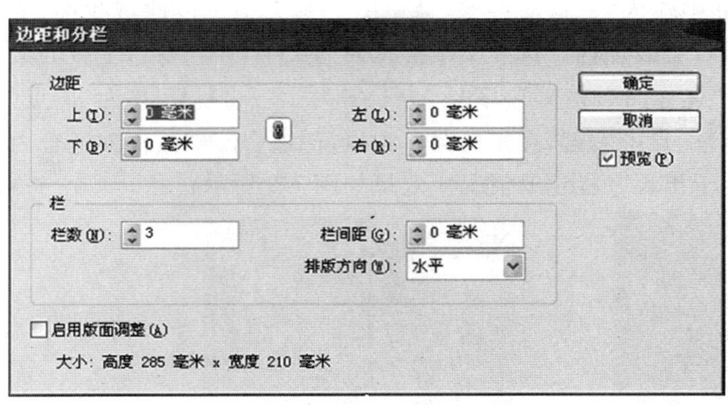

图 7-4　“边距和分栏”对话框

图 7-5　分栏效果

7.5.2　任务 2:第一栏上部分制作

【步骤 1】　置入图片。执行“文件”→“置入”命令(快捷键“Ctrl+D”)后,选择并置入“项目七广告宣传册设计与制作/素材”文件夹中的“古镇图. tif”图片文件,在页面上单击则显示图片。点击图片,在窗口上方的属性面板中,将其大小设置为 W:70 毫米,H:154 毫米。选中图片,点击右键,在快捷菜单中执行“适合”→“按内容适合框架”命令,使图片内容完全显示。将图片放在左侧第一栏中。如图 7-6 所示。按同样的方法置入“项目七广告宣传册设计与制作/素材”文件夹中的“画竹. TIF”,将其大小设置为 W:41. 617 毫米,H:61. 016 毫米。页面效果如图 7-7 所示。

图 7-6　置入“古镇图”

图 7-7　置入“画竹”

友情提示:按内容适合框架:在窗口上方属性面板中的大小设置的对象是图的框架,而非图片本身,所以在设置完框架的大小参数后,我们还要执行“适合”→“按内容适合框架”的命令,使图像完全在框架中整体显示。

【步骤 2】 添加诗句。选择工具栏的 直排文字工具，在图上拖拉出一个合适的文字框。如图 7-8 所示。在文字框中输入“一饮涤昏寐，情思朗爽满天地。再饮清我神，忽如飞雨洒轻尘。饮便得道，何须苦心破烦恼。”选择文本框里面的文字，并在窗口上方的文字属性工具栏中设置字体 为“迷你简行楷碑”，字号大小 为 12 点，行距 为 17 点。适当调整文字框大小，选中文字框，点击右键，在快捷菜单中执行“适合”→“按框架适合内容”，使文字内容完全显示，不至于出现“溢出”的情况。效果如图 7-9 所示。

图 7-8　文本框

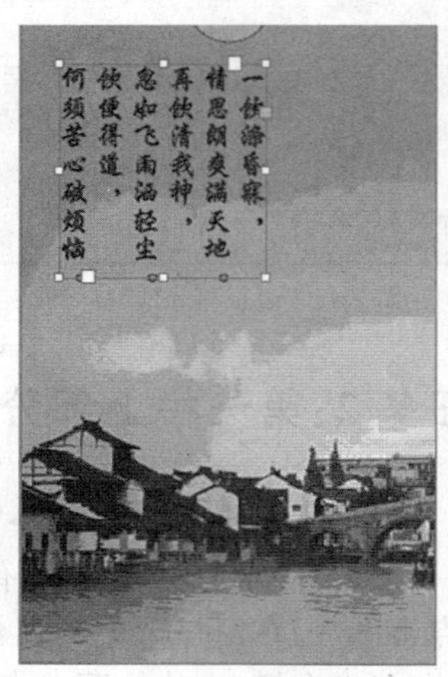

图 7-9　加诗句后的效果图

【步骤 3】 绘制文字右侧的直线。为了方便操作，先在图层面板中点击“古镇图”图层中的图，使本图层隐藏。选择直线工具 ，同时按住“Shift”，在“何须苦心破烦恼”文字右侧拉一条竖直线，选择直线，在属性栏中将其长度设置为 L：40 毫米。选择直线，同时按住“Alt＋Shift”向右拖拉出另一条新的直线。如图 7-10 所示。用同样的方法复制产生 4 条直线，置各行文字右侧。如图 7-12 所示，最后将“古镇图”图层重新显示。效果如图 7-11 所示。

图 7-10　智能参考线线的展示

图 7-11　文字加直线的效果图

7.5.3　任务3:第二栏上部分制作

【步骤1】　第二栏上部分渐变背景制作。选择工具栏的矩形框工具,在第二栏上部分拖拉出一个合适的矩形框,将其大小设置为W:70毫米,H:154毫米,并放在第二栏的上方位置。然后按F5调出色板工具,如图7-12所示。选择右上角的,执行“新建渐变色板”命令。在弹出的对话框中设置色板名称为“渐变色板1”,类型为径向,单击渐变曲线下左侧色标,设置“站点颜色为”CMYK,设置颜色参数分别为:C=54,M=6,Y=100,K=0。再按同样的方法设置右侧色标颜色参数:C=70,M=2,Y=100,K=45。点击“确定”按钮,即建立渐变色板1如图7-13所示。选择工具栏的渐变工具,在第二栏上部分的矩形框上拉出如图7-14所示的渐变色效果。

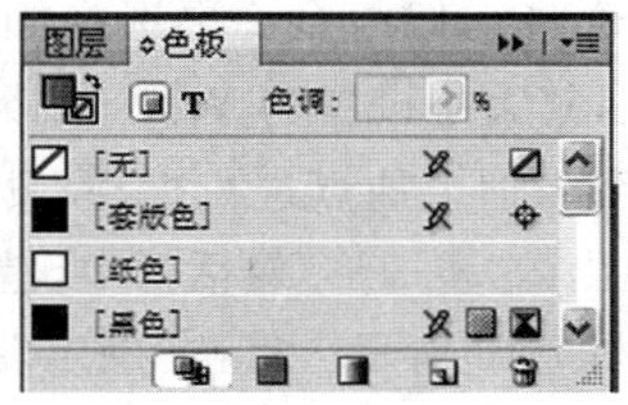

图7-12　色板工具

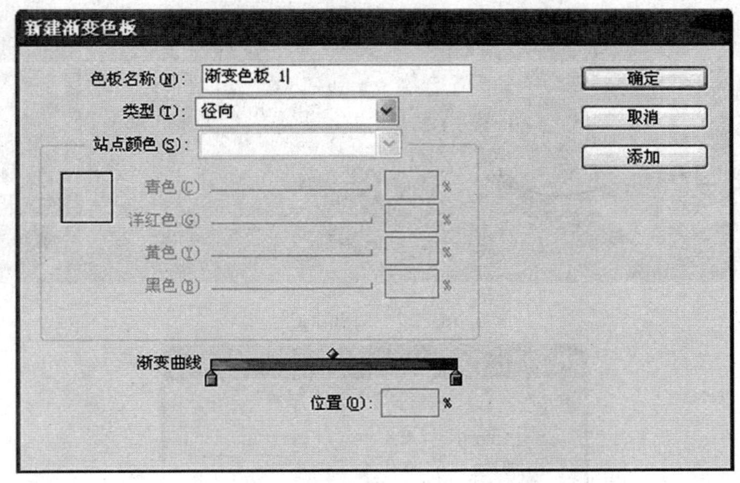

图7-13　新建渐变色板对话框

【步骤2】　完成第二栏上面部分的图片置入。置入“项目七广告宣传册设计与制作/素材”文件夹中的“茶壶.tif”图片文件,设置其大小为W:59.333毫米,H:62.282毫米,并使其内容适合框架,并将其放在渐变矩形框上方部分的位置。效果如图7-15所示。

图 7-14　渐变色效果

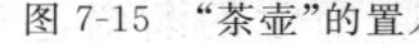
图 7-15　“茶壶”的置入

图 7-16　地图框架

【步骤 3】　地图绘制。在茶壶下方用直线工具画出如图 7-16 所示的地图框架，全选这些直线，右键单击选择“编组”命令将它们组合。再选择椭圆工具，绘制一个正圆，填充色为白色，描边色为无色，其大小设置为 W：1 毫米，H：1 毫米。复制 2 个这样的圆点，分别用这些圆点在地图每一个街道上地点进行标注，具体位置如图 7-17 所示。选择多边形工具，单击页面空白处，在弹出的“多边形”对话框中设置边数为 5、星行内陷为 50%、多边形宽度和高度均为 2 毫米，如图 7-18 所示。点击“确定”按钮后页面中出现一个五角星。新建颜色色板，设置颜色类型为印刷色，颜色模式为 CMYK，色值为 C＝0，M＝58，Y＝91，K＝0，将此颜色应用到五角星上，并将五角星放在相应的位置，如图 7-19 所示。

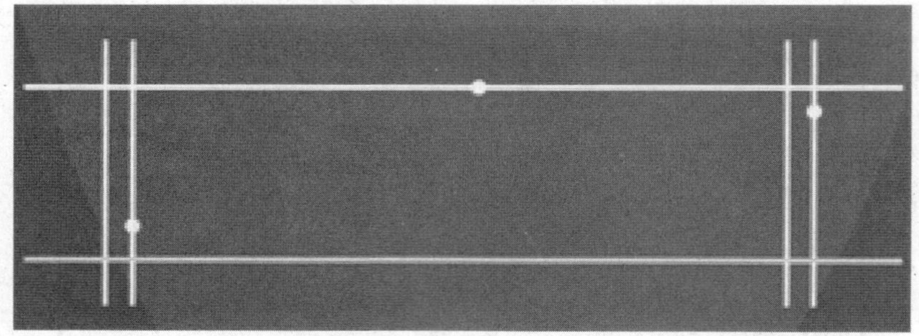
图 7-17　圆点标记

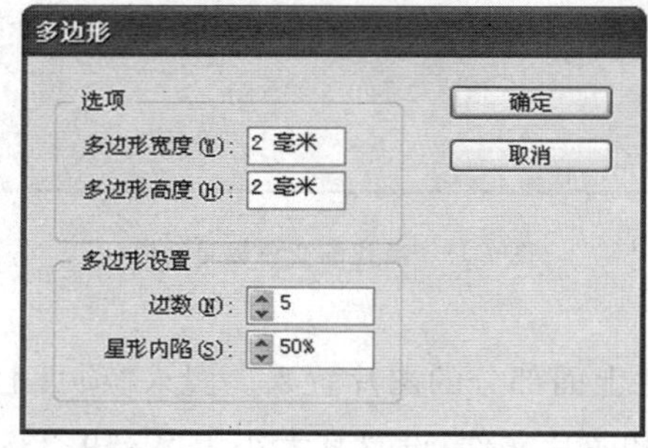

图 7-18　多边形的设置框

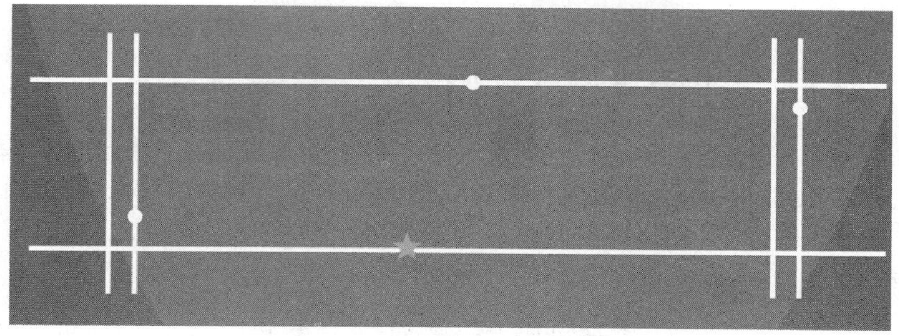

图 7-19　五角星标记

【步骤 4】 地图文本添加。用文本工具在地图上面的相应位置加上地点的名称，分别加入："中国移动龙腾通讯商场、三星大酒店、阿剑茶楼、诺基亚客服中心"。每个文本框中的格式设置：字体为"方正小标宋简体"，字号为 5 点，字间距为 6，颜色为白色。最后的地图如图 7-20 所示。

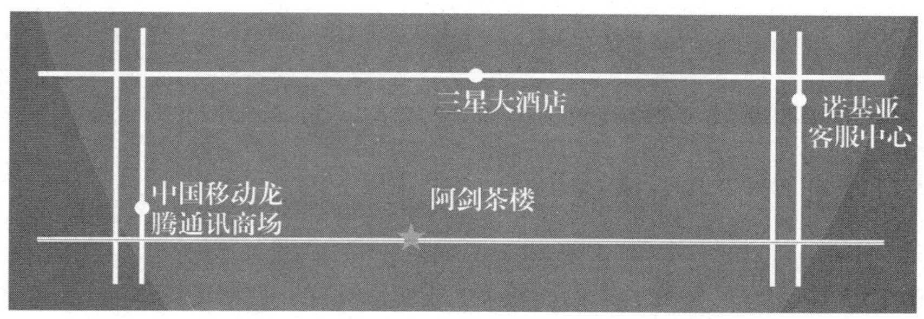

图 7-20　完整的地图

在地图下方添加茶楼的信息。在文字框中第一行输入"阿剑茶楼"，第二行输入"地址：金华市宾虹路 642 号"，第三行输入"电话：0579-85563777"。其中"阿剑茶楼"的文字格式为"方正小标简体"、字号为 16 点、字间距为 25、颜色为白色。电话号码与地址的文字格式为"方正小标简体"、字号为 12 点、字间距为 26、颜色为白色，效果如图 7-21 所示。

至此，页面整体效果如图 7-22 所示。

图 7-21　第二栏上部分的效果

图 7-22　一、二栏整体效果

7.5.4 任务4:第三栏上部分制作

【步骤1】 第三栏背景图置入。首先在第三栏上面部分置入“项目七广告宣传册设计与制作/素材”文件夹中的“茶山图.tif”,将其大小设置为W:70毫米,H:754毫米。选中图片,点击右键执行“适合”→“按内容适合框架”命令,将图片放在第三栏上方位置。如图7-23所示。

图7-23 置入“茶山图”

【步骤2】 白云与茶壶图形绘制。选中左边工具栏的钢笔工具,绘制如图7-24所示的路径,并调整为合适的大小,组合路径。新建颜色色板,设置颜色类型为印刷色,颜色模式为CMYK,各颜色为C=100,M=0,Y=100,K=45。在填充色中选择此颜色,描边色为无色。组合的路径放在如图7-25所示的位置。

图7-24 两个组合的路径 图7-25 云与茶壶的位置 图7-26 文字与竖直线的摆放

【步骤3】 “云雾水”与“阿剑茶楼”文字添加。用文字工具添加“云雾水”文字,文字格式具体为:字体“迷你简行楷碑”,字号60点,字间距71,描边色为无,填充色为黑色。再用直线工具在文字右侧画一条直线,其长度设置为L:50,填充色为C=100,M=0,Y=100,K=45。“云雾水”及直线的位置摆放如图7-26所示。再添加“阿剑茶楼”,其文字格式为：字体正大标宋-GBK，字号为30点，字间距为35，颜色为黑色。选中“阿剑茶楼”文字框，右键执行“效果”→“投影”命令，参数设置如图7-27所示：混合模式选为正片叠底，不透明度设为75%，X位移为2毫米，Y位移为2毫米，效果如图7-28所示。至此，文字效果如图7-29所示。

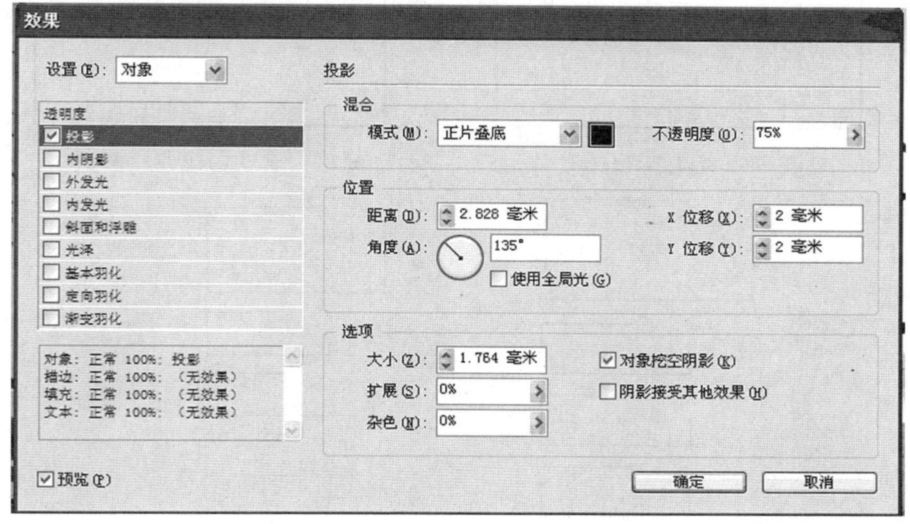

图7-27　效果的设置窗口

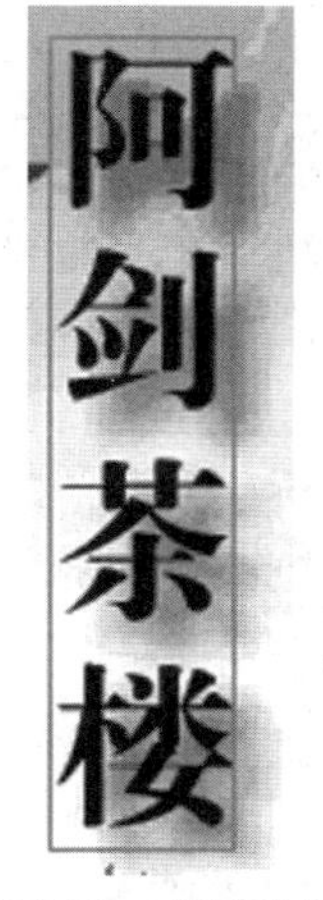

图7-28　阴影效果

图7-29　“阿剑茶楼”摆放

7.5.5　任务5：第一栏下部分制作

【步骤1】　“茶楼简介、春茶、夏茶、秋茶”边框制作。用矩形工具画出一个矩形，设置其大小为W：64.595毫米，H：32.500毫米，描边颜色选为C=100，M=0，Y=100，K=45，粗细为1.5点。点击工具栏的剪刀工具，在如图7-30所示的矩形的边上点出两个点，两个点之间的较小部分去掉，如图7-31所示。用同样的方法在此图形下方制作如图7-32所示的三个缺口矩形框，将它们的大小设置为W：64.595毫米，H：32.500毫米，并按图7-32摆放好他们的位置。从上到下设置三个缺口矩形框的颜色分别为：C=72，M=

0，Y＝96，K＝14；C＝100，M＝0，Y＝100，K＝45；C＝0，M＝59，Y＝91，K＝0。页面效果如图 7-33 所示。

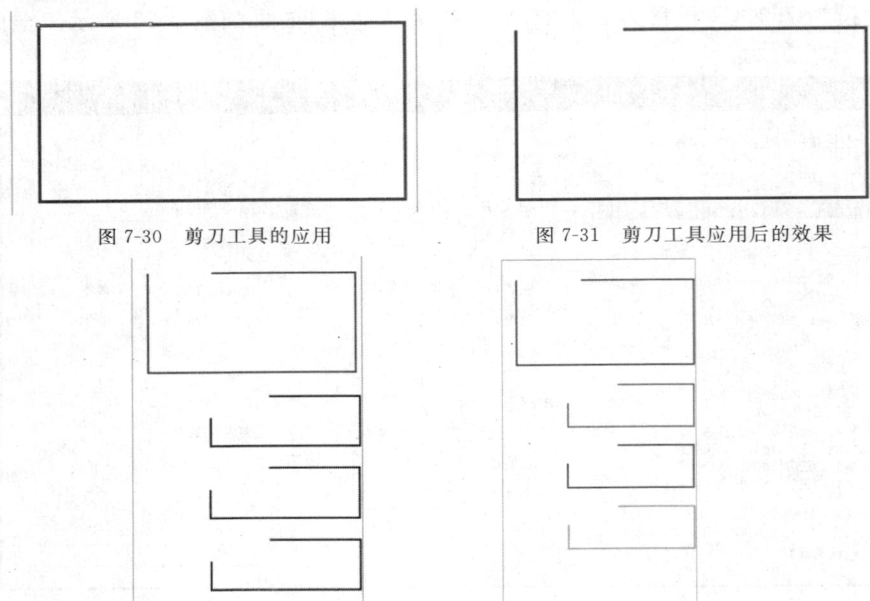

图 7-30　剪刀工具的应用

图 7-31　剪刀工具应用后的效果

图 7-32　各缺口矩形框

图 7-33　各缺口矩形框着色后效果

【步骤 2】 “茶楼简介、春茶、夏茶、秋茶”文字内容制作。在每个缺口矩形框中用文本工具添加相应的文字内容。“茶楼简介”的标题文字格式：字体为方正小标简体，字号为 12，字间距为 25，颜色为黑色。“春茶、夏茶、秋茶”标题的文字格式：字体为 Adobe 宋体 Std，字号为 9 点，字间距为 9，颜色与他们所对应的缺口矩形框的颜色一致。正文内容文字格式一致：字体为 Adobe 宋体 Std，字号为 5 点，字间距为 6.5，颜色为黑色。效果如图 7-34 所示。

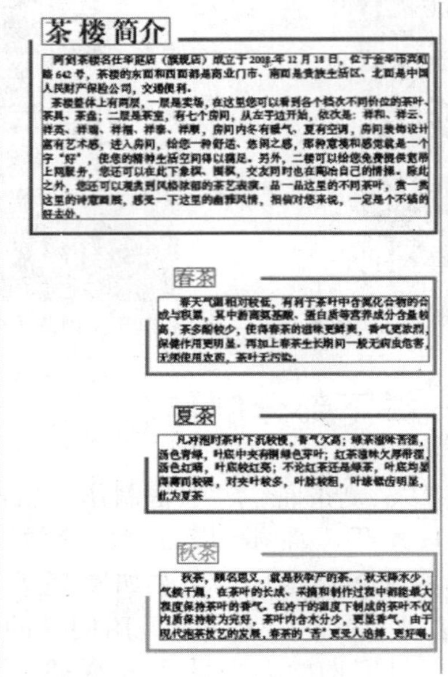

图 7-34　加入各类茶的文本信息

友情提示：在前面的常用工具中已介绍到文本工具，用户既可以从其他软件中导入文字，也可以利用工具箱中的文字工具输入文字。所以这里有关“茶”文字可以从素材当中的Word文档中直接粘贴入这里的文本框。

【步骤3】 制作圆形图片。置入“项目七广告宣传册设计与制作/素材”文件夹中的“春茶.tif”图片文件，设置其大小为W:19，H:19，并使内容适合框架。再用矩形工具当中的椭圆工具绘制一个正圆，其大小设置为W:19，H:19，无描边色，填充色默认。将这个圆形放在图片的正中间，使图片可以覆盖整个圆形。同时选中图片和圆形，执行“对象”→“路径”→“开放路径”命令，再执行“对象”→“路径查找器”→“交叉”命令，得到如图7-35右侧所示的效果。再分别置入“项目七广告宣传册设计与制作/素材”文件夹中的“夏茶.tif”图片文件和“秋茶.tif”图片文件，将它们的尺寸设置为W:19，H:19，并使内容适合框架。用前面同样的方法制作如图7-36所示效果。分别将它们放在对应的矩形框文字介绍的前面位置，如图7-37所示。

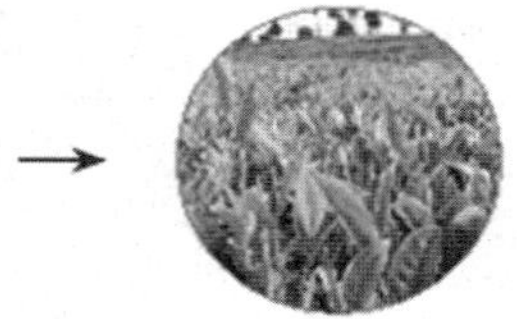

图7-35 图片由方形变成圆形

图7-36 圆形图片

【步骤4】 制作底部图片。置入“项目七广告宣传册设计与制作/素材”文件夹中的“茶山羽化.tif”，设置其大小为W:70，H:20.348，并使内容适合框架，将其放在第一栏的最下方位置。整体效果如图7-38所示。

图7-37 圆形图片

图7-38 第一栏下部分

7.5.6 任务 6:第二栏下部分制作

【步骤 1】 制作透明的“茶”文字内容。点击文字框,在第二栏下部分输入“茶”,设置文字格式:字体为迷你简行楷碑,字号为 150 点,行距为 80 点,填充颜色设为 C=100,M=0,Y=80,K=81。选中文字框,右键执行“适合”→“按框架适合内容”命令。再右键执行“效果”→“透明度”命令,在弹出的“效果”对话框中,设置模式设为正常,不透明度设为 30%。最终的文字效果如图 7-39 所示。

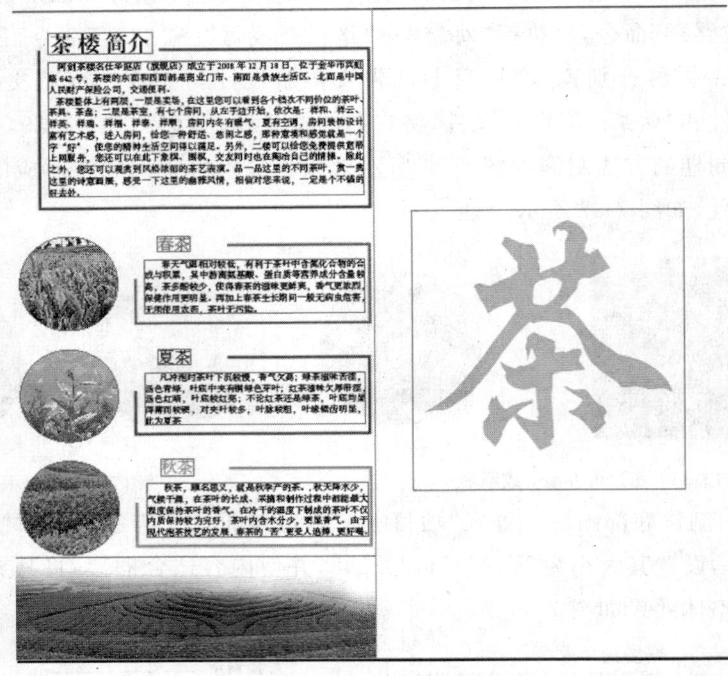

图 7-39 “茶”文字的透明效果

【步骤 2】 “茶”上方的内容制作。用矩形工具拉出一个矩形条,设置大小与颜色:W:47.625,H:4.556,颜色为 C=100,M=0,Y=100,K=45,其摆放位置如图 7-40 所示。再在两个矩形上方加一个文本框,在文本框内输入“上品”两字,其格式设为:字体为“方正黑体简体”,字号大小为 19 点,字距默认即可,颜色为黑色。用矩形工具拉出一个圆,其大小设为 W:11.849 毫米,H:11.849 毫米,填充颜色设置为 C=52,M=0,Y=97,K=0,描边色为无。在文本框里面输入“荣”字,设置其字体为“方正黑体简体”,字号大小为 20 点,字距默认,颜色为白色。选中文本框将其移至圆形的正中间(利用智能线来对齐)。按住“Shift”同时选中圆圈与“荣”字,将其摆放在如图 7-41 所示的位置。同样的方法做“誉”的文本框与圆形的组合。其中“誉”的文字格式:字体为“方正黑体简体”,字号大小为 36,字距默认,颜色为白色。圆形的大小设置为 W:20.5 毫米,H:20.5 毫米,颜色填充为 C=100,M=0,Y=100,K=45,描边色为无,圆圈与“誉”字的摆放位置如图 7-42 所示。

图 7-40　矩形条　　图 7-41　“荣”与“上品”文字效果　　图 7-42　“誉”文字效果

【步骤 3】“茶”下方的内容制作。置入“项目七广告宣传册设计与制作/素材”文件夹中的“茶具展示.tif”，设置其大小为 W:70 毫米，H:46.925 毫米，并使内容适合框架，再将其放在第二栏的最下方位置。至此，第二栏效果如图 7-43 所示。

图 7-43　矩形条下部分的内容

7.5.7　任务 7:第三栏下部分制作

【步骤 1】“竹子”图的置入。置入“项目七广告宣传册设计与制作/素材”中的“竹.tif”的图片，设置其大小为 W:15.567 毫米，H:26.724 毫米，并使内容适合框架，再将图片放在如图 7-44 所示的位置。

【步骤 2】“茶楼特色”标题制作。用矩形工具拉出一个矩形，执行“对象”→“角选项”命令，矩形的四个角选择圆角。设置矩形的大小为 W:51.199 毫米，H:6.93 毫米。并将其填充双色的渐变色板 2(渐变色板 2 的建立省略)，描边色为无色，放置在如图 7-45 的位置。在文本框里输入“茶楼特色”，设置其文字格式：字体为“Adobe 宋体 Std”，字号大小为 12 点，字距默认，颜色为白色，最后将文本放在矩形渐变条里面，如图 7-45 所示的位置。再用文本工具拉出一个文字框，在文字框里粘贴入“项目七广告宣传册设计与制作/素材/文字”中茶楼特色的文字内容，设置其文字格式：字体为“方正黑体简体”，字号大小为 9 点，字距为 15 点，颜色为黑色。将文本放在图 7-46 所示的位置。

图 7-44　置入“竹”的图片

图 7-45　“茶楼特色”标题制作

【步骤 3】 “道”字制作。制作方法与“茶”的制作相同。效果如图 7-47 所示。

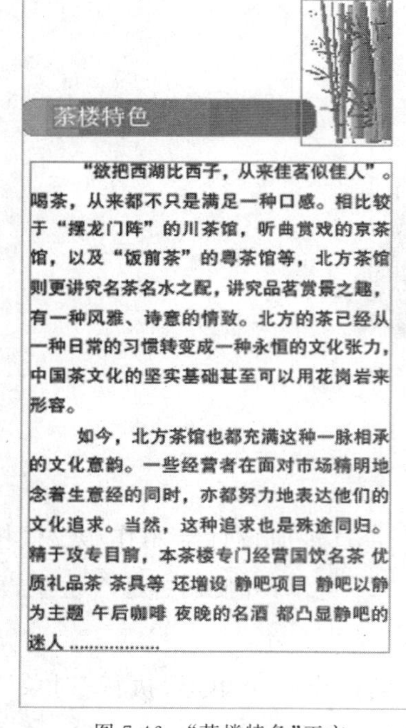

图 7-46　“茶楼特色”正文

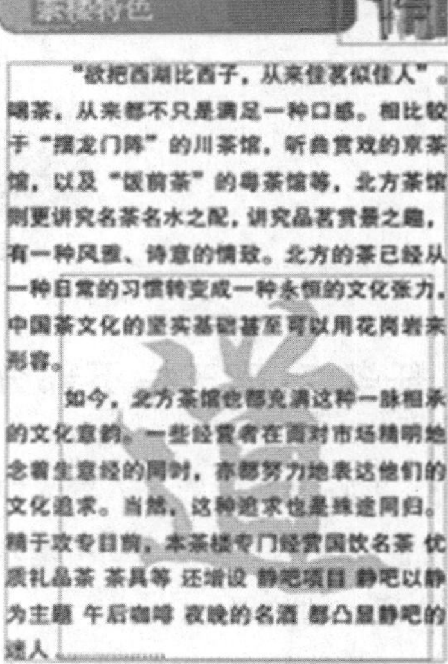

图 7-47　第三栏下部分效果

至此，整个作品的最终效果如图 7-48 所示。

图 7-48　作品最终效果

7.5.8　任务 8:测试与保存

【步骤 1】 检查错误。点击窗口下方 无错误 查看,此时发现此页面已无错误。

> **友情提示**:若是显示 1 个错误 ,说明此页面还有一个错误,此时只要双击 1 个错误 就可以得到错误的原因,如图 7-49 所示。在这里的错误中,我们选择"文本"→"流溢文本"命令即可找出错误所在的具体位置,如图 7-50 所示,从而加以修正。

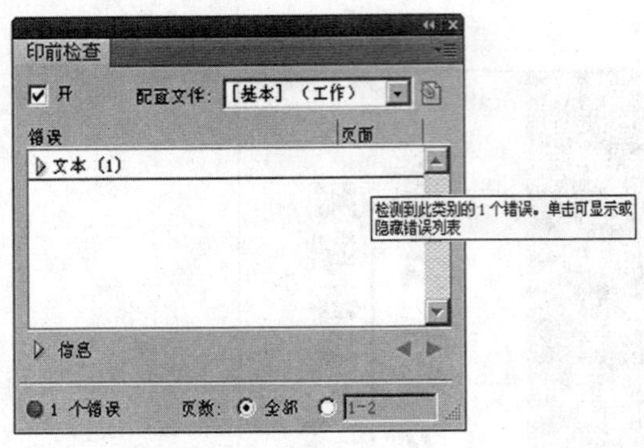

图 7-49　印前检查

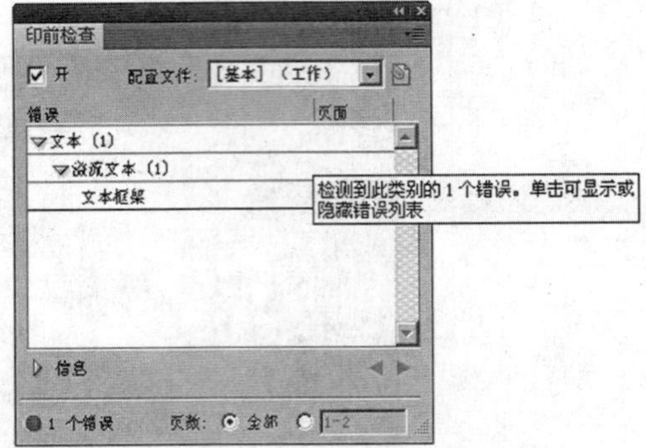

图 7-50　展开错误信息

【步骤 2】 预览。点击左边工具栏的，我们可以对页面进行各种形式的预览。如图 7-51 所示为各种预览选项。

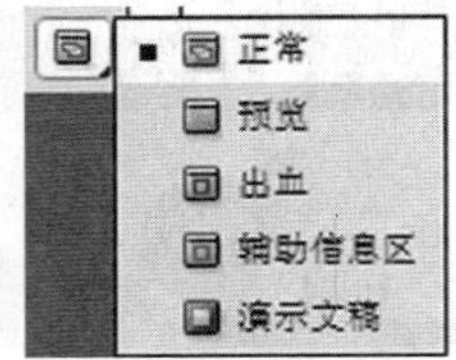

图 7-51　预览方式

【步骤 3】 打包文件。执行"文件"→"打包"命令，弹出如图 7-52 所示对话框，点击"打包"按钮。在弹出 7-53 所示的对话框中，点击"存储"按钮。在弹出如图 7-54 所示对话框中点击"继续"。在弹出如图 7-55 所示的对话框时，选择所要打包的位置以及确定文件夹的名称，点击"打包"按钮。

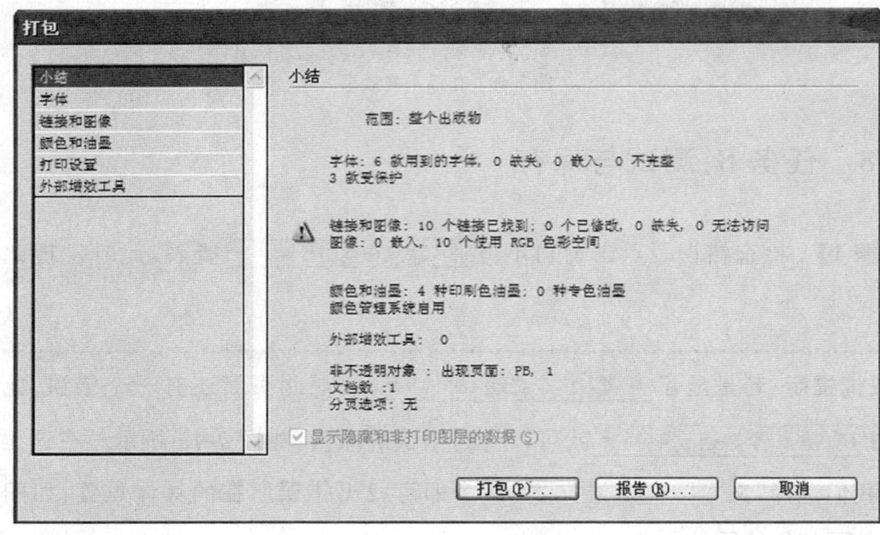

图 7-52　"打包"对话框

图 7-53　确认存储

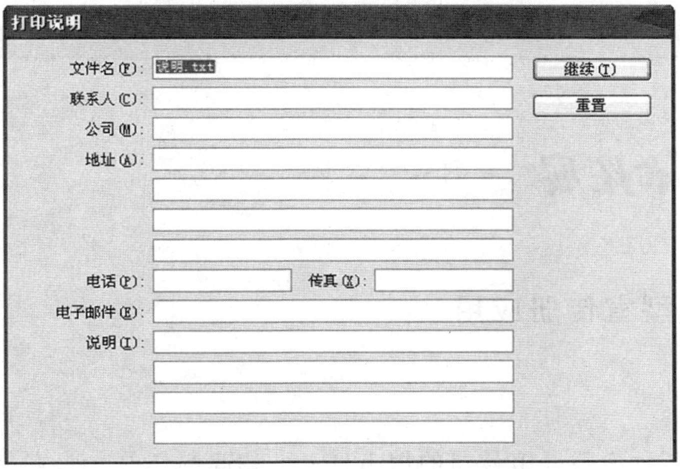

打印说明
文件名(F)：说明.txt
继续(T)
重置
联系人(C)：
公司(M)：
地址(A)：
电话(P)：
传真(X)：
电子邮件(E)：
说明(I)：

图 7-54　打印说明

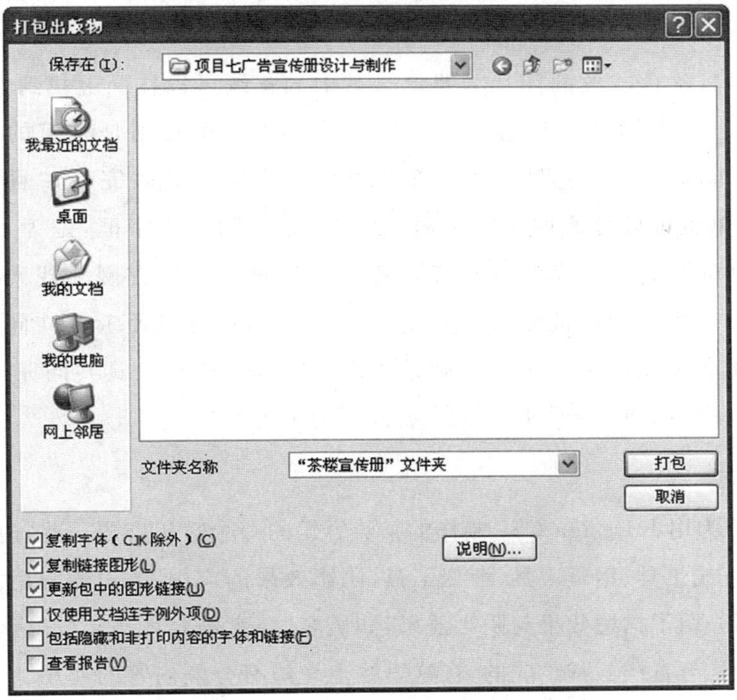

打包出版物
保存在(I)：项目七广告宣传册设计与制作
我最近的文档
桌面
我的文档
我的电脑
网上邻居
文件夹名称　"茶楼宣传册"文件夹
打包
取消
说明(N)...
☑复制字体（CJK 除外）(C)
☑复制链接图形(L)
☑更新包中的图形链接(U)
☐仅使用文档连字例外项(D)
☐包括隐藏和非打印内容的字体和链接(F)
☐查看报告(V)

图 7-55　存储位置

友情提示：图 7-52 中的小结中大多数中文字体是打包不了的，所以对于中文字体，我们最好在系统的字体安装目录中，如 C:\Windows\Fonts 中的字体文件找出来放在打包文件的“Document fonts”字体文件夹中。同时为了便于浏览，除打包外一般也导出一份 PDF 格式的文件。如本项目可导出生成"茶楼宣传册. pdf“文件于"项目七广告宣传册设计与制作”文件中。

7.6 技术拓展

7.6.1 典型宣传册应用

1. 餐馆宣传册

如图 7-56 所示为某餐馆公司的用 InDesign CS5 制作的一张宣传单。此宣传单大致用了如下工具：矩形工具当中的椭圆工具、文字工具、渐变工具、钢笔工具、路径工具等。

本宣传单以红色花纹的图片为背景。其中的花纹可以在网上找到然后置入背景图中，或者是自己用钢笔工具通过描点的方式得到。里面则是餐馆的主要内容，包括餐馆名、菜单与一些矢量图。文字部分可以用文字工具来完成，“餐馆名”单独一个文本框，菜单也可以分为四个文字框（之所以分为四个文字框，是为了排版方便）。各文本框之间通过智能参考线来对齐。背景的矢量图可以在网上找素材，然后置入我们的宣传单当中。价格前面的套餐则是椭圆工具画与路径工具共同作用的效果。最下面的公司名两端的渐变矩形条则是用渐变工具与矩形工具共同完成的。总的来说，本宣传单较为简单，主要是文字排版方面的内容。

2. 美容馆宣传册

如图 7-57 为用 InDesign CS5 制作的某美容馆的一个宣传广告。此宣传广告大致用了文字工具、直线工具、钢笔工具、渐变工具、阴影效果的应用、描边的应用。本宣传广告在多处文字部分用了描边效果与阴影效果，如店名“碧水美容美颜馆”。店名下面的花边则是用钢笔工具与直线工具绘成的，在这里绘上花边有分隔内容的作用。下面的白雪部分则是用钢笔描出来后在填充上白色。白雪左边的小房子，可以用钢笔绘成，再填充以适当的颜色。白雪最右边的则是圣诞老人与圣诞树，这些矢量图可以在网上找到。

图 7-56　餐馆宣传册

图 7-57　美容馆宣传册

7.6.2　宣传册的文本设计

文本是宣传册设计时使用较多的元素。因此在设计文本时，为了突出重点，需要给不同文本设计不同样式。

1. 文本样式应用

InDesign CS5 中，可以直接应用文本样式，如阴影、描边效果等。

2. 外部字体的使用

为了设计精美的文本艺术效果，有时需要用到外部字体。外部字体通过网络下载后，使用过程如下：

(1)将外部字体文件复制到系统安装盘的 Fonts 文件夹中。

(2)打开需要使用外部字体的软件，选择要应用效果的字体，在字体选项中查找到相应字体进行应用。

7.7 项目总结

本项目通过茶楼宣传单的设计与制作、InDesign CS5 软件的使用，主要训练学生项目构思、设计、实施、运行的综合能力。针对项目需求，InDesign CS5 软件使用部分主要运用钢笔、矩形、文字、直线、渐变等工具的使用，并进行多栏的图文排版。

7.8 强化练习与目标达成度评测

7.8.1 知识评测

1. 以下哪些软件和 InDesign 一样属于专业排版软件？（　　）

A. Illustrator　　B. QuarkXpress

C. PageMaker　　D. FrameMaker

2. 创建一个发布在 Web 上的文件应该选择什么色彩模式为最佳？（　　）

A. CMYK　　B. LAB　　C. RGB　　D. 灰度模式

3. 下列关于输出 PDF 的描述正确的是：（　　）

A. 输出为 PDF A. C 时不能同时输出页面缩略图

B. 输出为 PDF A. C 时不能同时输出多媒体对象

C. 输出为 PDF A. C 时不能同时输出书签

D. 输出为 PDF A. C 时不能同时输出超链接

4. 下列关于 InDesign 导入 Word 文档的叙述，不正确的是：（　　）

A. 可以去掉所有 Word 中设置的格式　　B. 可以导入 Word 中的目录

C. 可以导入 Word 中的域　　D. 可以导入 Word 中的索引

5. 什么是溢流文本？（　　）

A. 沿着图片剪辑路径绕排的文本

B. 重叠在图片框上的文本

C. 文本框不能容下的文本

D. 图片的说明文本

6. 在 InDesign 中，下列不能实现缩放显示页面的方法是：（　　）

A. 可以使用工具箱中的缩放工具

B. 可以使用视图菜单下的放大和缩小命令

C. 可以使用导航器调板

D. 可以使用变换调板

7. 下列关于将链接的图片文件嵌入的说法正确的是：（　　）

A. 在链接调板弹出菜单中选择“嵌入文件”命令

B. InDesign 将会自动嵌入小于 50 kB 的图片

C. 在置入图片时可在置入对话框中进行相关设定，直接将图片嵌入

D. 在链接信息对话框中进行嵌入设定

8. 在字符调板中包含了多种文字规格的设定，下列选项中不可以在字符调板中设定的是：（　　）

A. 字体大小　　B. 行距　　C. 缩进　　D. 字符间距

7.8.2　技能评测

1. 单项技能评测

(1)请用钢笔工具绘制出如图 7-58 所示的“多啦 A 梦”矢量图。效果图详见“项目七 广告宣传册设计与制作/练习”文件夹中相关文件。

图 7-58　“多啦 A 梦”矢量图

(2)用矩形工具和文字工具制作图 7-59 所示的银行卡。效果图详见“项目七广告宣传册设计与制作/练习”文件夹中相关文件。

图 7-59 “银行卡”矢量图

2. 综合技能评测题

为本班制作一张展示青春风采的彩色宣传单，画板数量为 2，尺寸为宽 210 毫米、高 285 毫米。

综合训练篇

综合实训一

网页效果图设计与制作

◆知识与目标达成度

(1)掌握 Photoshop 图层、文字等基础知识。

(2)掌握 Illustrator 绘图基础知识。

(3)了解网页效果图设计与制作的一般需求与工作流程。

◆能力与目标达成度

(1)Illustrator 钢笔工具、矩形工具等绘图技术的综合运用。

(2)Photoshop 图层、图层样式、选择工具、文本工具、矩形工具等技术的综合运用。

(3)能主动学习并与他人有效交流。

◆学习重点与难点

页面布局、标志和图形的绘制、图层操作的运用。

◆学时分配

12 学时。

◆教学设计与实施策略

(1)教学环境:投影等多媒体设备。

(2)教学策略:分组指导、一体化教学。

8.1 项目分析

8.1.1 项目要求

本项目来源于某企业,希望通过购物网站的创建方便客户进行网上购物,提供便捷的交易平台。要求设计和制作网站首页和二级页面的效果图,最终实现整个购物网站的制作。具体工作要求如表 8-1 所示。

表 8-1　　《网页效果图设计与制作》工作任务书

《网页效果图设计与制作》工作任务书
一、效果要求 设计和制作购物网站首页和二级页面效果图，要求设计新颖、具有创意，结构清晰、布局合理，色彩搭配合理协调，栏目设置科学合理。
二、成果要求 1. 图像尺寸：宽度为 1200 像素。 2. 图像品质：高品质图像。 3. 提供 PSD 和 JPG 两种格式。

8.1.2　需求分析

根据企业需求及提供的原始素材进行分析，得出当前项目所需要完成的内容，包括：页面规划设计、网站标志的制作、导航栏的设计和制作、小图标的设计和制作、商品图像的导入、文本的添加、图层操作等。根据分析情况和工作任务要求，将需求分析与解决策略填写在需求分析表中，如表 8-2 所示。

表 8-2　　《网页效果图设计与制作》工作需求分析表

《网页效果图设计与制作》工作需求分析表	
任务要求	
问题汇总	
解决思路	

8.2　项目设计

8.2.1　子任务设计

根据项目完成需求，分解为以下主要子任务，填写项目任务分解表，如表 8-3 所示。

【任务 1】　新建文档：创建新文档，设置辅助线；

【任务 2】　制作模板导航条：背景的绘制，图层样式的设置，文字的添加；

【任务3】 制作模板顶部内容：网站标志、购物车图标的绘制，文字的添加；

【任务4】 制作模板底部内容：分隔线的绘制，小图标的绘制，图像背景透明化处理；

【任务5】 制作首页主要内容：图形的绘制，图像导入，分隔线的绘制，文字的添加；

【任务6】 制作子页面：图形的绘制，文字的添加，图像导入。

表8-3　　《网页效果图设计与制作》任务分解表

《网页效果图设计与制作》项目任务分解表		
任务序号	任务名称	任务说明

8.2.2　流程与操作设计

1. 操作流程

新建文件→制作模板导航条→制作模板顶部内容→制作模板底部内容→制作首页→制作子页面→保存输出。

2. 操作命令与工具

Photoshop：选区工具、移动工具、矩形工具、直线工具、文本工具、图层操作、缩放操作、保存操作等。

Illustrator：钢笔工具、矩形工具、圆角矩形工具。

8.3　项目实施

8.3.1　任务1：新建文档

【步骤1】 新建文件。打开Photoshop CS5，单击“文件”→“新建”命令，弹出“新建”对话框，设置名称为“购物通”，宽度为1200像素，高度为1600像素，如图8-1所示，完成设置后点击“确定”按钮。

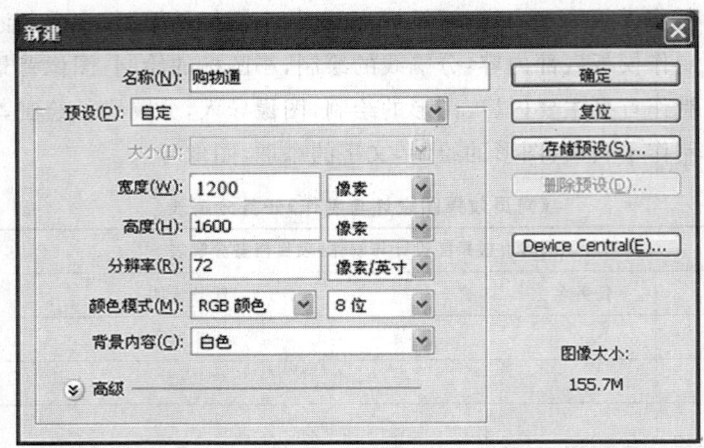

图 8-1　新建文档

【步骤 2】　绘制辅助线。单击“视图”→“标尺”命令(快捷键“Ctrl＋R”)显示坐标尺，在横坐标 100 和 1100，纵坐标 150、200、1500、1530 处分别拖拽标尺添加辅助线，以便后面内容的位置的精确定位，效果如图 8-2 所示。

图 8-2　拖拽标尺

8.3.2　任务 2:制作模板导航条

【步骤 1】　绘制顶部背景。单击“窗口”→“图层”命令(快捷键 F7)，打开图层面板。单击面板下方的创建新图层按钮新建一个图层，双击图层名称将图层命名为“顶部背景”，如图 8-3 所示。使用矩形工具在顶部位置画一个宽 1200，高 30 的矩形（矩形的大小可以单击“窗口”→“信息”命令或按快捷键“F8”打开信息面板查看），颜色设置为＃f0ebe6，单击添加图层样式 *fx.* 按钮，添加投影、斜面和浮雕样式，图层样式的设置如图 8-4和图 8-5 所示，效果如图 8-6 所示。

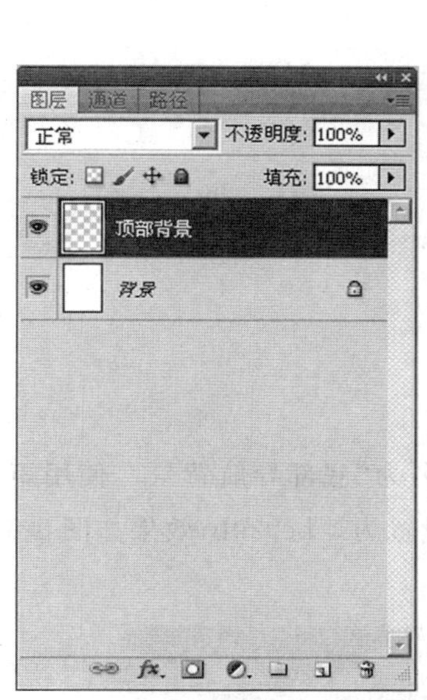

图 8-3　新建图层

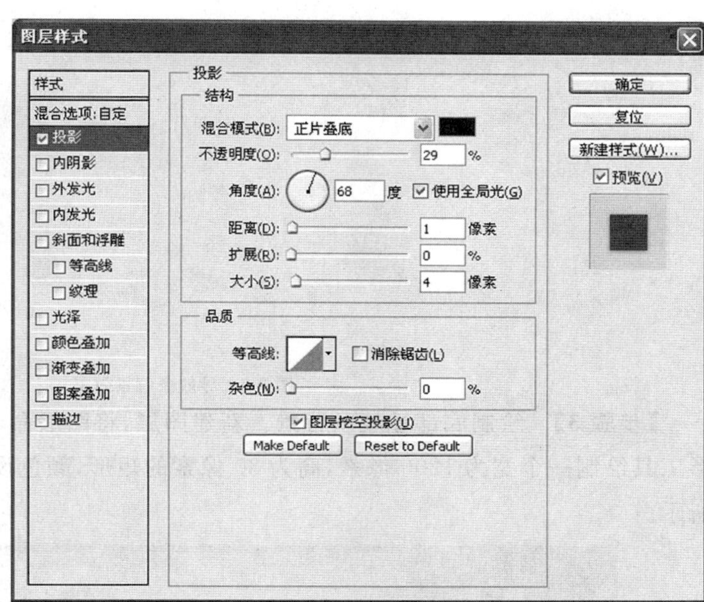

图 8-4　设置“投影”图层样式

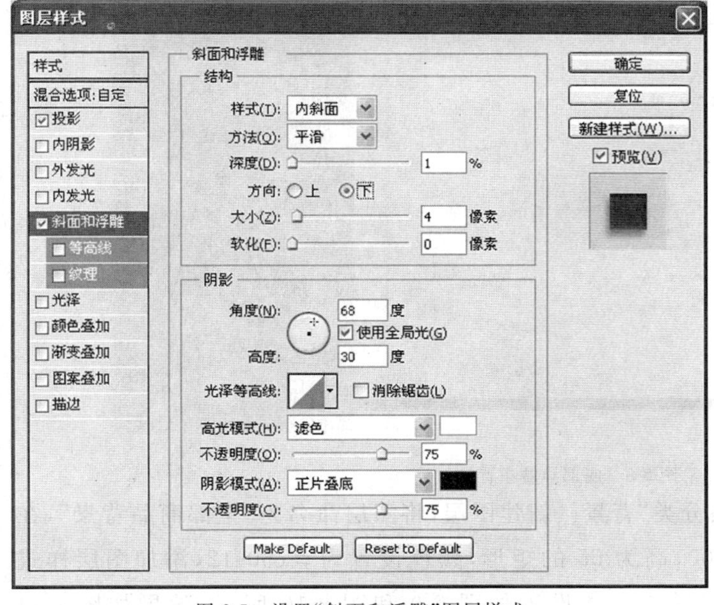

图 8-5　设置“斜面和浮雕”图层样式

图 8-6　顶部背景效果

【步骤 2】 绘制导航条背景。新建图层，将图层命名为“导航背景”，使用矩形工具画一个宽为 1200 像素，高为 50 像素的矩形，颜色设置为＃be020b，效果如图 8-7 所示。

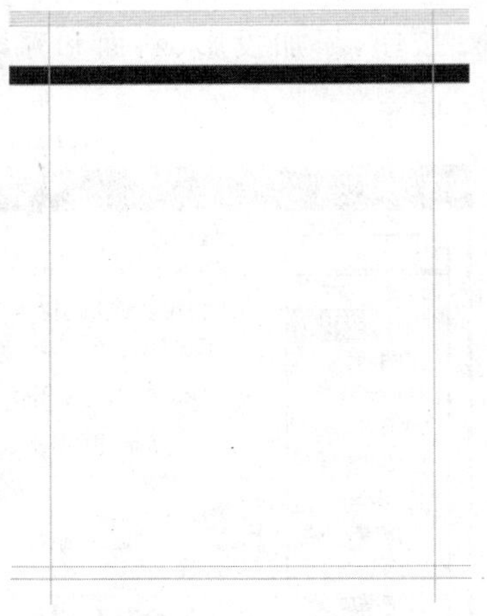

图 8-7　导航条背景效果

【步骤 3】 绘制底部导航条背景。新建图层，将图层命名为“底部导航背景”，使用矩形工具绘制一个宽为 1200 像素，高为 30 像素的矩形，颜色设置为＃be020b，效果如图 8-8 所示。

图 8-8　底部导航条背景效果

【步骤 4】 绘制“全部商品分类”背景。新建图层，将图层命名为“全部商品背景”，在导航条相应位置再画个宽为 300，高为 55 的矩形，颜色设置为＃c50e12，添加图层样式“内阴影”、“斜面和浮雕”，图层样式参数设置如图 8-9 和图 8-10 所示，效果如图 8-11 所示。

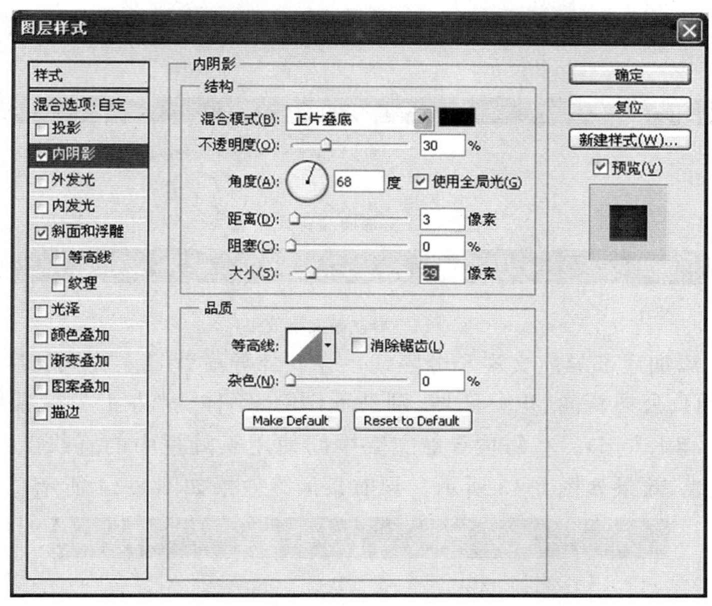

图 8-9　设置“内阴影”图层样式

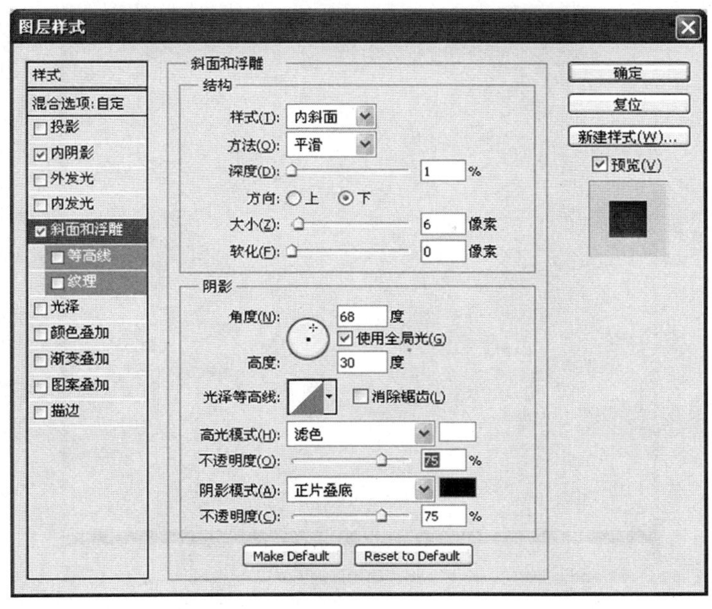

图 8-10　设置“斜面和浮雕”图层样式

【步骤 5】 添加导航文本。单击工具栏中的文字工具 T（快捷键“T”），在导航背景上输入文字“全部商品分类、首页、精品服饰、私享家居、文化收藏、生活资讯、积分商城、在线留言”，其中“全部商品分类”字体为“方正中楷繁体”，字号为 24 点，颜色为白色（#fefefd），“首页、精品服饰、私享家居、文化收藏、生活资讯、积分商城、在线留言”字体为“方正中楷繁体”，字号为 20 点，颜色值为#f5be77，效果如图 8-12 所示。

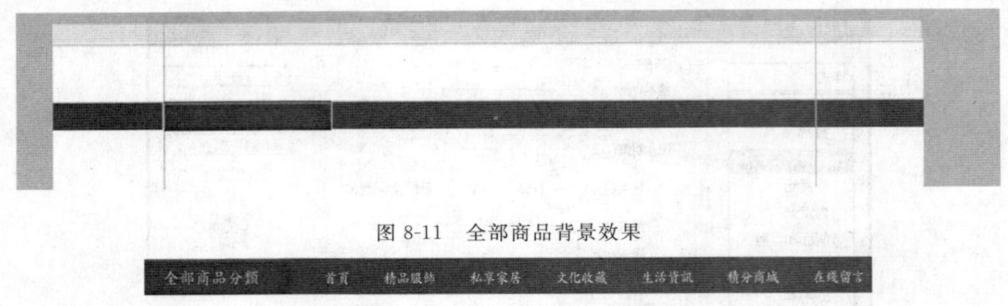

图 8-11 全部商品背景效果

全部商品分類 首頁 精品服飾 私享家居 文化收藏 生活資訊 積分商城 在綫留言

图 8-12 导航条文字效果

【步骤 6】 添加底部导航文本和分隔线。在底部导航背景上输入文字“网站首页、公司简介、联系我们、公司新闻、积分商城、网站地图”。字体为“方正中楷繁体”,字号为 18 点,颜色为白色(#fefefd)。在每项导航文字中间使用工具栏中的直线工具画 5 条高为 16 的白色竖线,效果如图 8-13 所示。导航条最终效果如图 8-14 所示。

網站首頁 | 公司簡介 | 聯系我們 | 公司新聞 | 積分商城 | 網站地圖

图 8-13 底部导航条效果

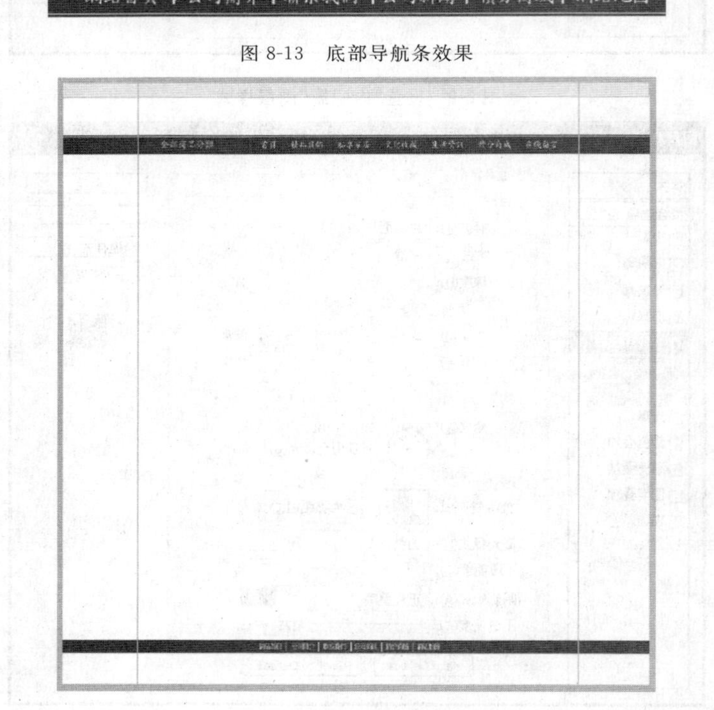

图 8-14 导航条最终效果

8.3.3 任务 3:制作模板顶部内容

【步骤 1】 添加文本。在顶部位置添加黑色文字,其中“请登录”和“0”为红色,其他为黑色,字体为“方正中楷繁体”,字号为 14,再画几条分隔线,效果如图 8-15 所示。

【步骤 2】 Illustrator 中绘制购物车。打开 Adobe Illustrator CS5,新建一个文档,用

您好，歡迎來到 GWT 購物商城！請登錄 免費注冊　　　訂單狀態|我的賬户|我的收藏|供應商入口　購物車0件

图 8-15　顶部文字效果

钢笔工具（快捷键“P”）绘制一个购物车车体，效果如图 8-16 所示。再用椭圆工具（快捷键“L”）绘制两个圆，绘制的时候同时按住 shift 键，效果如图 8-17 所示，设置填充颜色为＃FC0606 填充购物车，效果如图 8-18 所示。保存为“购物车.AI”文件。将购物车文件导入并放置到 Photoshop 中导航的相应位置，效果如图 8-19 所示。

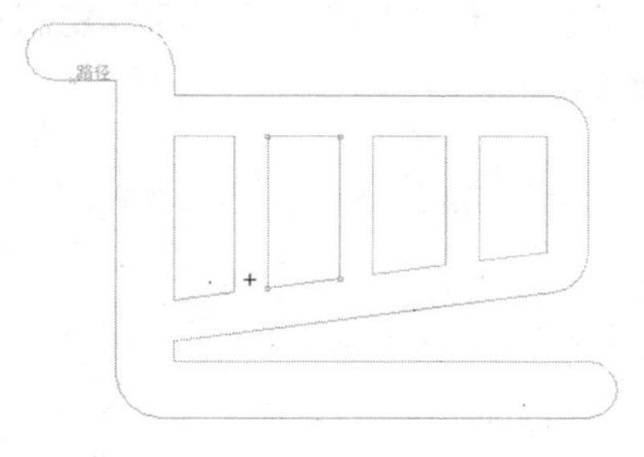

图 8-16　绘制购物车车体

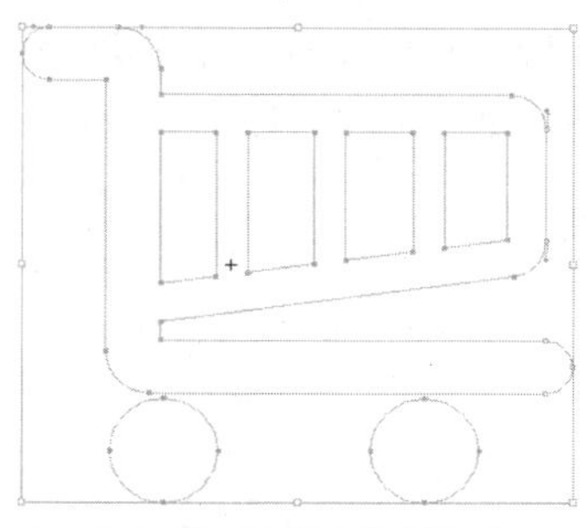

图 8-17　绘制购物车轮子

图 8-18　购物车效果

訂單狀態|我的賬户|我的收藏|供應商入口　購物車0件

图 8-19　购物车最终效果

【步骤 3】 Illustrator 中绘制购物通标志。同样在 Illustrator 中完成，用钢笔工具绘制图形，如图 8-20 所示。然后使用渐变工具填充，左边色标颜色用“C＝0，M＝0，Y＝100，K＝0”，右边色标颜色用“C＝10，M＝72，Y＝100，K＝10.55”，渐变面板如图 8-21 所示，标志最终效果如图 8-22 所示。保存为“标志.AI”文件，将文件中的标志添加到页面中并写上文字“GWT 购物通”，“GWT”的字体为“方正少儿繁体”，字号为 26 点，“购物通”的字体为“方正中倩繁体”，字号为 21 点，效果如图 8-23 所示。

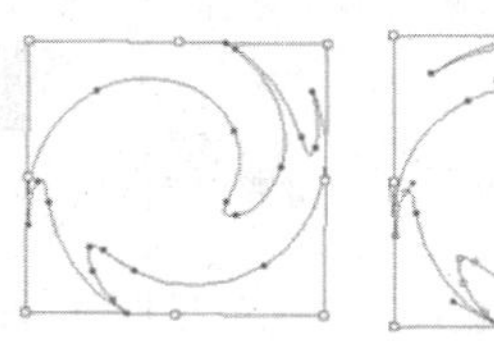
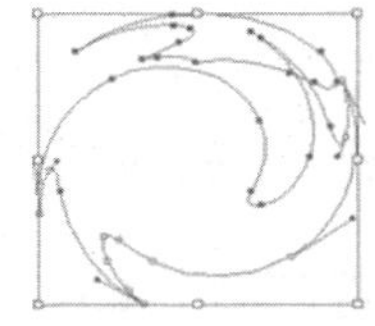
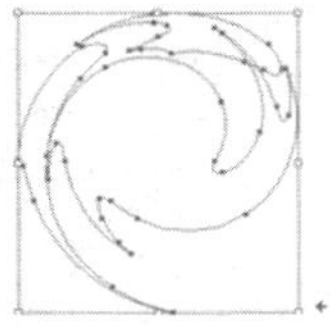

图 8-20　钢笔工具绘制标志

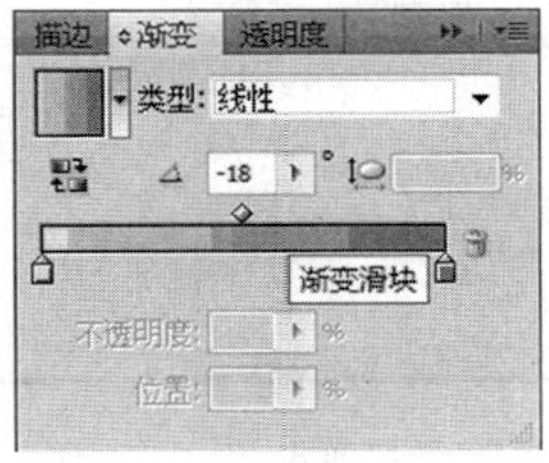

图 8-21　渐变面板

图 8-22　标志最终效果

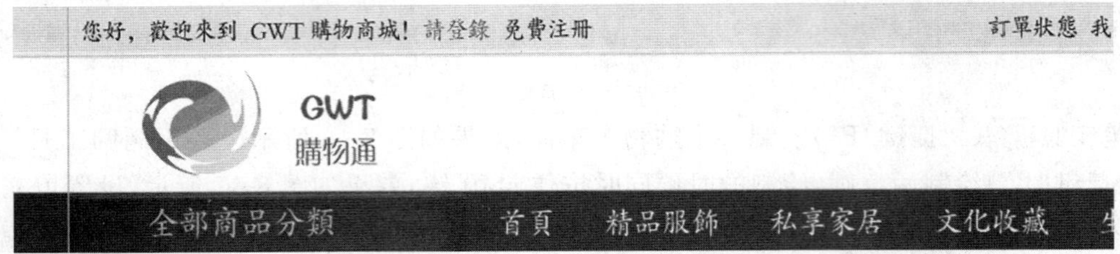

图 8-23 网站标志最终效果

【步骤 4】 制作搜索文本框效果。画一个颜色为＃e1dcd5 的长方形，复制一层缩小，颜色填充为白色，描边颜色为＃da7272，如图 8-24 所示。

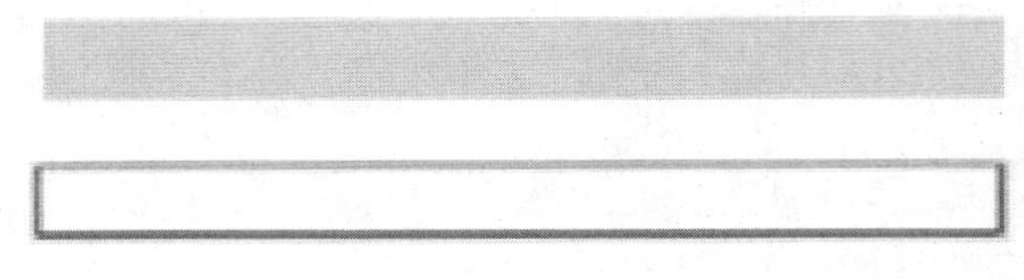

图 8-24 搜索文本框效果

【步骤 5】 绘制搜索框图形。在前面画好的长方形右侧上方再画个矩形，颜色填充为＃f5ed19，如图 8-25 所示。设置图层样式"内阴影"、"斜面和浮雕"和"描边"，具体参数设置如图 8-26～图 8-28 所示。再添加"搜索"文字，字体为"方正中倩繁体"，字号为 19 点，颜色为＃be020b，效果如图 8-29 所示。

图 8-25 绘制矩形

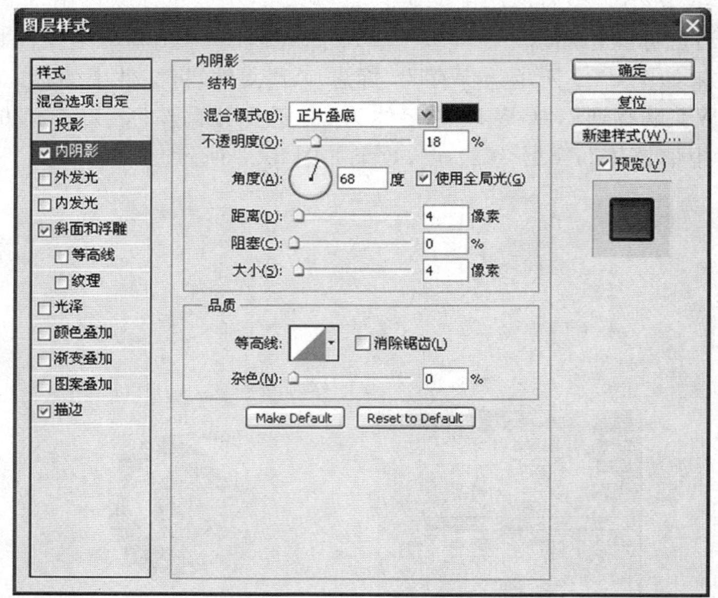

图 8-26 设置"内阴影"图层样式

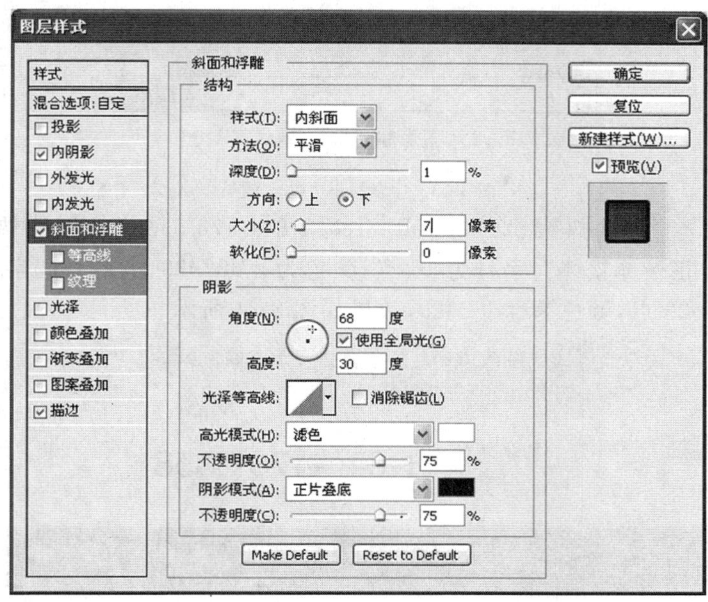

图 8-27　设置“斜面和浮雕”图层样式

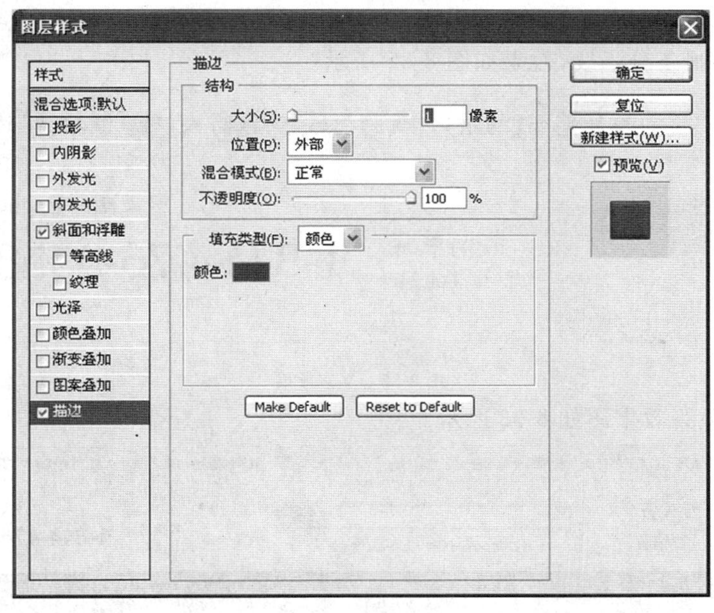

图 8-28　设置“描边”图层样式

图 8-29　搜索栏效果

【步骤 6】 添加搜索栏下方文本。

(1)在搜索栏下方输入文字“新光、国宝九龙、九阳、景德镇、美之扣、idesk、导航仪”，字体为“方正楷体繁体”，字号为 14 点，设置“国宝九龙、景德镇、idesk”颜色为黑色(＃

000000)，“新光、九阳、美之扣、导航仪”字体颜色为＃be020b，效果如图 8-30 所示。

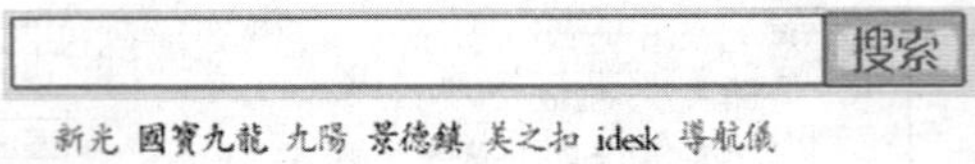

图 8-30　搜索栏下方文本效果

（2）添加文本“订购热线、24/7 Toll Free、1-844-476-5338”，“订购热线、24/7 Toll Free”字体为“方正楷体繁体”，字号为 16 点，颜色为＃d82929，电话号码字体为“Benguiat Bk BT”，字号为 29 点，颜色为＃d82929，效果如图 8-31 所示。

图 8-31　文字效果

（3）添加文本“中文版、English”，字体为“方正楷体繁体”，字号为 18 点，颜色为黑色（＃000000），再画条分隔线，效果如图 8-32 所示。

图 8-32　文字效果

网页顶部最终效果图如 8-33 所示。

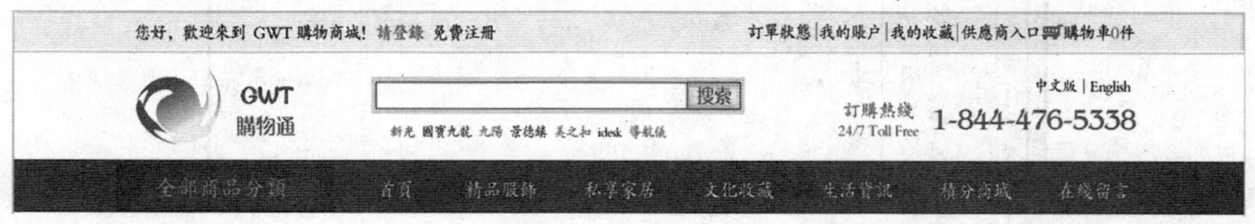

图 8-33　网页顶部最终效果

8.3.4　任务 4：制作模板底部内容

【步骤 1】 添加辅助线。在纵坐标 1280 和 1430 处分别添加两条水平辅助线，如图 8-34 所示。

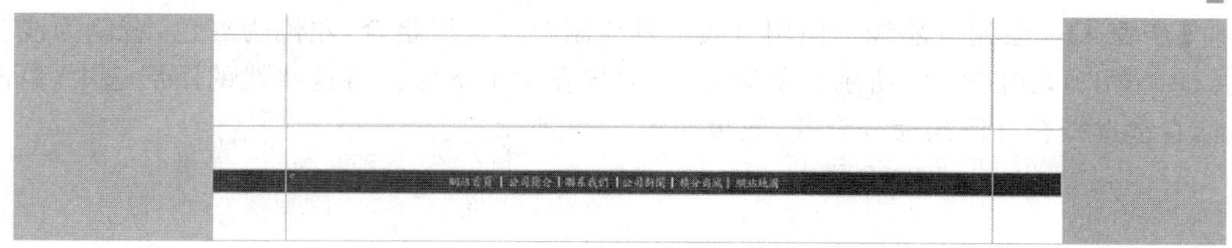

图 8-34　添加辅助线

【步骤 2】 绘制边框。新建图层命名为“边框一”，使用矩形工具绘制一个宽为 1000 像素，高为 150 像素的矩形，颜色浅灰色（＃e1dcd5），填充设置为 0%。双击图层，设置图层样式“描边”，具体参数设置如图 8-35 所示，效果如图 8-36 所示。

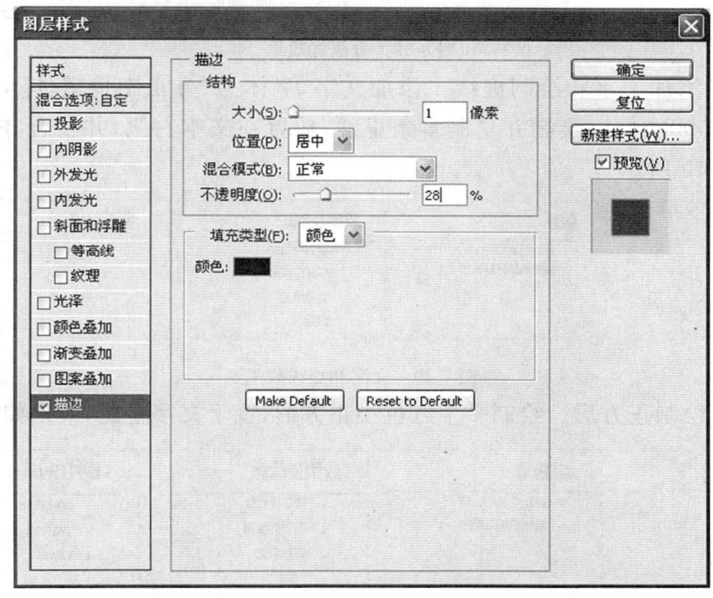

图 8-35　设置“描边”图层样式

图 8-36　矩形效果

【步骤 3】 添加框内文字。输入文字“企业、服务、政策及信息、关注 GWT”，字体为“方正楷体繁体”，字号为 18 点，颜色为黑色（＃000000），效果如图 8-37 所示。

企業　服務　政策及信息　關注GWT

图 8-37　边框及文字效果

【步骤 4】 绘制分隔线。使用直线工具绘制两条直线组合，左侧为红色，右侧为浅灰色(＃e1dcd5)，如图 8-38 所示。复制多个，放置在文本下方。将这些线的图层选中，单击鼠标右键选择合并图层命令合并，效果如图 8-39 所示。

图 8-38　绘制分隔线

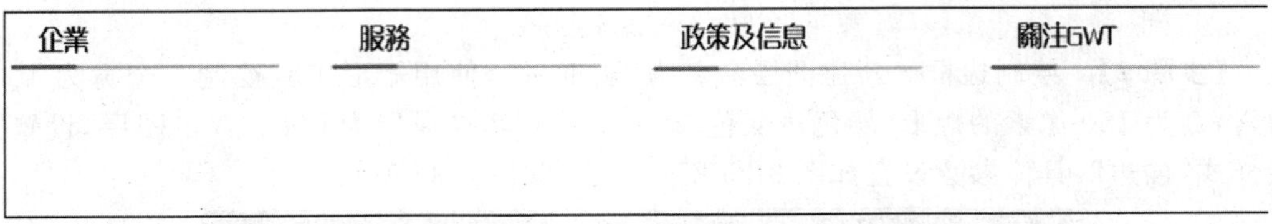

图 8-39　分隔线效果

【步骤 5】 添加文字和绘制虚线。添加文字，字体为"方正中倩繁体"，字号为 12 点，颜色为黑色(＃000000)。绘制并复制多条虚线，放置在文本右侧，并且合并所有虚线的图层，效果如图 8-40 所示。

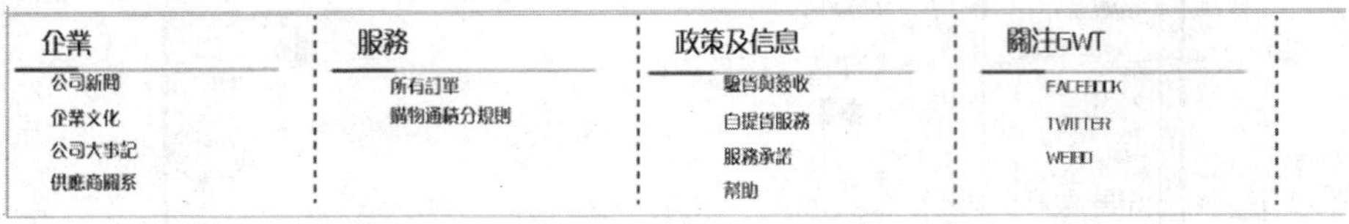

图 8-40　文字和虚线效果

【步骤 6】 绘制正方形。绘制多个红色小正方形，置于文字左侧，效果如图 8-41 所示。

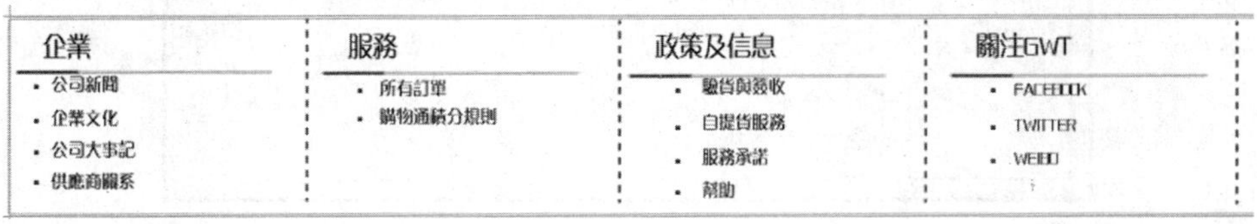

图 8-41　放置正方形效果

【步骤 7】 在 Illustrator 中绘制图标。打开 Illustrator，用钢笔工具勾画，并且复制一个并缩小，大的填充颜色为＃FC0606，小的填充为白色。效果如图 8-42 所示。

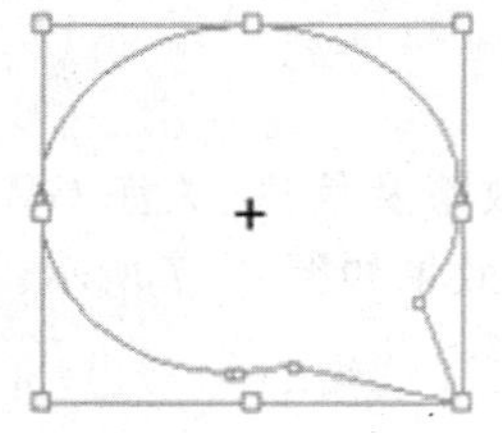
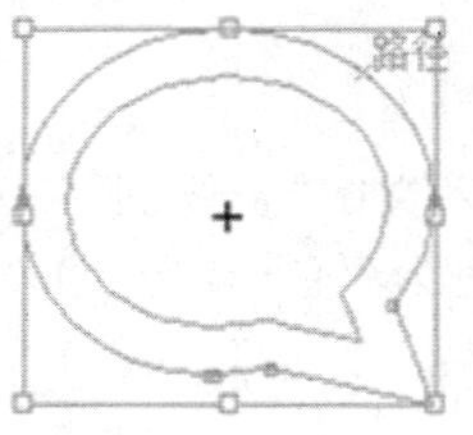

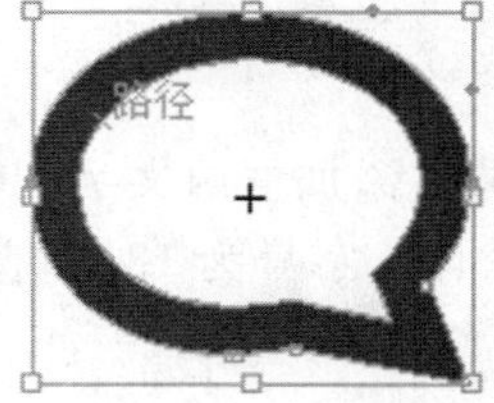

图 8-42　绘制图标

【步骤 8】 在 Illustrator 中绘制图标。同样用钢笔工具绘制如图 8-43 所示形状，再绘制 1 个矩形放在中间，如图 8-44 所示。然后用圆角矩形工具绘制两个圆角矩形，如图 8-45 所示，最后填充颜色为＃FC0606，最终效果如图 8-46 所示。

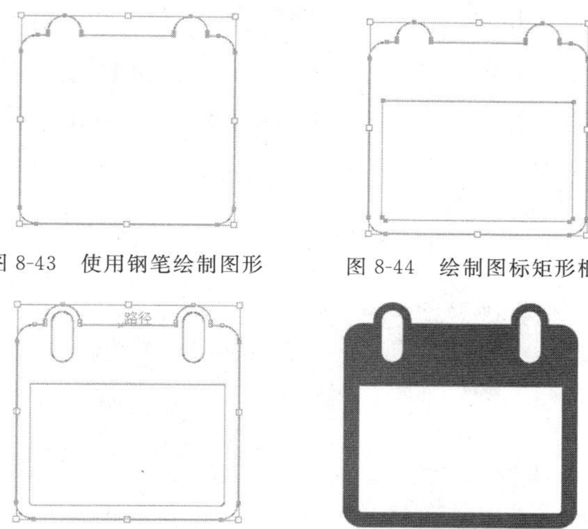

图 8-43　使用钢笔绘制图形　　图 8-44　绘制图标矩形框

图 8-45　绘制圆角矩形　　图 8-46　图标最终效果

【步骤 9】　在 Illustrator 中绘制图标。用钢笔绘制如图 8-47 所示图形，然后用圆角矩形画四个小矩形，效果如图 8-48 所示。然后绘制铅笔图形，如图 8-49 所示，最后填充颜色为＃FC0606，组合以后效果如图 8-50 所示。

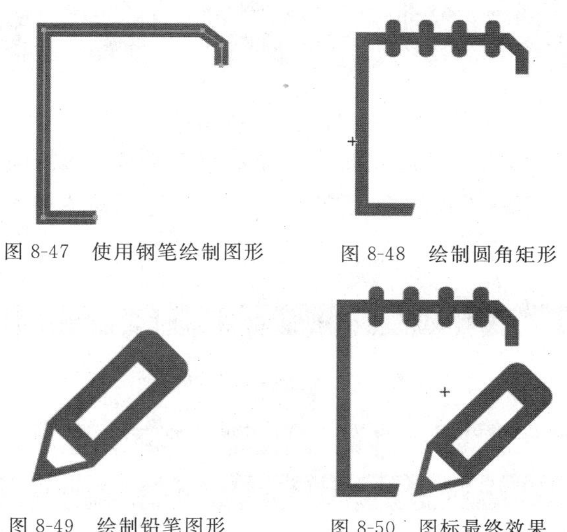

图 8-47　使用钢笔绘制图形　　图 8-48　绘制圆角矩形

图 8-49　绘制铅笔图形　　图 8-50　图标最终效果

【步骤 10】　将图标置于 Photoshop 中。将绘制好的这些小图标置入 Photoshop 页面中，效果如图 8-51 所示。

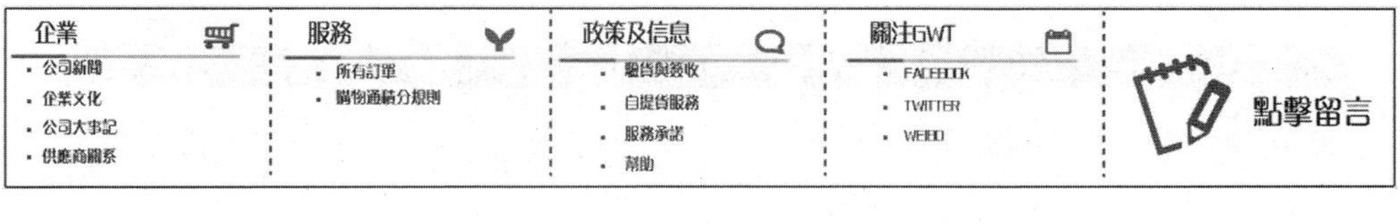

图 8-51　图标放置后的效果

【步骤 11】 在 Photoshop 中制作星形图标★。打开"综合实训一网页效果图设计与制作/素材"文件夹中的"1. png"文件，用魔棒工具点击空白地方，如图 8-52 所示。选中选区后按 Delete 键删除，再按 Ctrl＋D 取消选区，如图 8-53 所示。然后将图用选择工具拖到页面中，调整大小和位置。

图 8-52 选择空白区域

图 8-53 图标最终效果

【步骤 12】 制作其他星形图标。其他的图标也使用上述同样的方法，对应的图形文件为"综合实训一网页效果图设计与制作/素材"中的"2. png"、"3. png"、"4. png"、"5. png"，效果如图 8-54 所示。

图 8-54 图标最终效果

【步骤 13】 放置星形图标，添加文字。将处理好的图标放置在页面中合适的位置，如图 8-55 所示，然后在右侧添加黑色文字，字号为 16 号。最终效果如图 8-56 所示。

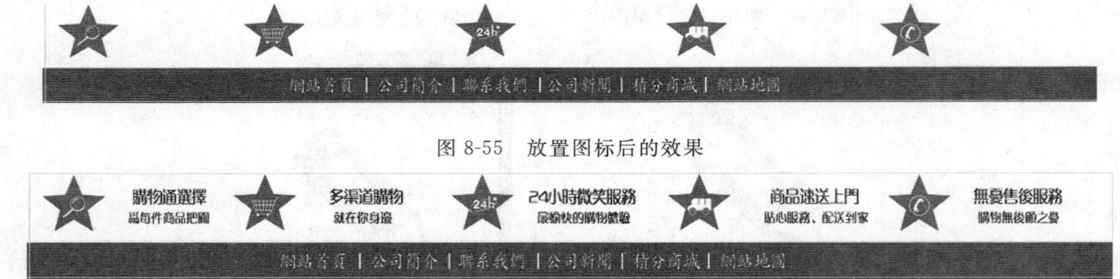

图 8-55 放置图标后的效果

图 8-56 添加文字后的最终效果

【步骤 14】 放置标志，添加文字。复制标志图层，添加红色的文字和网址，字号为 16 号，效果如图 8-57 所示。

图 8-57 底部标志及文字效果

【步骤 15】 保存网页模板。通过上述所有的步骤，网页的模板制作完成，效果如图 8-58 所示。单击"文件"→"存储"命令，文件名命名为"网页模板"，存储为 psd 格式。

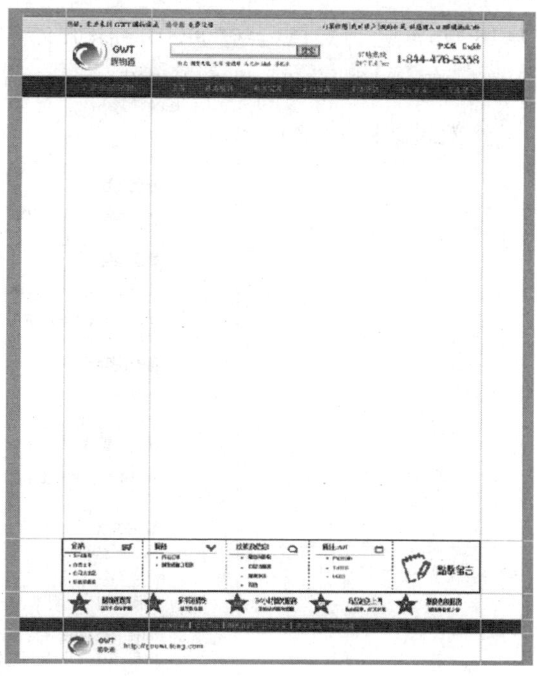

图 8-58　网页模板

8.3.5　任务 5：制作首页主要内容

【步骤 1】 复制矩形。复制一份模板文件并打开，在横坐标 300 处添加纵向辅助线，复制"边框一"的图层，重命名为"左侧栏目框"，使用"Ctrl＋T"改变边框大小，如图 8-59 所示。

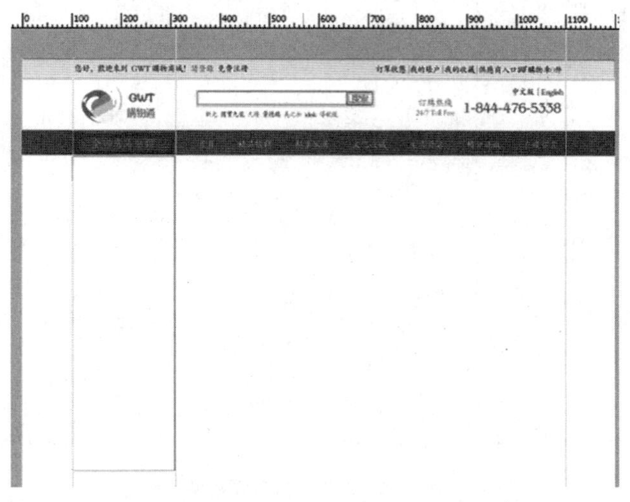

图 8-59　左侧栏目框

【步骤 2】 绘制直线添加文本。在图层中创建新组并命名为“左侧栏目横线”，使用线条工具绘制黑色的直线，如图 8-60 所示。添加文字“特色工艺、家居用品……”，字体为“方正综艺繁体”，字号为 18 点，颜色为黑色（＃000000）。添加文字“剑池龙泉、宗教、其他……”，字体为“方正楷体繁体”，字号为 16 点，颜色为黑色（＃000000）。效果如图 8-61 所示。添加左侧栏目后的最终效果如图 8-62 所示。

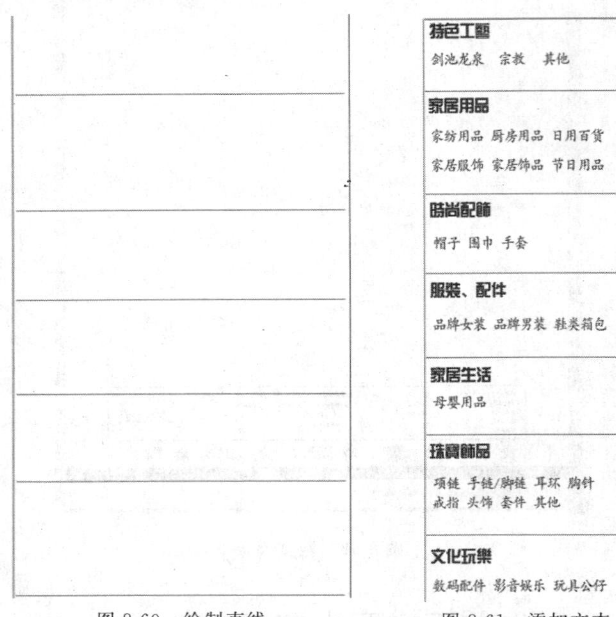

图 8-60 绘制直线　　图 8-61 添加文本

图 8-62 左侧栏目最终效果

【步骤 3】　导入图像。在纵坐标 520、860 处添加水平辅助线如图 8-63 所示。置入“综合实训一网页效果图设计与制作/素材”中的“01.jpg”图片调整大小添加到页面中，效果如图 8-64 所示。

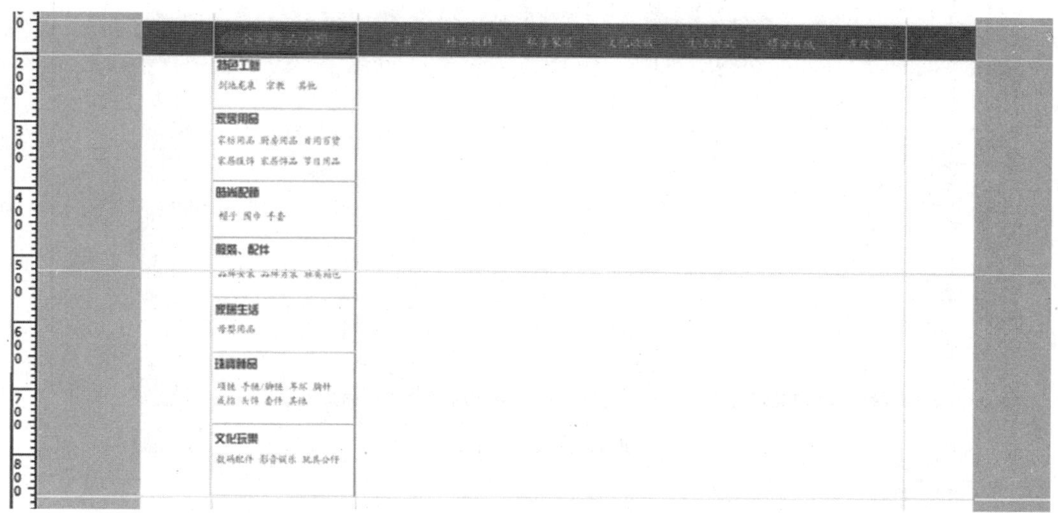

图 8-63　添加辅助线

图 8-64　导入图像后的效果

【步骤 4】　生成栏目边框。复制两个“左侧栏目框”图层，重命名为“边框二”和“边框三”，使用“Ctrl＋T”改变边框大小，效果如图 8-65 所示。

【步骤 5】　在边框内添加文本。在边框二、边框三中分别添加“GWT 热播”、“热销榜中榜”的文字，字体为“方正综艺繁体”，字号为 20 点，颜色为＃fd0813，如图 8-66 所示。

【步骤 6】　制作彩色横线。在热销榜中榜下面用直线工具画三条直线，从左至右颜色分别为＃fd0101、＃9d0586、＃14e563，线的粗细为默认值，效果如图 8-67 所示。

图 8-65　栏目边框效果

图 8-66　添加栏目标题文字

图 8-67　彩色横线效果

【步骤 7】　添加图片。在图层中创建新组并命名为“图组 1”，打开素材文件夹，置入“综合实训一网页效果图设计与制作/素材”中的“02. jpg”～“09. jpg”文件，在边框二、边框三及下方添加图片，使用“Ctrl＋T”快捷键改变图片大小，效果如图 8-68 所示。

图 8-68　添加图片效果

【步骤 8】　绘制直线。在图片下方绘制一条宽为 1000，高为 1 的直线，颜色为黑色（＃000000），如图 8-69 所示。

图 8-69　绘制直线

【步骤 9】　添加文本和竖线。添加文字“时尚配饰、珠宝饰品、化妆用品、特色配饰、更多……”，字体为“方正楷体繁体”，字号为 16 点，颜色为黑色（＃000000），效果如图 8-70所示。再画几条分隔线，效果如图 8-71 所示。

时尚配饰　珠宝饰品　化妆用品　特色配饰　　更多……

图 8-70　添加文本

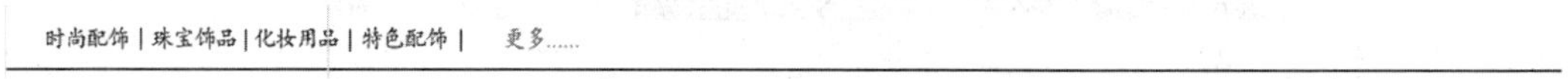

时尚配饰 | 珠宝饰品 | 化妆用品 | 特色配饰 |　　更多……

图 8-71　绘制竖线

【步骤 10】　添加图片。在图层中创建新组并命名为“图组 2”，打开素材文件夹，置入“综合实训一网页效果图设计与制作/素材”中的“10.jpg”～“17.jpg”文件，在页面上添加图片，效果如图 8-72 所示。

图 8-72　添加图片效果

【步骤 11】 保存网页首页效果。至此，首页的效果图制作完成，如图 8-73 所示。执行“文件”→“存储为”命令，文件名命名为“购物通”，分别存储为 psd 和 JPG 格式。

图 8-73　首页效果图

8.3.6　任务6:制作子页面

【步骤1】　设置子页面初始效果。复制并打开已做好的“网页模板.psd”文件,页面打开后在纵坐标250、980处添加辅助线,将底部的内容移至纵坐标980处。然后执行“图像”→“画布大小”命令,在弹出的对话框中,设置高度为1300像素,如图8-74所示,点击“确定”按钮。效果如图8-75所示。

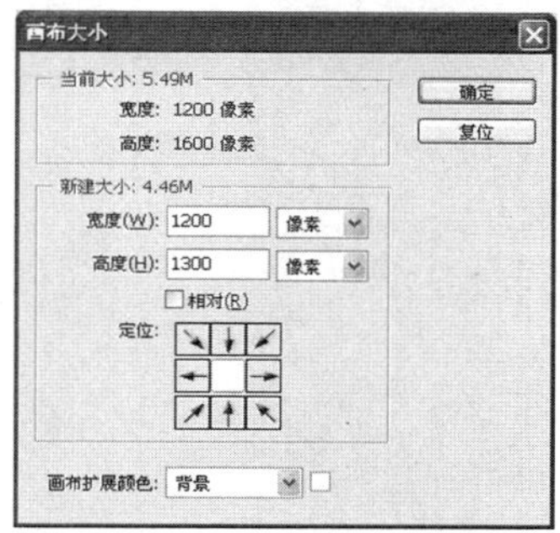

图8-74　画布大小设置

图8-75　子页面初始效果

【步骤2】　添加导航下方文字。在导航下方输入文字“您所在的位置:购物通>精品配饰”,字体为“方正楷体繁体”,字号为16点,颜色为黑色(#000000),效果如图8-76所示。

图8-76　导航下方文字效果

【步骤3】　制作左侧导航边框。在横坐标300和纵坐标910处添加辅助线,复制“边框一”图层重命名为“左侧栏目”,调整宽为200像素,高为910像素,效果如图8-77所示。

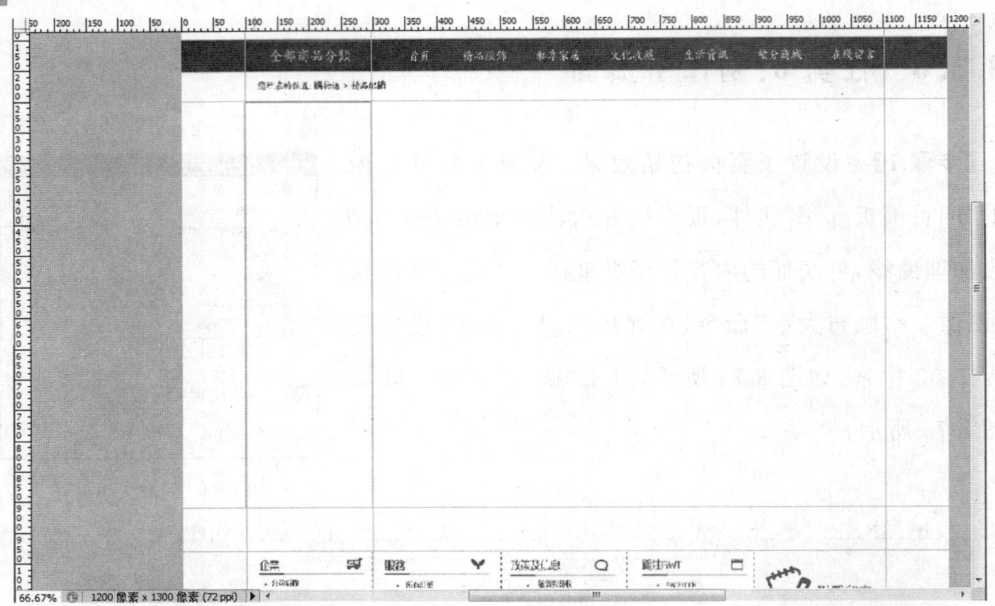

图 8-77　左侧导航边框

【步骤 4】　调整左侧导航区域。选择矩形工具画一个宽为 200 像素，高为 40 像素的矩形，颜色填充为灰色（#cfcfcf），效果如图 8-78 所示。再在栏目上添加文字，字体为“方正黑体繁体”，标题字号 16 点，其余字号为 14 点，颜色为黑色（#000000）。然后用矩形和直线工具绘制灰色图形 和 ，放置在相应位置，效果如图 8-79 所示。

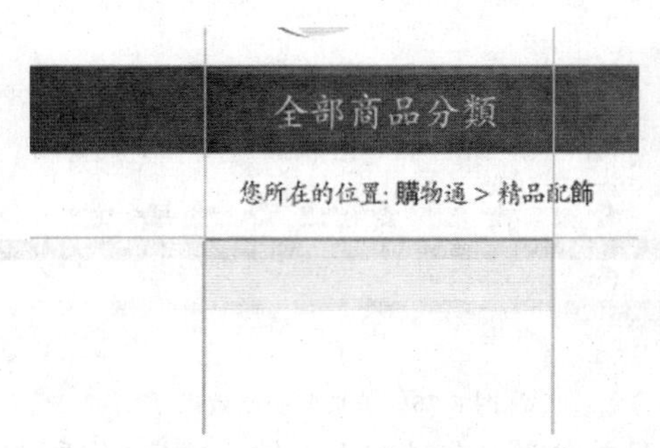

图 8-78　矩形效果

【步骤 5】　复制图层。复制两层“边框一”图层，重命名为“边框二”、“边框三”，边框二大小调整为宽为 790 像素，高为 87 像素；边框三大小调整为宽为 790 像素，高为 27 像素，效果如图 8-80 所示。

【步骤 6】　添加文字。在框中输入文字，字体为“方正楷体简体”，字号为 16 点，颜色为黑色（#000000），效果如图 8-81 所示。

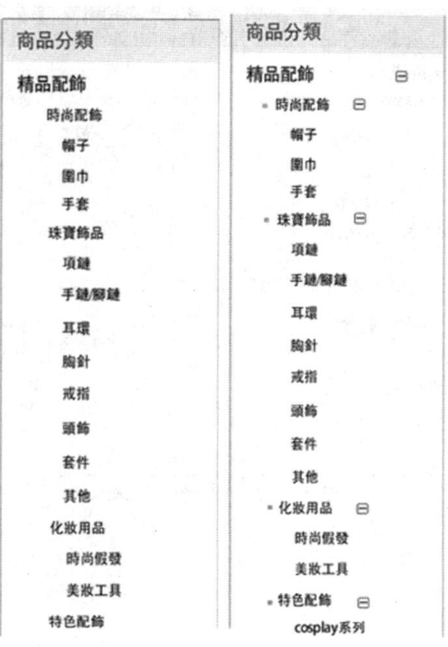

图 8-79　左侧导航效果

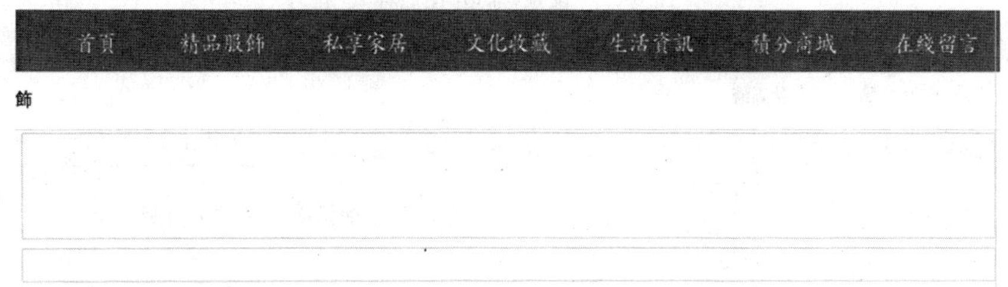

图 8-80　边框效果

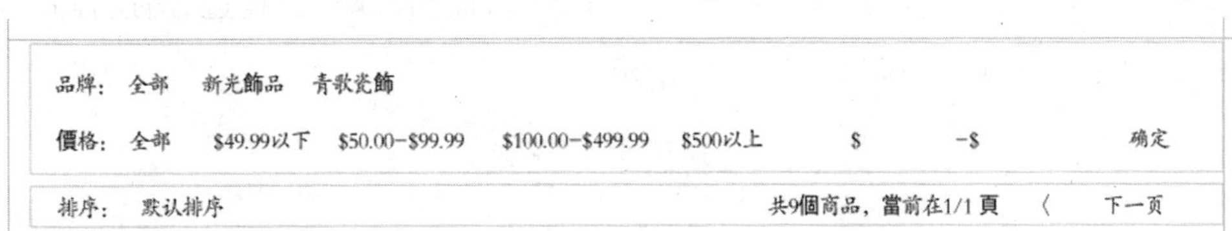

图 8-81　添加文字效果

【步骤 7】 绘制矩形。用矩形工具绘制黑色矩形，不用填充颜色只需要描边，图层样式如图 8-82 所示，效果如图 8-83 所示。

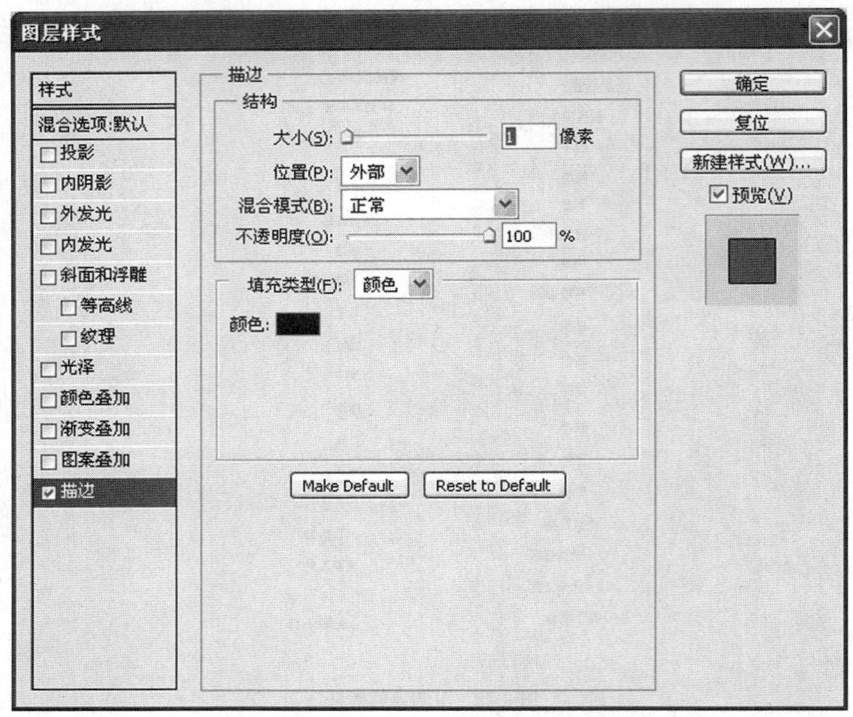

图 8-82　设置"描边"图层样式

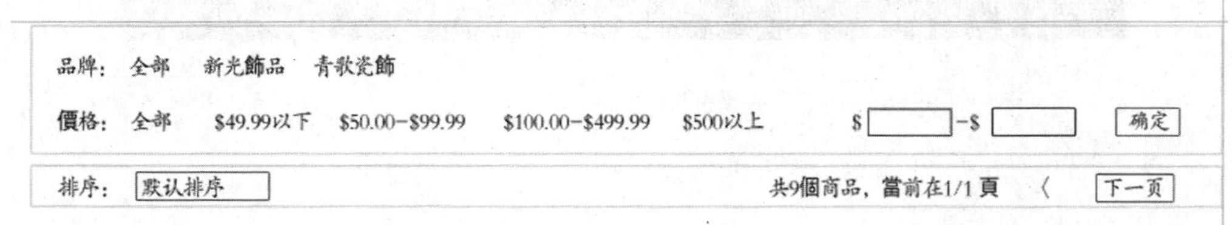

图 8-83　矩形效果

【步骤 8】 制作边框三中排序按钮效果。使用矩形工具绘制宽为 18 像素，高为 18 像素的灰色(＃cfcfcf)矩形，如图 8-84 所示。设置"斜面和浮雕"、"描边"图层样式，设置如图 8-85 和图 8-86 所示，效果如图 8-87 所示。

默认排序

图 8-84　绘制正方形

选用多边形工具设置边数为 3，如图 8-88 所示。颜色填充为黑色(＃000000)，在按钮上方绘制三角形，效果如图 8-89 所示。

【步骤 9】 添加辅助线。在纵坐标 400、580、690、870 处添加水平辅助线，如图 8-90 所示。

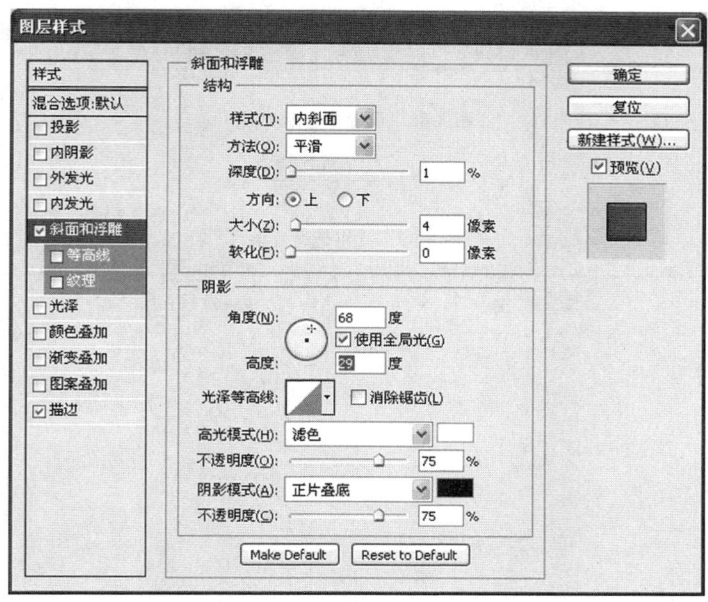

图 8-85　设置"斜面和浮雕"图层样式

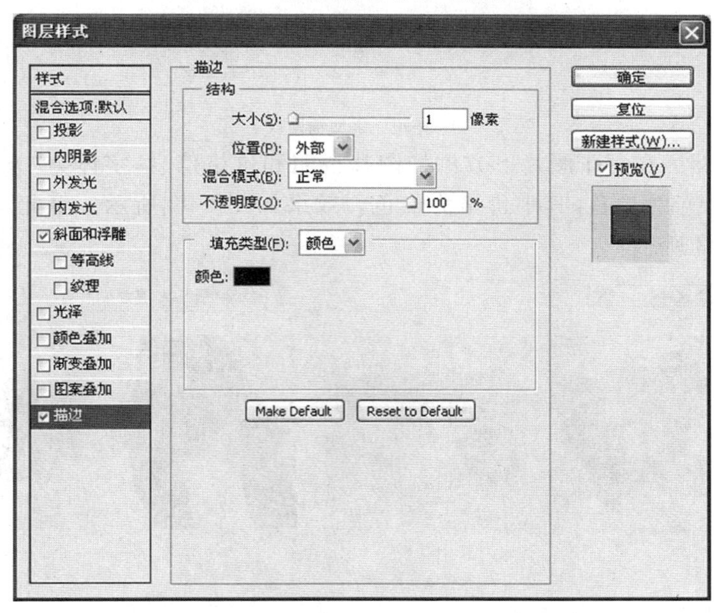

图 8-86　设置"描边"图层样式

排序：默认排序

图 8-87　正方形效果

【步骤 10】　添加图片和图片文字说明。打开素材文件夹，置入"综合实训一网页效果图设计与制作/素材"文件夹中的"18.jpg"～"25.jpg"文件，在页面上添加图片，效果如

图 8-88 设置多边形工具

排序： 默认排序

图 8-89 按钮最终效果

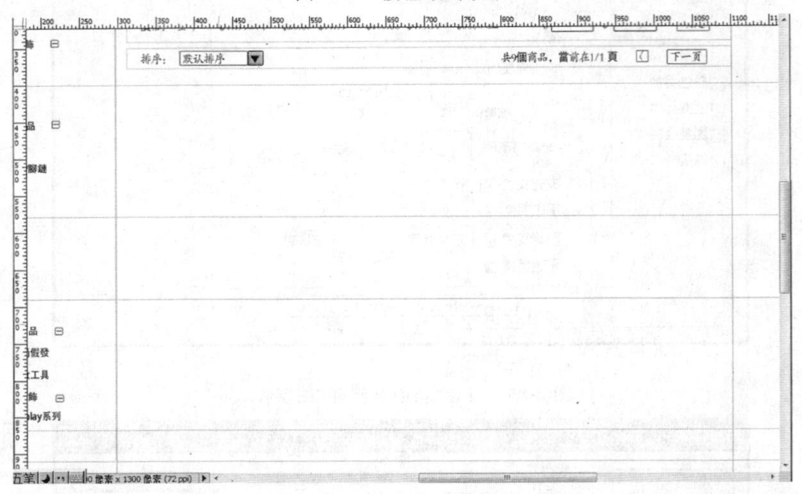

图 8-90 添加辅助线

图 8-91 所示。然后在每张图片下方添加图片说明和价格信息，字体为“方正黑体繁体”，字号为 12 点，颜色为黑色，其中价格为红色。效果如图 8-92 所示。至此，右侧图片和文字效果如图 8-93 所示。

图 8-91 添加图片效果

图 8-92　添加文字效果

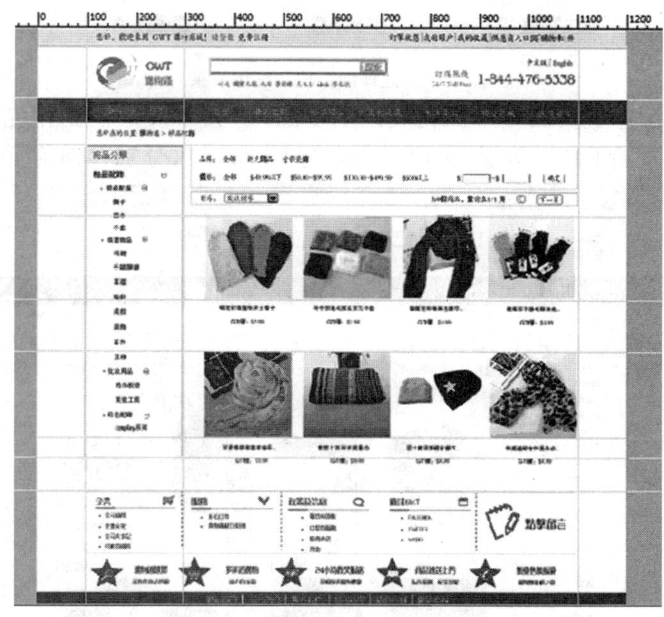

图 8-93　最终右侧图片和文字效果

【步骤 11】 制作立即购买按钮。在图层中创建新组，命名“红色矩形”，使用矩形工具绘制宽为 73，高为 18、颜色为＃d60707 的矩形并复制多个，效果如图 8-94 所示。在矩形上添加“立即购买”的文字，字体为“华文细黑”，字号为 12 点，效果如图 8-95 所示。最终效果如图 8-96 所示。

图 8-94　绘制矩形

图 8-95　添加文本

图 8-96　立即购买按钮整体效果

【步骤 12】 保存子页面效果。完成以上步骤，子页面效果图制作完成，如图 8-97 所示。单击“文件”→“存储为”命令，文件名命名为“子页面”，分别存储为 psd 和 JPG 格式。

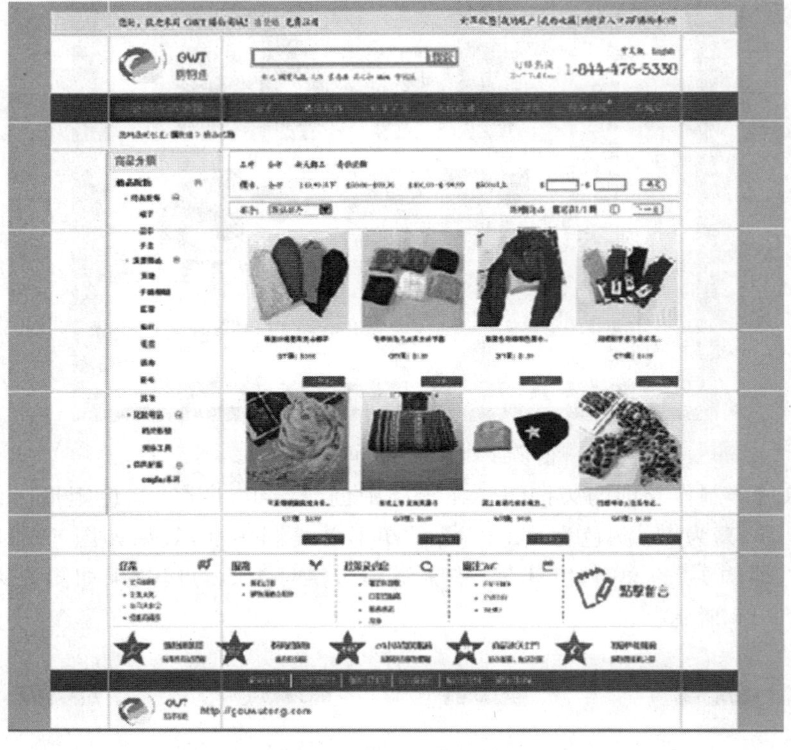

图 8-97　子页面最终效果

8.4　项目成果

8.4.1　运行效果

首页和子页最终制作的效果图分别如图 8-98 和图 8-99 所示。

图 8-98　首页最终效果图

图 8-99　子页面最终效果图

8.4.2　项目评价

根据学习成效，完成项目目标达成度评价表填写。评价按照百分制，项目总评成绩＝同伴评价×30％＋教师评价×40％＋企业评价×30％。评价组成员评价的指标由构思实践、设计实践、实施实践、合作态度、表达能力组成。如表 8-4 所示。

表 8-4　　项目评价表

项目名称		学生姓名			
一级指标	二级指标		同伴评价	教师评价	企业评价
构思实践(15%)	需求分析				
设计实践(15%)	任务分解与流程设计				
实施实践(50%)	根据主要任务真题仿做的效果评价(30%) 根据需求分析自行创新性处理的效果评价(20%)				
合作态度(10%)	合作态度				
表达能力(10%)	表达能力				
分值总计					
评价总述					

综合实训二

酒店菜单设计与制作

◆知识与目标达成度

(1)掌握 Photoshop 选区、图层等知识。

(2)掌握 Illustrator 校样设置、钢笔工具等知识。

(3)掌握 InDesign 定位、布局、修饰、路径查找器等知识。

◆能力与目标达成度

(1)运用 Photoshop 技巧进行图像处理。

(2)运用 Illustrator 使用技巧制作矢量图。

(3)运用 InDesign 设计并排版图文菜单。

(4)能综合运用 Photoshop、InDesign、Illustrator 进行平面产品设计制作。

◆教学重难点

制表符运用。

◆学时分配

8 学时。

◆教学设计与实施策略

(1)教学环境:投影等多媒体设备。

(2)教学策略:分组指导、一体化教学。

9.1 项目分析

9.1.1 项目要求

本项目来源于某酒店的宣传需要。具体工作要求如表 9-1 所示。

表 9-1　　《酒店菜单设计与制作》工作任务书

《酒店菜单设计与制作》工作任务书
一、效果要求 先用 AI 制作菜单上用的矢量图片，用 PS 制作照片等图片，再用 ID 将菜单进行排版处理，将素材文件夹中菜单图文混排、合理安排，使图片清晰、美观，让顾客能清楚看到所需要的菜名。
二、成果要求 1. 图像尺寸：宽度为 431.8 毫米，高度为 297.4 毫米。 2. 图像品质：高品质图像。 3. 导出后文件格式：提供 PDF 格式和 INDD 格式。

9.1.2　需求分析

根据企业需求及提供的原始素材进行分析，得出当前项目所需要完成的内容包括：菜及菜名设计、酒店标志设计、文本设计、酒店地图设计等。根据分析情况和工作任务要求，将需求分析与解决策略填写在需求分析表中，如表 9-2 所示。

表 9-2　　《酒店菜单设计与制作》工作需求分析表

《酒店菜单设计与制作》工作需求分析表	
任务要求	
问题汇总	
解决思路	

9.2　项目设计

9.2.1　子任务设计

根据项目完成需求，分解为以下主要子任务，填写如表 9-3 所示项目任务分解表。

【任务 1】 InDesign 中设置菜单正面分栏与 Illustrator 中绘制背景中的矢量图；

【任务 2】 Photoshop 中处理图片（菜和盘）；

【任务 3】 InDesign 中排版第一栏与第三栏的菜；

【任务 4】 利用 Illustrator 软件设计锅和利用 InDesign 软件绘制标志；

【任务 5】 利用 InDesign 软件制作对正面第二栏内容并排版；

【任务 6】 利用 InDesign 软件制作菜单反面内容；

【任务 7】 测试与打包：效果测试并输出保存为 PDF、INDD 等文件格式。

表 9-3 《酒店菜单设计与制作》任务分解分析表

《酒店菜单设计与制作》项目任务分解表		
任务序号	任务名称	任务说明

9.2.2 工作流程设计

1. 各部分内容设计

(1)菜单页面设计。

①页面数量：根据餐厅的规模，菜单页面的数量可以设定为 1 页或 2 页。

②菜单风格：根据餐厅的经营特色、餐厅的风格和餐厅的等级等特点设计相应的风格。

③菜单色彩：由于菜单上一般放置菜肴，为了突出前景，因此背景的颜色一般较暗。若有餐厅内部环境，则也应与菜及背景颜色相协调，使餐厅内部环境的色调更加和谐。

④菜单内容：餐厅的名称一定要设计在菜单的封面上，并且要醒目，笔画要简单。这样，一方面可以增加餐厅知名度，另一方面可以树立餐厅良好形象。菜单上还应当印有餐厅的地址、电话号码及其他的营业信息等，以便向顾客进行推销。

(2)菜单的插图与色彩运用。

为了增强菜单的艺术性和吸引力，往往会在封面和内页使用一些插图。如菜点的图案、中国名胜古迹、餐厅外貌、本店名菜等。使用图案时，要注意其色彩必须与餐厅的整体环境相协调，与经营特色相对应。选择色彩时要注意餐厅的性质和顾客的类型。

(3)菜单的规格和篇幅。

菜单的规格应与餐饮内容、餐厅的类型与面积、餐桌的大小和座位空间等因素相协调，使顾客拿起来舒适，阅读时方便，因此菜单的开本和选择要慎重。调查资料表明，最理想的开本为 23 cm×30 cm。在篇幅上应保持一定的空白，通常文字占总篇幅的面积不能超过 50%。

（4）菜单图片设计。

菜单图片要注意照片或图片的拍摄和印刷质量。首选保证所选图片内容清晰可见，建议选用真彩色图像。为使图像便于在不同背景中放置，菜、盘的原始图像的背景建议用Photoshop等软件去除。

2. 操作命令与工具

（1）Photoshop CS5：选区工具、移动工具、钢笔工具、图层操作、图像调整命令、缩放操作、保存操作等。

（2）InDesign CS5：分栏操作、钢笔工具、制表符、渐变工具、文字工具、移动工具、抓手工具、放大镜工具、矩形工具、路径查找器、图层操作、吸管工具、渐变羽化巩固、缩放操作、保存、创建轮廓、导出PDF、打包。

（3）Illustrator CS5：钢笔工具、渐变工具、文字工具、直线工具、移动工具、缩放操作、选区工具。

9.3　项目实施

9.3.1　任务1：InDesign中设置菜单正面分栏与Illustrator中绘制背景

【步骤1】　在InDesign中新建文档。打开InDesign软件，执行“文件”→“新建”→“文档”命令。在弹出的对话框中页面大小的设置宽度为431.8毫米，高度为297.4毫米，如图9-1所示。点击“边距和分栏”。在新建边距和分栏的窗口中设置上下内外的距离为10毫米。栏数为4，栏间距为10毫米，如图9-2所示，点击“确定”按钮。新建的文档如图9-3所示。

图9-1　新建文档

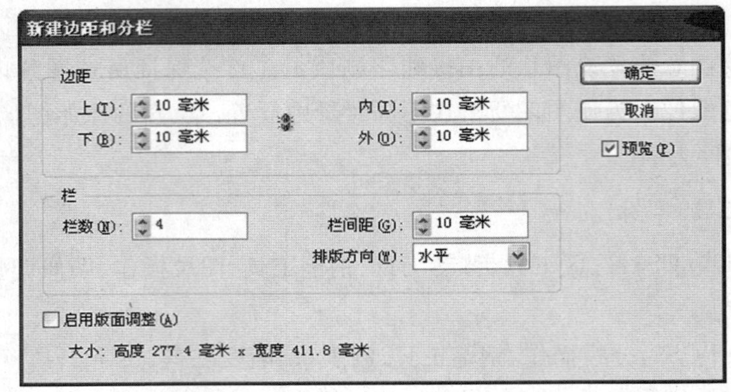

图 9-2　新建边距和分栏

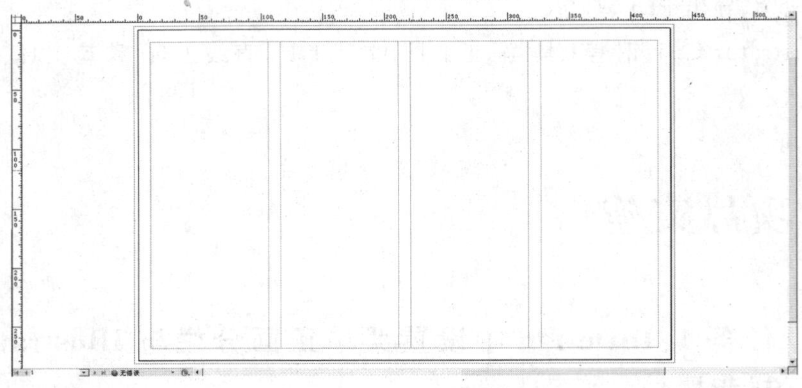

图 9-3　新建的文档

【步骤 2】 在 InDesign 中制作渐变背景并保存文件。选择矩形工具，绘制一个宽度为 297.4 毫米、高度为 431.8 毫米和页面一样大小的矩形。执行“窗口”→“颜色”→“渐变”命令，在渐变色板中选择“线性”渐变类型，从左至右依次设置 5 个色标。第一个取色点颜色的 CMYK 值为 C=15，M=0，Y=21，K=0；第二个点 C=0，M=0，Y=10，K=0；第三个 C=0，M=10，Y=30，K=0；第四个 C=0，M=0，Y=0，K=0；第五个 C=0，M=8，Y=30，K=0。在工具栏中点击渐变工具，然后在页面中的矩形从上到下拖动，拖出一个从上至下为黄白黄白绿的渐变色彩效果，如图 9-4 所示。将文件进行保存，主文件名称命名为“酒店菜单”。

【步骤 3】 新建 Illustrator 文档。打开 Illustrator CS5 软件，执行“文件”→“新建”→“文档”命令，在弹出的“文档设置”对话框中设置文档的大小为默认值，名称命名为“椰子树”，保存为“JPEG”类型，如图 9-5 所示，点击“确定”按钮。

【步骤 4】 在 Illustrator 中绘制并保存椰子树。选择钢笔工具，在页面中绘制出椰子树的矢量图，如图 9-6 所示。执行“视图”→“校样设置”→“工作中的 CMYK”命令，把颜色设为 CMYK 模式，在拾色器中设置色彩值为 C=25，M=0，Y=40，K=0 的颜色进行填充，如图 9-7 所示，最终效果如图 9-8 所示。

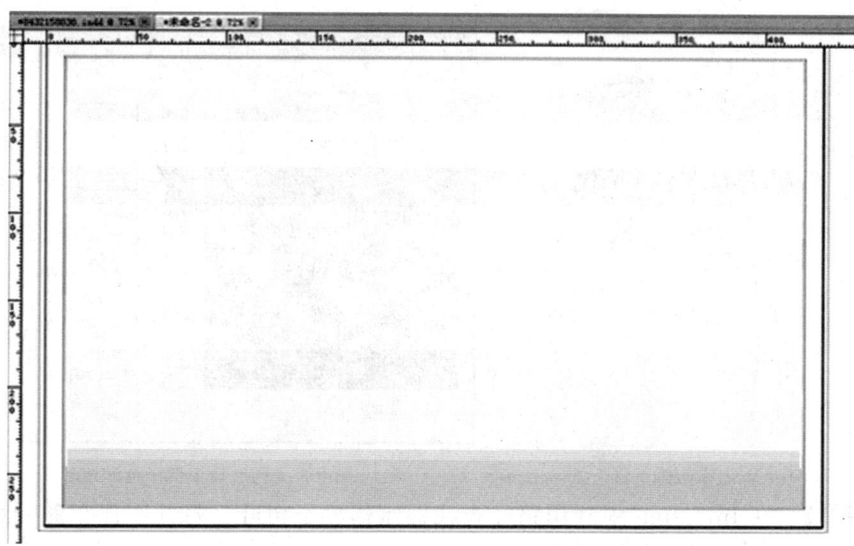

图 9-4　渐变背景效果图

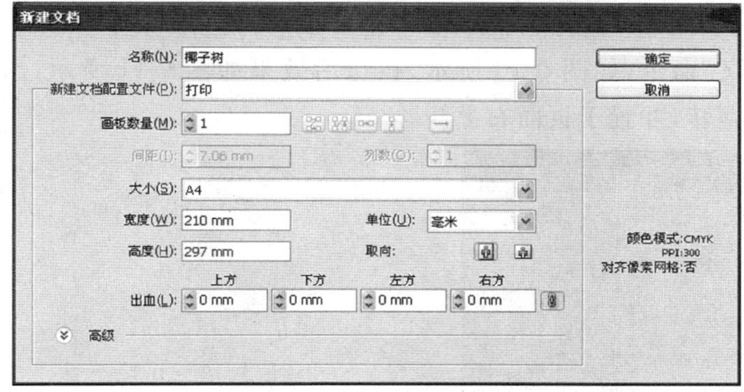

图 9-5　Illustrator 中的新建文档

图 9-6　钢笔绘制的椰子树

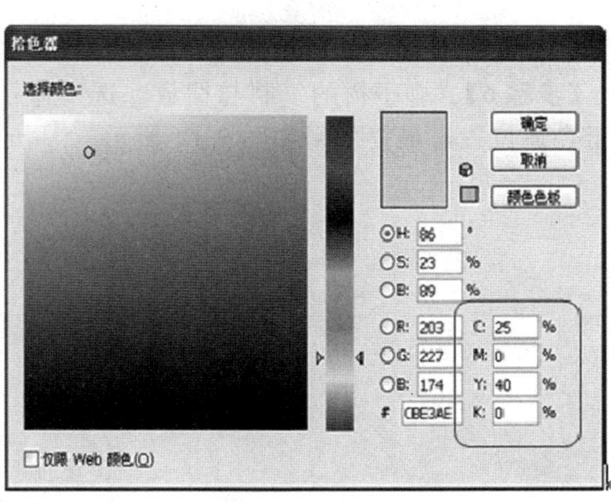

图 9-7　拾色器中的色彩值

图 9-8　Illustrator 完成的椰子树矢量

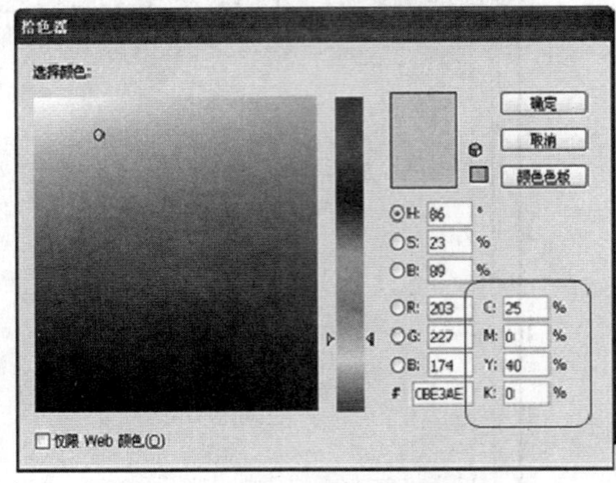

图 9-9　同时选中椰子树和矩形

【步骤 5】 在 InDesign 中利用路径查找器制作椰子树叶。打开刚保存的“酒店菜单”InDesign 源文件，执行“文件”→“置入”命令，导入素材文件夹中命名为“椰子树.ai”文件，调整大小并置到页面左侧。复制一份椰子树于当前页面，并在其右侧绘制一个矩形框，使其叠于树叶上方，如图 9-9 所示。选中椰子树与矩形，执行“窗口”→“对象和版面”→“路径查找器”→“交叉”命令，如图 9-10 所示，执行后效果如图 9-11 所示。在菜单栏中点击 ，让图片左右翻转，并置于页面右上侧。

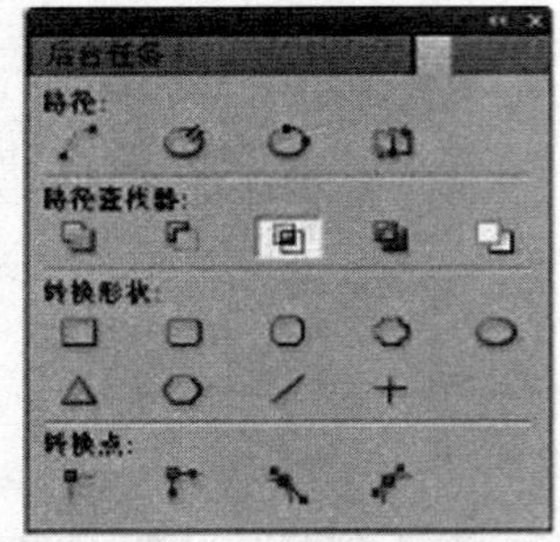

图 9-10　图径查找器“交集”命令

图 9-11　利用路径查找器后的操作效果

【步骤 6】 椰子树的复制与摆放。选中椰子树，复制一份，并进行适当缩放与旋转，置于合适位置。最终效果如图 9-12 所示。

图 9-12　背景最后效果图

9.3.2 任务 2:Photoshop 中处理菜的图片

【步骤 1】 去除菜原始图片的背景。使用 Photoshop 软件打开素材文件夹中的"pic1.jpg"文件,将图层解锁,如图 9-13 所示。选择磁性套索工具,沿菜盘的白色边缘拖动,选取菜盘的整个轮廓。执行"选择"→"反向"命令,则选中菜盘外的背景,如图 9-14 所示,按 Delete 键,菜盘以外的背景被去除。再选择魔术棒工具,点击一下菜盘白色区域,按 Delete 键,则图片中的白色菜盘被去除,余下菜的部分,如图 9-15 所示。最后保存文件。

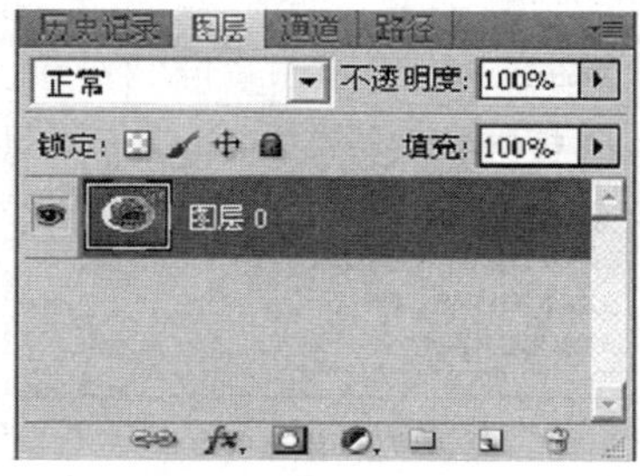

图 9-13 素材图片置入后图层解锁

图 9-14 磁性套索工具选出背景的效果图

图 9-15 素材图片背景与盘被删的效果图

【步骤 2】 去除新的菜盘背景。用同样的方法打开"plate.jpg"文件。如图 9-16 所示,把图中的背景删除,如图 9-17 所示,保存该文件。

图 9-16 盘子的素材图片

图 9-17 背景去除后的效果图

【步骤 3】 菜与菜盘的拼合并保存。同时打开图 9-15 及图 9-17 所示的图像文件,使用移动工具把菜移到盘子上,并将盘子稍微调整扁一点,如图 9-18 所示。执行"文件"→"储存为",主文件名命名为"pic1",选择 tiff 格式,并将"存储透明度"前面的勾打上,如图 9-19 所示,点击"确定"按钮。

图 9-18 菜和盘子结合的效果图

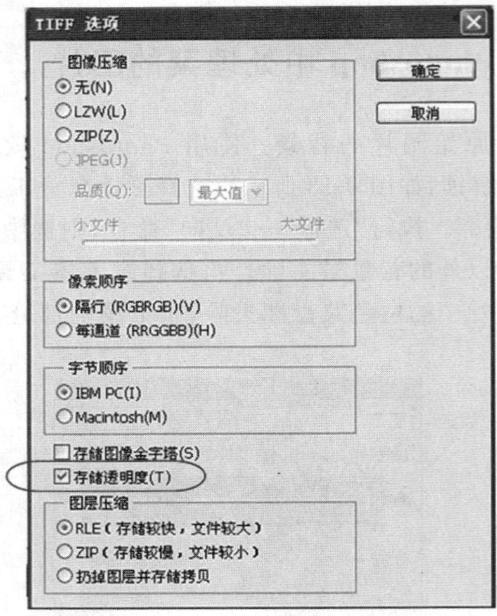

图 9-19　tiff 选项窗口

友情提示:在 InDesign 中,不能对图片进行删除背景等操作,因此我们只能使用没有背景的图片,并把菜保存为 tiff 格式。

9.3.3　任务 3: InDesign 中处理与排版第一栏与第三栏的菜

【步骤 1】 在 InDesign 中置入菜并应用投影样式。打开“酒店菜单.indd”文件,执行“文件”→“置入”命令,导入“pic1.jpg” 图片文件,适当缩放图片大小并移到适当的位置。选中图片,单击工具栏中的投影图标 ,给菜盘添加投影效果,如图 9-20 所示。将此图片进行适当缩放并置于左上角,效果如图 9-21 所示。

图 9-20　加投影以后的图片效果

图 9-21　置于左上角的图片整体效果

【步骤 2】 第一栏和第三栏菜的排版。用同样的方法处理 pic2～pic12 等其他的菜，并将其排于第一栏及第三栏中，如图 9-22 所示。

图 9-22　第一栏和第三栏的菜图片的排版效果

【步骤 3】 菜名制作。选择文字工具 T，在菜的右侧输入菜名“General Tso's Chicken”，设置字体为 Arial，大小为 9 点，颜色为黑色，在“Chicken”前敲一个换行符，然后选择“General Tso's Chicken”执行右对齐的命令。用选择工具选中菜名这个文本框，单击右键，执行“适合”→“使框架适合内容”命令。添加其他菜名，效果如图 9-23 所示。菜的文件与菜名对应关系为：

图 9-23　所有菜的图片和菜名全部完成后的效果

Pic 1　General Tso's Chicken
Pic 2　Seafood Delight
Pic 3　Singapore Mei Fan
Pic 4　Spare Rib
Pic 5　Shrimp Lo Mein
Pic 6　Fried or Steamed Dumplings
Pic 7　Happy Family
Pic 8　Hunan Beef
Pic 9　Kung Po Chicken
Pic10　Pepper Steak
Pic11　Shrimp w. Lobster Sauce
Pic12　Chicken w. Broccoli

【步骤 4】 辣椒的绘制和字体颜色的改变。选择钢笔工具，绘制一个辣椒的矢量图，填充为红色 CMYK 的值为 C＝0，M＝100，Y＝100，K＝0，效果如图 9-24 所示。调节辣椒的大小，把辣椒放在菜名的前面。并把所有辣的菜名字体填充为红色，CMYK 的值为 C＝0，M＝100，Y＝100，K＝0，最终效果如图 9-25 所示。

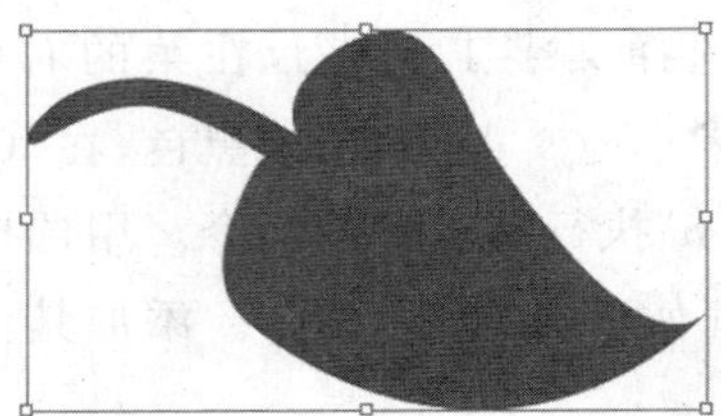

图 9-24　钢笔绘制的小辣椒效果图

图 9-25　给辣菜的文字填充红色并添加辣椒图

9.3.4　任务4:InDesign 中制作第四栏内容

【步骤1】 标志的绘制。

(1)绘制文字路径。在 InDesign 中利用钢笔工具绘制文字路径。选择钢笔工具，绘制一段弧线,如图9-26所示。

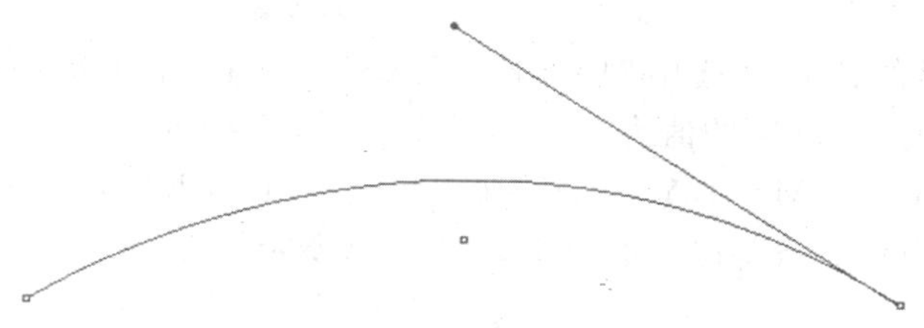

图9-26　钢笔绘制的文字路径

(2)接着进行文字输入与编辑。在文本工具中选择路径文字。在弧线上双击,当出现可以输入文字的跳动光标时,输入"LUCKY PANDA"文字。在菜单栏中的文字属性设置窗口中,选择 ITC Benguiat Std 字体,大小为35点,将文字居中显示。

友情提示:若默认字库中无此字体,请通过网络下载安装。

(3)字体转曲。选中文字,执行"文字"→"创建轮廓"命令。转曲后的文字的效果如图9-27所示。

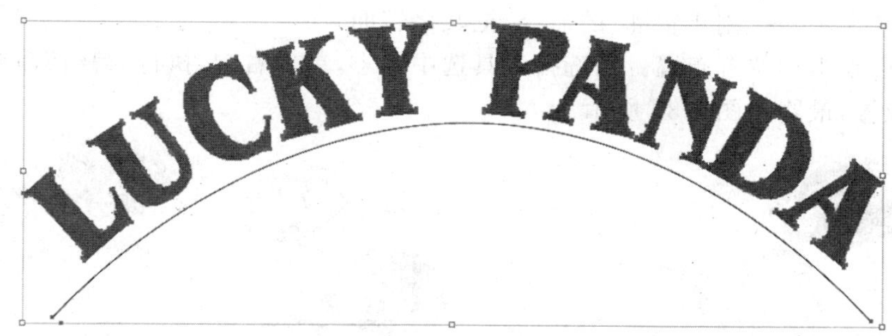

图9-27　转曲后的文字

(4)文字渐变色制作。选择直接选择工具，点选字母"L"。执行"窗口"→"颜色"→"渐变"命令,打开"渐变"对话框,设置渐变类型为"径向",如图9-28所示。双击第一个色标并设置 CMYK 的值为 C=0,M=0,Y=100,K=0,第二个取色点的 CMYK 的值为C=0,M=80,Y=100,K=0,产生径向渐变填充的"L"效果。选择吸管工具，点击以填充字母"L",再点击第二个字母"L",把字母"L"的颜色格式复制到字母"U"上,其他的字母也用一样的方法来填充"LUCKY PANDA"这几个字母。填充渐变颜色后的效果如图9-29所示。

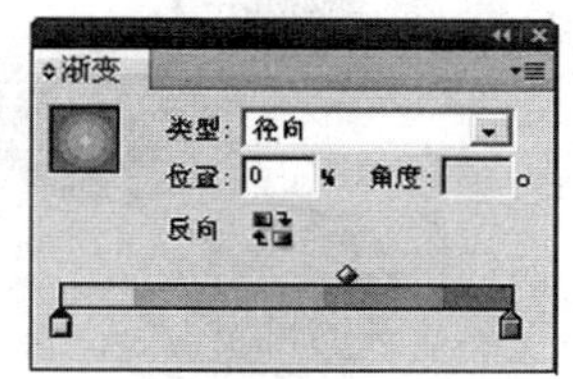

图9-28　颜色设置的窗口

图 9-29 填充渐变色后的效果

(5)双重阴影的制作。选中“LUCKY PANDA”，在当前页面复制两份 LUCKY PANDA。一个填充 CMYK 的值为 C＝100，M＝100，Y＝100，K＝100 的颜色，另一个填充 CMYK 的值为 C＝0，M＝0，Y＝0，K＝0。将三个“LUCKY PANDA”重叠，其中最底下是黑色，中间是白色。重叠以后的效果如图 9-30 所示。

图 9-30 填充渐变色后的阴影效果

(6)文字“鸿运”的输入。在上述文字下方输入“鸿运”，选择“文鼎 CS 大隶書繁”字体，大小为 53 点，填充 CMYK 的值为 C＝100，M＝100，Y＝100，K＝100。选择文字，执行菜单栏中“文字”→“创建轮廓”的命令，把文字转曲。

(7)标志编组和位置布置。用选择工具选中标志，单击右键，执行“编组”命令，调节标志大小及位置，最终如图 9-31 所示。

图 9-31 标志摆放的效果图

【步骤 2】 火锅的绘制。此图形用 Illustrator 软件进行绘制。

(1)在 Illustrator 中新建文档。打开 Illustrator，执行“文件”→“新建”命令。在弹出的对话框中，设置画布大小的宽度为 10 mm、高度为 10 mm，名称设置为“大铁锅”。如图 9-32所示。

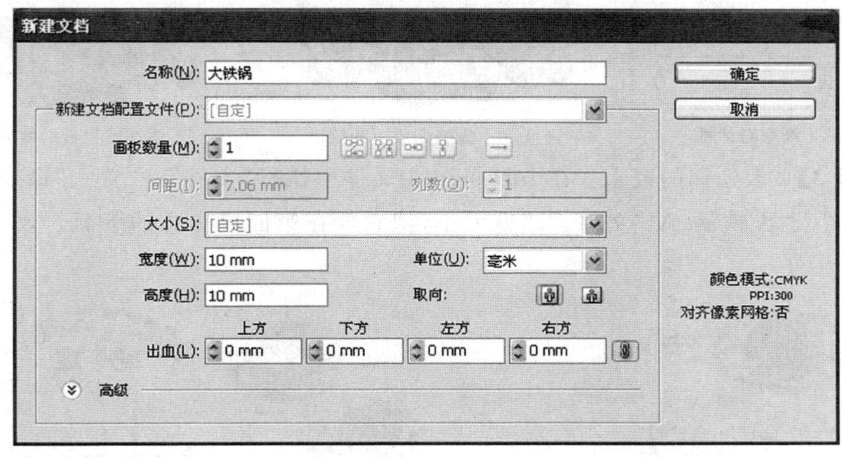

图 9-32　Illustrator 中文档的“大铁锅”文件新建

(2)锅的绘制。选择钢笔工具，画一个锅的轮廓图。用选择工具选中锅，点击渐变工具，设置从左至右的黑白线性渐变色，如图 9-33 所示。再选中渐变工具，在锅上从上往下拖动，使颜色从上到下白色渐变到黑色。如图 9-34 所示。调节渐变带上的渐变滑块，最终如图 9-35 所示。

(3)锅边的制作。选择钢笔工具，沿着锅的边缘，描绘出一个稍大于里面那个锅的矢量图。加上两个手柄，填充为黑色 C=100，M=100，Y=100，K=100。如图 9-36 所示。

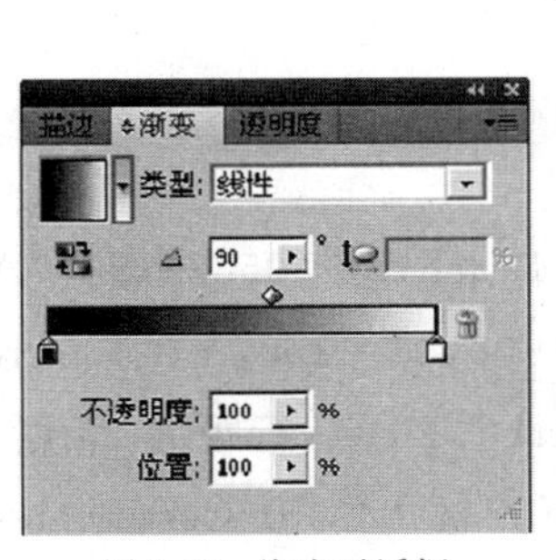

图 9-33　渐变对话框

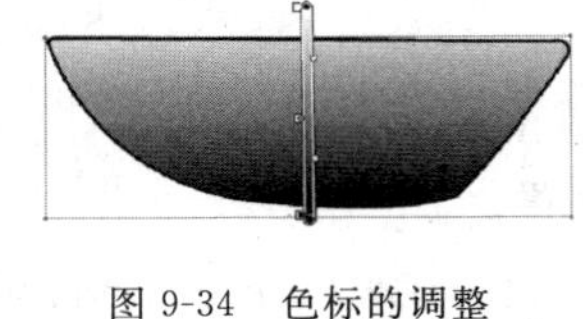

图 9-34　色标的调整

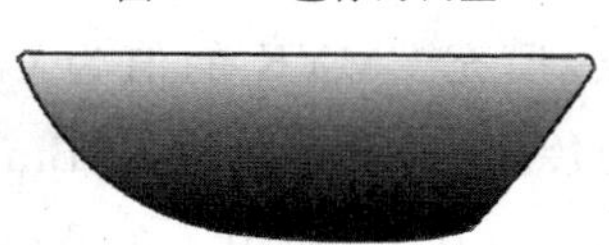

图 9-35　填充以后的效果图

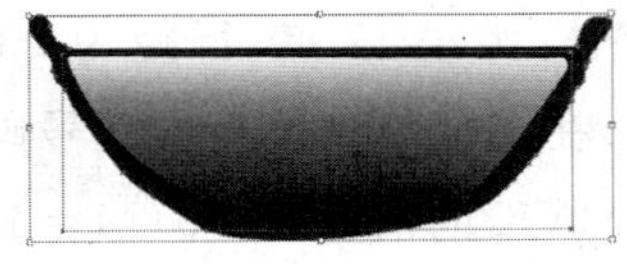

图 9-36　锅边制作的效果

(4)用钢笔绘制火焰。选择钢笔工具，画出其中一朵火焰的火焰底。填充为红色。再画上一层渐变颜色的火焰。色值从左到右分别是 C=0，M=90，Y=100，K=0；C=0，M=60，Y=90，K=0；C=0，M=0，Y=90，K=0。渐变填充类型选择线性。如图 9-37所示。按照一样的方法，画出其他两朵火焰，效果如图 9-38 所示。

(5)热气的制作。选择直钢笔工具，画出 3 条波浪线，填充黑 C=100，M=100，Y=

100,K＝100。执行“文件”→“保存”命令。最后效果如图 9-39 所示。

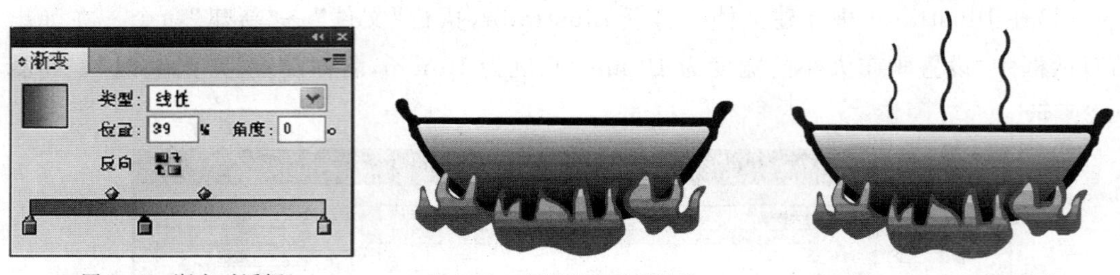

图 9-37 渐变对话框　　图 9-38 火焰完成后的效果　　图 9-39 最后效果图

【步骤 3】 大铁锅的置入。在 InDesign 主文件中执行“文件”→“置入”命令,从素材文件夹中置入“大铁锅.AI”文件。调整大小,把它放在第四栏标志的下面。效果如图 9-40 所示。

图 9-40 锅摆放的效果

【步骤 4】 餐馆文字信息的设置。

在锅的下方输入“1399 S Commons Dr Unit A2 Myrtle Beach,SC 29588”选择“Arial”字体,大小 17 点,行距为 23 点,填充 CMYK 的值为 C＝100,M＝100,Y＝100,K＝100。在文字下方输入电话号码与传真号,设置字体为“BinnerD”,20 点,行距为 25 点,填充 CMYK 的值为 C＝0,M＝100,Y＝100,K＝0。在号码下方输入“Gift Certificates · Party Tray Menu Now Available”,设置字体为“Cenizas-Alt”,12 点,行距 25 点,填充 CMYK 的值为C＝0,M＝100,Y＝100,K＝0。继续在下方输入“OPEN HOURS:”,设置字体“Arial”,17 点,行距 20 点,填充 CMYK 的值为 C＝0,M＝100,Y＝100,K＝0。最后输入营业时间设置为字体“Arial”,大小 14 点,行距 17 点,颜色填充为 C＝100,M＝100,Y＝100,K＝100。效果如图 9-41 所示。

图 9-41 餐馆文字信息完成后的效果

【步骤 5】 地图的绘制。

(1)矩形的绘制。选中面板上的全部内容,单击右键,执行"锁定"命令。选择矩形工具▢,绘制一个宽 93 毫米,高为 52 毫米的矩形。填充为白色,即 C=100,M=100,Y=100,K=100。如图 9-42 所示。

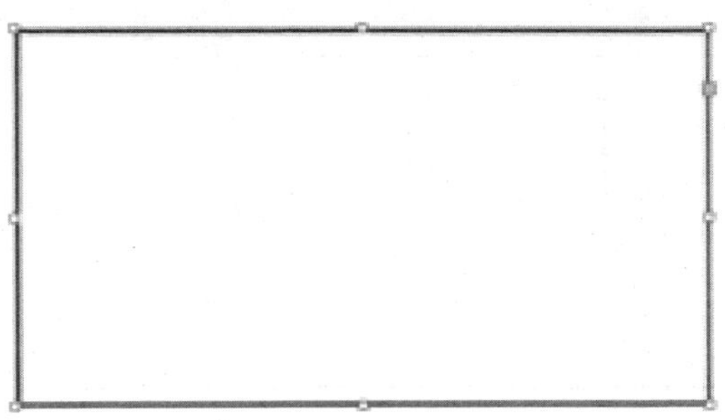

图 9-42 地图上的矩形框

(2)道路的绘制。选择矩形工具,画 4 个矩形,填充色值为 C=20,M=40,Y=0,K=0,摆成如图 9-43 所示。

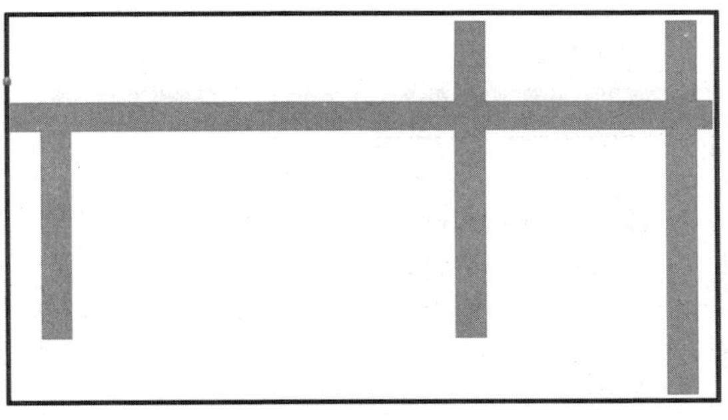

图 9-43 道路绘制的效果

(3)地图上建筑物的绘制。选择矩形工具，在上图下方的空白处绘制一个矩形，CMYK色值为C=100,M=100,Y=100,K=100。再选择钢笔工具，在矩形中绘制8条线段。用椭圆工具绘制红黄绿灯，从上至下摆放，CMYK色值分别为红色C=0,M=100,Y=100,K=0，黄色C=100,M=100,Y=0,K=0，绿色C=100,M=0,Y=100,K=0，用钢笔绘制一条黑色的折线。选择多边形工具，在空白处双击，在弹出的多边形对话框中设置边数为5，星形内陷为50%，如图9-44所示，点击“确定”按钮，绘制五角星。最终效果如图9-45所示。

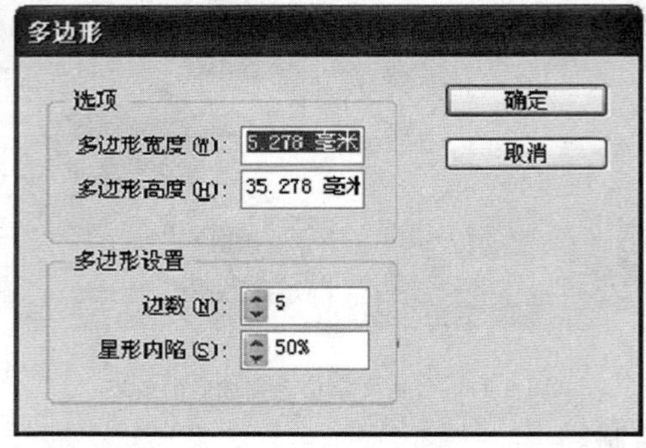

图9-44　多边形对话框

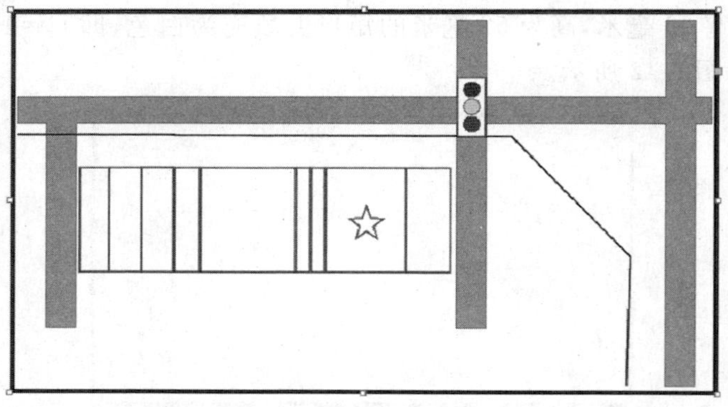

图9-45　效果图

(4)地图上文字的排版。输入相应文字，颜色为黑色，字体为“BinnerD”，字号为12点。效果如图9-46所示。至此，菜单效果图如图9-47所示。

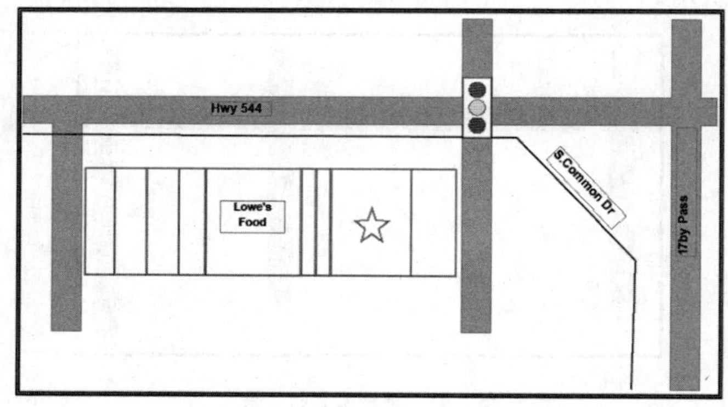

图9-46　地图中添加文字

图 9-47　第四列完成的效果

9.3.5　任务 5:InDesign 中制作第二栏内容

【步骤 1】 边框的绘制。在工具栏中选择矩形工具,在第二栏中绘制一个四边形,边框线的色值为红色 C=0,M=100,Y=100,K=0,线形选择如图 9-48 所示。效果如图 9-49所示。

图 9-48　边框的属性设置

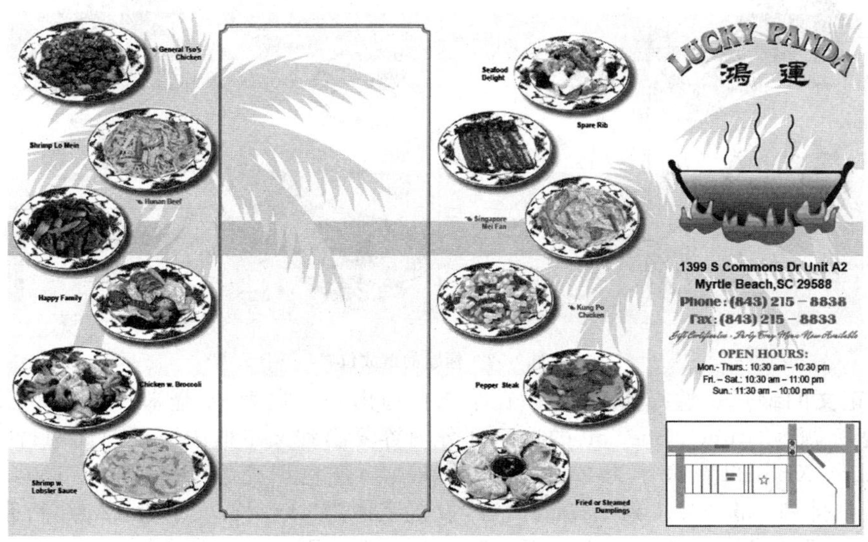

图 9-49　框在版面上的效果

【步骤 2】 框中内容的排版。

(1)标题“Lunch Special”的设置。选择文字工具 T 拖出一个文本框，输入“Lunch Special”。设置字体为“Brush Script Std”，大小为 35 pt。填充 CMYK 的值为 C=0，M=100，Y=100，K=0。再复制一个，描边为纸色 1 pt，如图 9-50 所示。把两个标题叠在一起并错开一定位置，效果如图 9-51 所示。至此，整体效果如图 9-52 所示。

图 9-50　描边填充为纸色

Lunch Special

图 9-51　标题的效果

图 9-52　标题的摆放位置

(2)正文的编辑。选择文字工具，在第二栏拖出一个宽为 94 毫米，高为 220 毫米的文本框。把标题为“Lunch Special”的这一部分内容复制到文本框中。把前面两行字设置为“Americana XBd BT”，大小为 9 点，行距为 11 点，颜色填充为 C=0，M=100，Y=100，K=0，居中排列。选中 L1 到 L31 的内容，设置字体为“Arial”，大小为 12 点，行距为 17.6 点，填充 C=100，M=100，Y=100，K=100，执行“文字”→“制表符”命令，在制表符的标尺上 23 毫米、35 毫米处点击一下，添加一个左对齐，在 93 毫米处添加一个右对齐。并在

93 毫米处加一个前导符“.”，效果如图 9-53 所示。把序号为 L8，L10，L12，L13，L14，L15，L30，L31 的文字填充为 C=0，M=100，Y=100，K=0。并把辣椒复制到序号的后面，最终效果如图 9-54 所示。

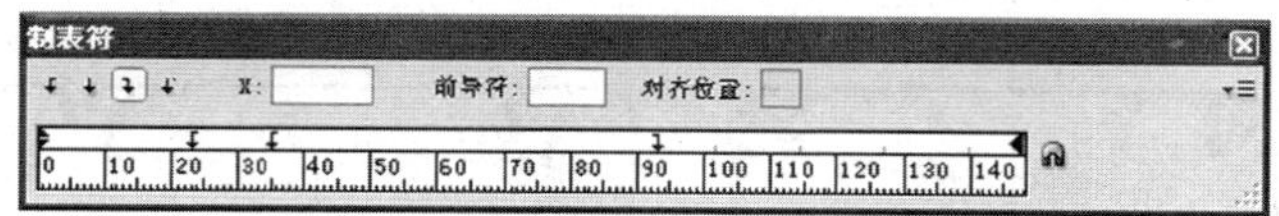

图 9-53　制表符

图 9-54　文字排版的效果

【步骤 3】　中文的添加。把素材中的中文菜名复制进来，字体设置为“LeeShu”，大小为 11 点，填充为黑色 C=100，M=100，Y=100，K=100。把序号为 L8，L10，L12，L13，L14，L15，L30，L31 的文字填充为 C=0，M=100，Y=100，K=0。如图 9-55 所示。

图 9-55　添加中文后的第二栏效果图

友情提示:关于边框的制作,我们可以通过不一样的框角花样来让框拥有更多的样式。钢笔与四边形工具的使用,或者导入一些小图案,放在框角。如图 9-56 所示

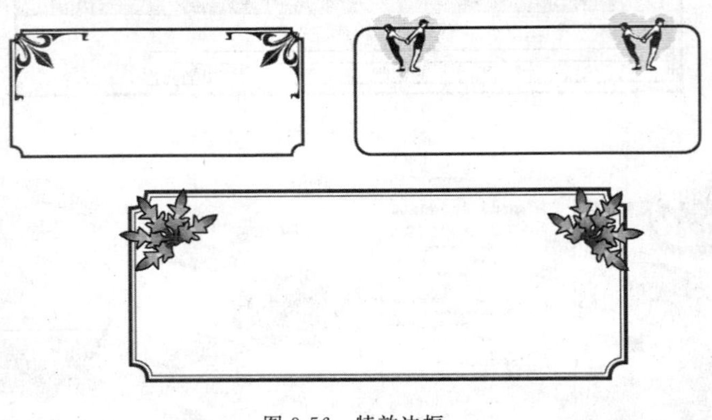

图 9-56　特效边框

9.3.6　任务 6:菜单反面内容制作

【步骤 1】　新建页面并设置起始页码、边距和分栏。

(1)执行"窗口"→"页面"命令,在弹出的对话框中新建一个页面,效果如图 9-57 所示。选择数字"2"上方左上角带"A"的白色矩形框图标,右键执行"页码和章节选项"命令,在弹出的"页码和章节选项"对话框中设置"起始页码"为 1,如图 9-58 所示,则新建的页面页码改成 1 且居中显示,如图 9-59 所示。

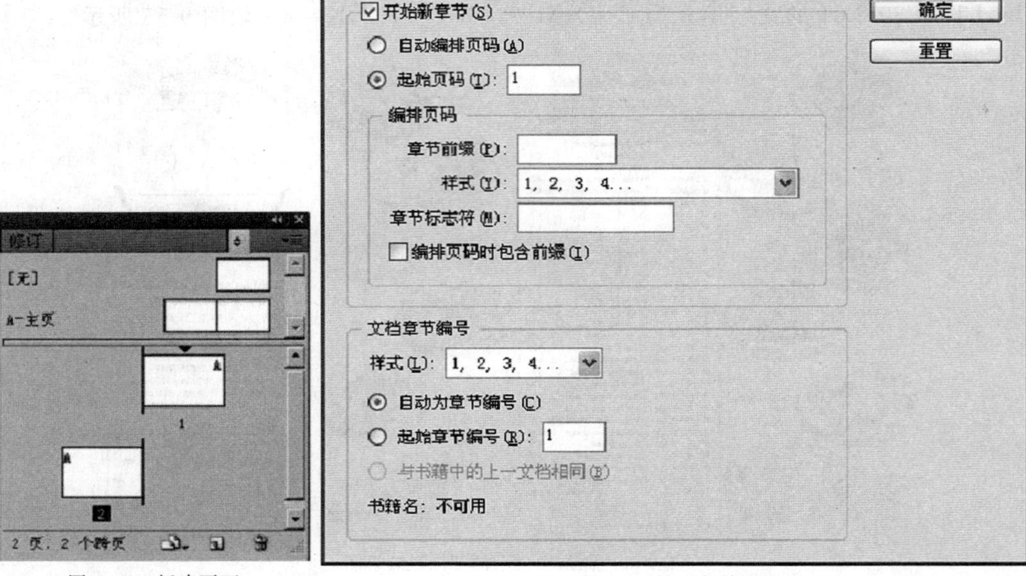

图 9-57　新建页面

图 9-58　设置起始页码

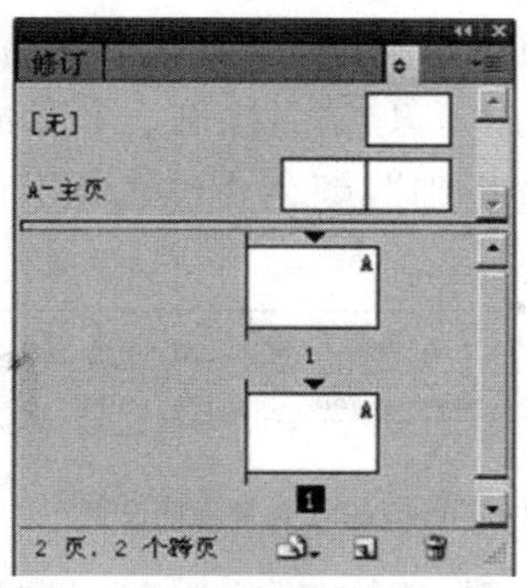

图 9-59　起始页码更改后的效果

(2)设置新页面的边距和分栏。将光标定位于新建的页面，执行"版面"→"边距和分栏"命令，在弹出的对话框中设置栏数为 4，栏间距为 10 毫米，排版方向为水平方向，如图 9-60 所示。至此，设置后的效果如图 9-61 所示。

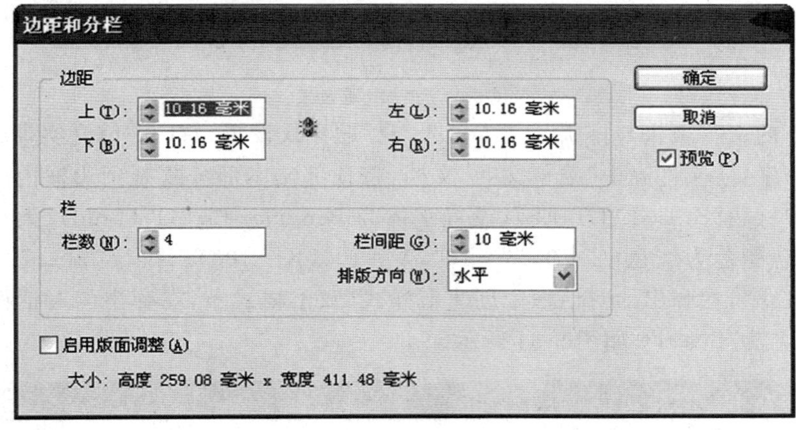

图 9-60　边距和分栏设置

图 9-61　添加分栏背景页面后的效果

【步骤 2】 顶部边框绘制与内容编排。

(1)顶部边框绘制。选择矩形工具 ，绘制一个宽度为 201 毫米、高度为 67 毫米的边框，设置粗细为 2 点，线型为“粗-细”，颜色为红色(C＝0，M＝100，Y＝100，K＝100)。如图 9-62 所示，效果如图 9-63 所示。

图 9-62 顶部边框设置

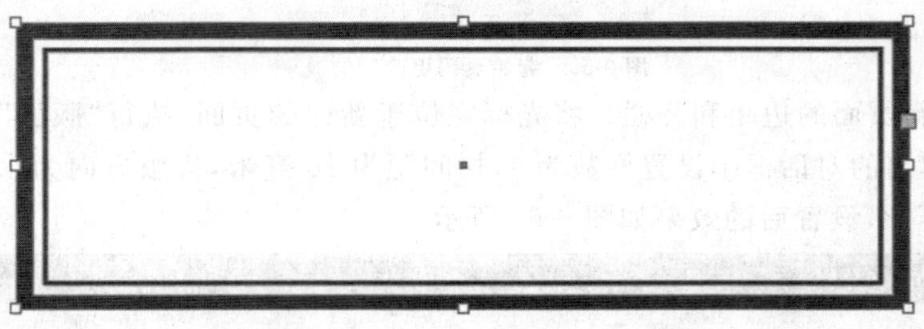

图 9-63 顶部边框效果

(2)边框内文本填入与排版。文本置入与标题样式设置。打开“综合实训二酒店菜单设计与制作/素材”文件夹中“菜单文字”文档，将顶部文本部分复制到边框内。先进行标题设置：选中标题“SPECIALTIES”，设置字体为 Benguiat Bk BT (Bold)、大小为 15 点、行距为 18 点、颜色为红色(C＝0，M＝100，Y＝100，K＝100)。执行“窗口”→“样式”→“字符样式”命令，在弹出的对话框中创建新样式，双击样式条，在弹出的对话框中设置字符样式并命名为“biaoti”，如图 9-64 所示。

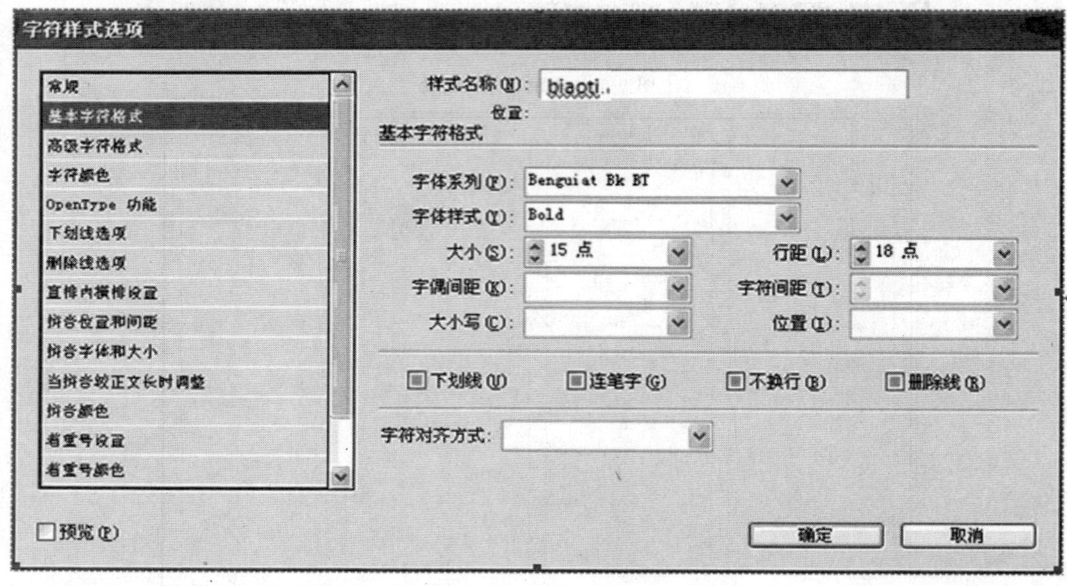

图 9-64 字符样式设置

(3)标题下方文字样式与制表符设置。用同样的方法设置标题下方的文字如下:设置字体为 Arial、行距为 16、大小 10 点、色值为 C=100,M=0,Y=100,K=0;创建字符样式名为"zhengwen"。选中所有文字,执行"文字"→"制表符"命令,在弹出的"制表符"对话框中完成如下设置:左边距 3 毫米、10 毫米处设置一个左对齐制表符;94、121、149、175 处分别设置右对齐制表符;前导符文本框中输入"."。如图 9-65 所示完成制表符设置。选中文本框,右键执行 "适合"→"使框架适合内容"命令。效果如图 9-66 所示。

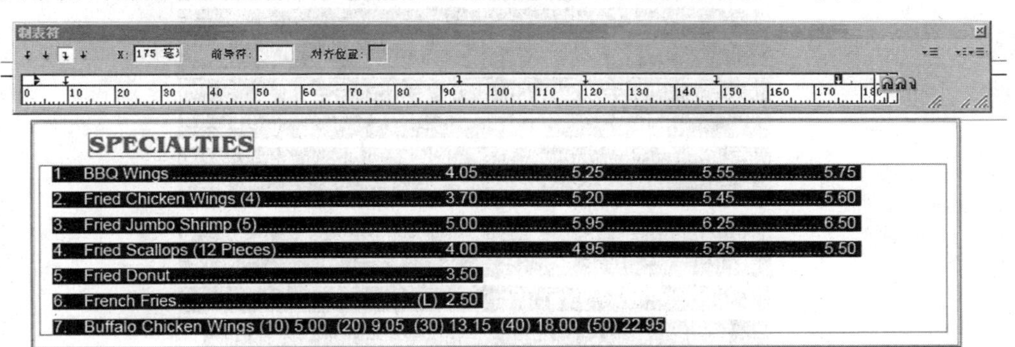

图 9-65　设置标题下方文本的制表符

SPECIALTIES

1. BBQ Wings....................4.05..........5.25..........5.55..........5.75
2. Fried Chicken Wings (4)....................3.70..........5.20..........5.45..........5.60
3. Fried Jumbo Shrimp (5)....................5.00..........5.95..........6.25..........6.50
4. Fried Scallops (12 Pieces)....................4.00..........4.95..........5.25..........5.50
5. Fried Donut....................3.50
6. French Fries....................(L) 2.50
7. Buffalo Chicken Wings (10) 5.00 (20) 9.05 (30) 13.15 (40) 18.00 (50) 22.95

图 9-66　设置制表符后的文本效果

【步骤 3】 左侧第一栏"APPETIZERS"标题及下方单价格文本的编排。

(1)文本置入与样式设置。在刚才的文本下方插入一个文本框,然后打开"综合实训二酒店菜单设计与制作/素材"文件夹中"菜单文字"文档,将第一栏单价格文本部分(第 1～11 种菜)复制到文本框内。选中文本框,调整其宽度为 95.55 毫米。选中标题,执行"窗口"→"字符样式"→"biaoti"命令,应用已定义的字符样式,并设置标题为居中。用同样的方法为标题下方的文字应用"zhengwen"字符样式。选中最后三行的备注性文字,在上方的属性面板中设置字形属性为 Narrow,大小为 10 点,并定义一个新的字符样式,名称为"xiaozi"。

(2)标题下方文字制表符与段落样式设置。设置左侧边距为 18 毫米、27 毫米处添加左对齐制表符,93 毫米处添加右对齐制表符,前导符设置为".",如图 9-67 所示。选中其中的一行,执行"窗口"→"样式"→"段落样式"命令,新建段落样式并命名为"1 ge jiage",如图 9-68 所示。分别在左侧 1～9 的数字前敲击两个空格,使数字序号纵向个位数对齐,如图 9-69 所示。左侧序号为 5 和 6 的两行,因 L 左右侧有小括号,与左右文字间距过小,因此在"('及')"各敲击两个空格,适当增加间距。

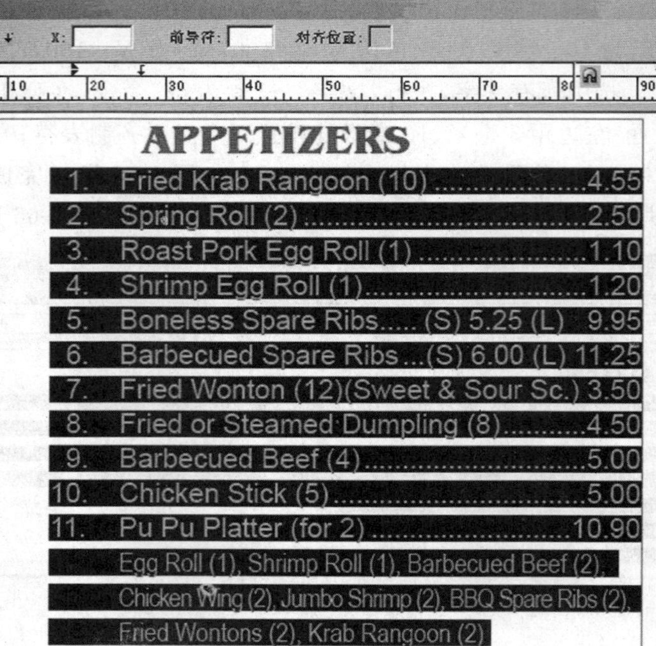

图 9-67 设置标题下方文本的制表符

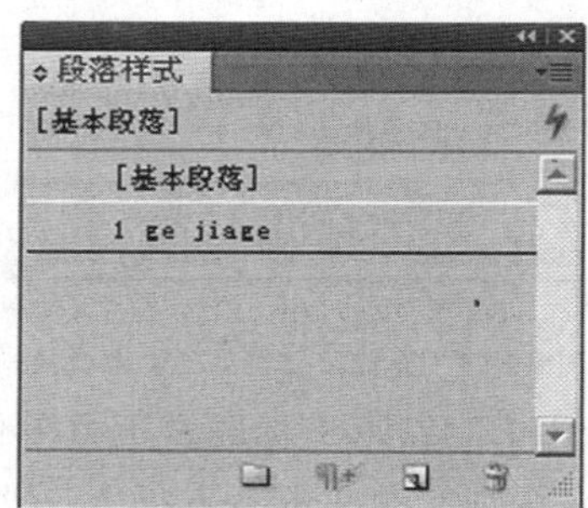

图 9-68 设置标题下方文本的段落样式

APPETIZERS

1. Fried Krab Rangoon (10) 4.55
2. Spring Roll (2)....................................2.50
3. Roast Pork Egg Roll (1) 1.10
4. Shrimp Egg Roll (1)...............................1.20
5. Boneless Spare Ribs..... (S) 5.25 (L) 9.95
6. Barbecued Spare Ribs...(S) 6.00 (L) 11.25
7. Fried Wonton (12)(Sweet & Sour Sc.) 3.50
8. Fried or Steamed Dumpling (8)...........4.50
9. Barbecued Beef (4)...............................5.00
10. Chicken Stick (5).................................5.00
11. Pu Pu Platter (for 2) 10.90
    Egg Roll (1), Shrimp Roll (1), Barbecued Beef (2),
    Chicken Wing (2), Jumbo Shrimp (2), BBQ Spare Ribs (2),
    Fried Wontons (2), Krab Rangoon (2)

图 9-69 数字序号个位数对齐

【步骤 4】 左侧第一栏“SOUP”、“CHOW MEIN”标题及下方双价格文本的编排。

与左侧第一栏“APPETIZERS”板块内容类似的制作方法完成标题及序号为 12～24 菜的文本制作，并分别应用“biaoti”与“zhengwen”字符样式，设置标题居中显示。其中，两个标题下方的小字设置文本属性为：字体为 Arial(Narrow)、行距为 11 点、字体大小为 9 点、颜色为红色(C＝0，M＝100，Y＝100，K＝0)；定义段落样式并命名为“xiaozi PT QT”；在 47 毫米处设置居中制表符，在 83 毫米与 93 毫米处分别设置右对齐的制表符。定义两个价格所在行的段落样式并命名为“2 ge jiage”，如图 9-70 所示。两年板块内容的效果如图 9-71 所示。

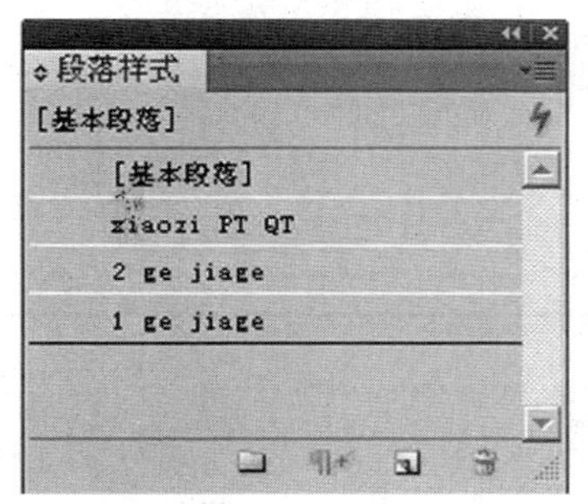

图 9-70　标题下方文本的段落样式

SOUP

(w. Fried Noodles)

		Pt.	Qt.
12.	Wonton Soup	1.50	2.50
13.	Wonton Egg Drop Soup	1.75	3.00
14.	Egg Drop Soup	1.50	2.50
15.	Hot & Sour Soup	1.95	3.25
16.	House Special Soup		5.45
17.	Vegetable Soup		3.75
18.	Chicken Rice or Noodle Soup	1.50	2.50

CHOW MEIN

(w. White Rice & Fried Noodles)

		Pt.	Qt.
19.	Chicken Chow Mein	4.50	7.35
20.	Roast Pork Chow Mein	4.50	7.35
21.	Shrimp Chow Mein	4.75	8.30
22.	Beef Chow Mein	4.75	8.30
23.	Mixed Vegetable Chow Mein	4.00	6.50
24.	Special Chow Mein (Shrimp, Chicken, Roast Pork)	4.95	8.75

图 9-71　第 12～24 种菜的的文本效果

【步骤 5】 左下侧图片的导入与编辑。执行“文件”→“置入”命令，置入“综合实训二酒店菜单设计与制作/素材”文件夹中的“菜肴. tiff”矢量图形，将图形缩放调整至第一栏下方。并在图下方输入“HOT & SPICY”，应用“biaoti”字符样式。效果如图 9-72 所示。

HOT & SPICY

图 9-72　菜肴图形置入效果

【步骤 6】 序号为 25～87 的菜的文本置入与编排。打开“综合实训二酒店菜单设计与制作/素材”文件夹中“菜单文字”文档，将第 25～87 种菜的文本中第 25～63 种菜的文本复制到第二栏中，将第 64～87 种菜的文本复制到第三栏中。对标题和下方文字分别应用 “biaoti”与“zhengwen”字符样式，标题右侧的小字应用段落样式“xiaozi PT QT”，同时单价格和双价格所在行分别应用“1 ge jiage”和“2 ge jiage”段落样式。至此，效果如图 9-73所示。

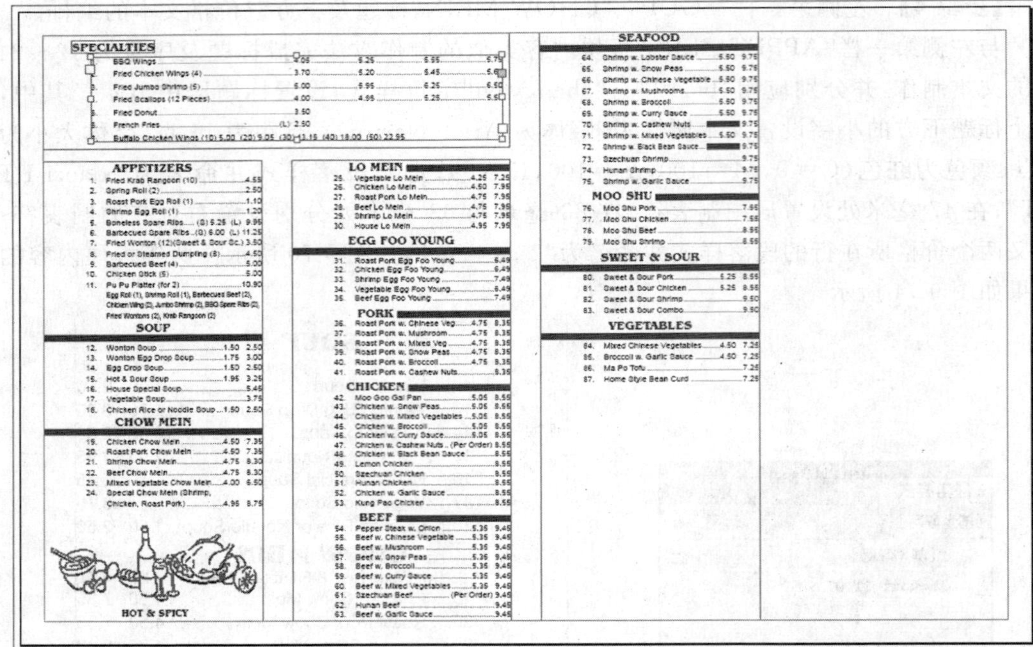

SPECIALTIES
1. BBQ Wings .... 4.05 .... 5.25 .... 5.55 .... 5.75
2. Fried Chicken Wings (4) .... 3.70 .... 5.20 .... 5.45 .... 5.6
3. Fried Jumbo Shrimp (5) .... 5.00 .... 5.95 .... 6.25 .... 6.50
4. Fried Scallops (12 Pieces) .... 4.00 .... 4.95 .... 5.25 .... 5.5
5. Fried Donut 3.50
6. French Fries .... (L) 2.50
7. Buffalo Chicken Wings (10) 5.00 (20) 9.05 (30) 13.15 (40) 18.00 (50) 22.95

APPETIZERS
1. Fried Krab Rangoon (10) 4.55
2. Spring Roll (2) 2.50
3. Roast Pork Egg Roll (1) 1.10
4. Shrimp Egg Roll (1) 1.20
5. Boneless Spare Ribs ..... (S) 5.25 (L) 9.95
6. Barbecued Spare Ribs .. (S) 6.00 (L) 11.25
7. Fried Wonton (12)(Sweet & Sour Sc.) 3.50
8. Fried or Steamed Dumpling (8) 4.50
9. Barbecued Beef (4) 5.00
10. Chicken Stick (5) 5.00
11. Pu Pu Platter (for 2) 10.90
Egg Roll (1), Shrimp Roll (1), Barbecued Beef (2), Chicken Wing (2), Jumbo Shrimp (2), BBQ Spare Ribs (2), Fried Wontons (2), Krab Rangoon (2)

SOUP
12. Wonton Soup 1.50 2.50
13. Wonton Egg Drop Soup 1.75 3.00
14. Egg Drop Soup 1.50 2.50
15. Hot & Sour Soup 1.95 3.25
16. House Special Soup 5.45
17. Vegetable Soup 3.75
18. Chicken Rice or Noodle Soup ... 1.50 2.50

CHOW MEIN
19. Chicken Chow Mein 4.50 7.35
20. Roast Pork Chow Mein 4.50 7.35
21. Shrimp Chow Mein 4.75 8.30
22. Beef Chow Mein 4.75 8.30
23. Mixed Vegetable Chow Mein ... 4.00 6.50
24. Special Chow Mein (Shrimp, Chicken, Roast Pork) 4.95 8.75

HOT & SPICY

LO MEIN
25. Vegetable Lo Mein 4.25 7.25
26. Chicken Lo Mein 4.50 7.95
27. Roast Pork Lo Mein 4.75 7.95
28. Beef Lo Mein 4.75 7.95
29. Shrimp Lo Mein 4.75 7.95
30. House Lo Mein 4.95 7.95

EGG FOO YOUNG
31. Roast Pork Egg Foo Young 6.49
32. Chicken Egg Foo Young 6.49
33. Shrimp Egg Foo Young 7.49
34. Vegetable Egg Foo Young 6.49
35. Beef Egg Foo Young 7.49

PORK
36. Roast Pork w. Chinese Veg 4.75 8.35
37. Roast Pork w. Mushroom 4.75 8.35
38. Roast Pork w. Mixed Veg 4.75 8.35
39. Roast Pork w. Snow Peas 4.75 8.35
40. Roast Pork w. Broccoli 4.75 8.35
41. Roast Pork w. Cashew Nuts 8.35

CHICKEN
42. Moo Goo Gai Pan 5.05 8.55
43. Chicken w. Snow Peas 5.05 8.55
44. Chicken w. Mixed Vegetables ... 5.05 8.55
45. Chicken w. Broccoli 5.05 8.55
46. Chicken w. Curry Sauce 5.05 8.55
47. Chicken w. Cashew Nuts .. (Per Order) 8.55
48. Chicken w. Black Bean Sauce 8.55
49. Lemon Chicken 8.55
50. Szechuan Chicken 8.55
51. Hunan Chicken 8.55
52. Chicken w. Garlic Sauce 8.55
53. Kung Pao Chicken 8.55

BEEF
54. Pepper Steak w. Onion 5.35 9.45
55. Beef w. Chinese Vegetable 5.35 9.45
56. Beef w. Mushroom 5.35 9.45
57. Beef w. Snow Peas 5.35 9.45
58. Beef w. Broccoli 5.35 9.45
59. Beef w. Curry Sauce 5.35 9.45
60. Beef w. Mixed Vegetables 5.35 9.45
61. Szechuan Beef .... (Per Order) 9.45
62. Hunan Beef 9.45
63. Beef w. Garlic Sauce 9.45

SEAFOOD
64. Shrimp w. Lobster Sauce 5.50 9.75
65. Shrimp w. Snow Peas 5.50 9.75
66. Shrimp w. Chinese Vegetable ... 5.50 9.75
67. Shrimp w. Mushrooms 5.50 9.75
68. Shrimp w. Broccoli 5.50 9.75
69. Shrimp w. Curry Sauce 5.50 9.75
70. Shrimp w. Cashew Nuts 9.75
71. Shrimp w. Mixed Vegetables ... 5.50 9.75
72. Shrimp w. Black Bean Sauce 9.75
73. Szechuan Shrimp 9.75
74. Hunan Shrimp 9.75
75. Shrimp w. Garlic Sauce 9.75

MOO SHU
76. Moo Shu Pork 7.55
77. Moo Shu Chicken 7.55
78. Moo Shu Beef 8.55
79. Moo Shu Shrimp 8.55

SWEET & SOUR
80. Sweet & Sour Pork 5.25 8.55
81. Sweet & Sour Chicken 5.25 8.55
82. Sweet & Sour Shrimp 9.50
83. Sweet & Sour Combo 9.50

VEGETABLES
84. Mixed Chinese Vegetables 4.50 7.25
85. Broccoli w. Garlic Sauce 4.50 7.25
86. Ma Po Tofu 7.25
87. Home Style Bean Curd 7.25

图 9-73　前 87 种菜的编排效果

【步骤 7】 第三栏带边框的文本置入与编排。

(1)绘制边框。在第 87 种菜所在行的下方绘制一个矩形框,在上方属性面板中设置属性:角的样式为圆角、边框粗细为 3 毫米、宽度为 93 毫米、高度为 47.5 毫米,设置粗细为 3 点,线型为“实线”,颜色为红色(C=0,M=100,Y=100,K=100)。

(2)置入图形。执行“文件”→“置入”命令,置入“综合实训二酒店菜单设计与制作/素材”文件夹中的“人.tiff”矢量图形,将图形缩放并置于边框左、右上角。

(3)文本置入与编排。置入“综合实训二酒店菜单设计与制作/素材”文件夹中的“菜单文字”文档中第三栏带边框的文本粘贴入边框中,对标题、标题下方小字、下方 D1～D8 所在行文字分别应用 “biaoti”、“xiaozi”、“zhengwen”字符样式,设置标题和小字居中。选中 D1～D8 所在行文字,在制表符对话框中设置左边距 2 毫米、12 毫米处设置左对齐制表符、91 毫米处设置右对齐制表符。效果如图 9-74 所示。

DIET FOOD

(No M.S.G. No Sugar, No Oil, with White Rice)

D 1. Steamed Broccoli 7.00
D 2. Steamed Mixed Vegetables 7.00
D 4. Steamed Chicken w. Broccoli 8.10
D 5. Steamed Chicken w. Snow Peas 8.10
D 6. Steamed Chicken w. Mixed Vegs 8.10
D 7. Shrimp w. Broccoli 9.50
D 8. Shrimp w. Mixed Vegetables 9.50

图 9-74　第三栏带边框的 D1～D8 文本编排效果

【步骤 8】 序号为 MF1～MF6 的菜的文本置入与编排。打开“综合实训二酒店菜单设计与制作/素材”文件夹中“菜单文字”文档，将 MF1～MF6 的菜的文本复制到第三栏下方，对标题和 MF1～MF6 所在行文字分别应用 “biaoti”与“zhengwen”字符样式，标题下方的小字应用段落样式“xiaozi PT QT”，同时单价格所在行应用“1 ge jiage”段落样式。至此，效果如图 9-75 所示。

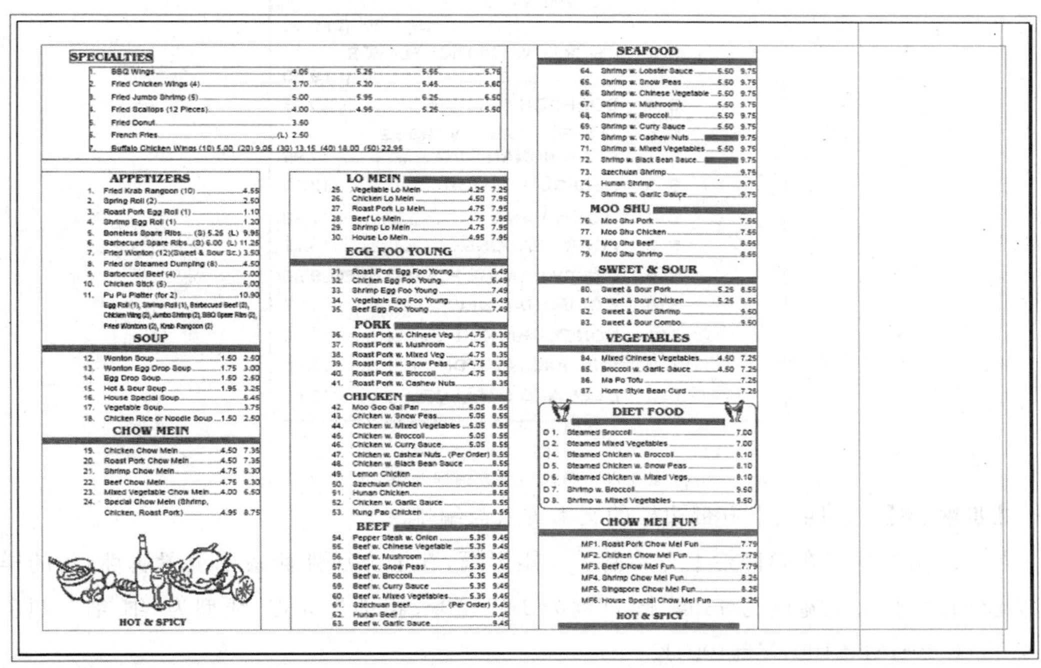

图 9-75 前三栏的编排效果

【步骤 9】 第四栏上方带边框的文本置入与编排。

(1)绘制边框。在第四栏上方绘制一个矩形框，在上方属性面板中设置属性：角的样式为反向圆角，边框宽度为 93 毫米、高度为 115.5 毫米、粗细为 3 点、线型为“实线”、颜色为红色(C=0，M=100，Y=100，K=100)。

(2)置入图形。执行“文件”→“置入”命令，置入“综合实训二酒店菜单设计与制作/素材”文件夹中的“框角. tiff”矢量图形，将图形缩放并置于边框左、右上角。

(3)文本置入与编排。置入“综合实训二酒店菜单设计与制作/素材”文件夹中的“菜单文字”文档中第四栏上方的文本粘贴入边框中，对标题、标题下方小字、下方 S1～S13 所在行文字分别应用 “biaoti”、“xiaozi”、“zhengwen”字符样式，设置标题和小字居中。选中 S1～S13 所在行文字，在制表符对话框中设置左边距 19 毫米、31 毫米处设置左对齐制表符、91 毫米处设置右对齐制表符。效果如图 9-76 所示。

图 9-76　第四栏上方编排效果

【步骤 10】　第四栏下方带边框的文本置入与编排。

(1)绘制边框。在第四栏上方绘制一个矩形框，在上方属性面板中设置属性：角的样式为反向圆角，边框宽度为 93 毫米、高度为 140 毫米、粗细为 3 点、线型为"细-细"、颜色为红色(C＝0，M＝100，Y＝100，K＝0)。

(2)置入图形。执行"文件"→"置入"命令，置入"综合实训二酒店菜单设计与制作/素材"文件夹中的"底纹. tiff"矢量图形，右键执行"剪切"→"贴入内部"命令，则图被置于边框内，缩放并调整大小使底纹填满于框内。在同一个文件夹下置入"花边. tiff"矢量图形，将图形缩放并置于边框左、右上角。

(3)文本置入与编排。置入"综合实训二酒店菜单设计与制作/素材"文件夹中的"菜单文字"文档中第四栏下方的文本粘贴入边框中，对标题、标题下方小字、下方 C1～C20 所在行文字分别应用"biaoti"、"xiaozi"、"zhengwen"字符样式，设置标题和小字居中。选中 C1～C20 所在行文字，在制表符对话框中设置左边距 19 毫米、31 毫米处设置左对齐、91 毫米处设置右对齐。效果如图 9-77 所示。

【步骤 11】　添加中文菜名。置入"综合实训二酒店菜单设计与制作/素材"文件夹中的"菜单文字"文档中反面中文菜名的文本粘贴入相应的序号左侧，设置文本属性：字体为 DFKai-SB、行距为 12 点、字体大小为 10 点、颜色为绿色(C＝100，M＝0，Y＝100，K＝30)，文本框的宽度为 15.621 毫米，设置文本"强制对齐"。效果如图 9-78 所示。

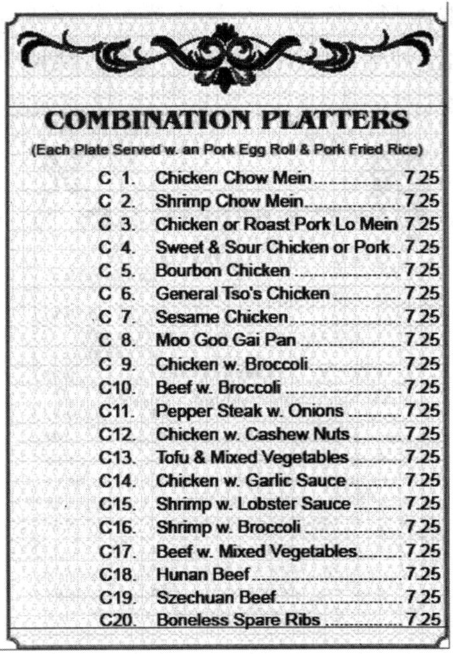

图 9-77　第四栏下方编排效果

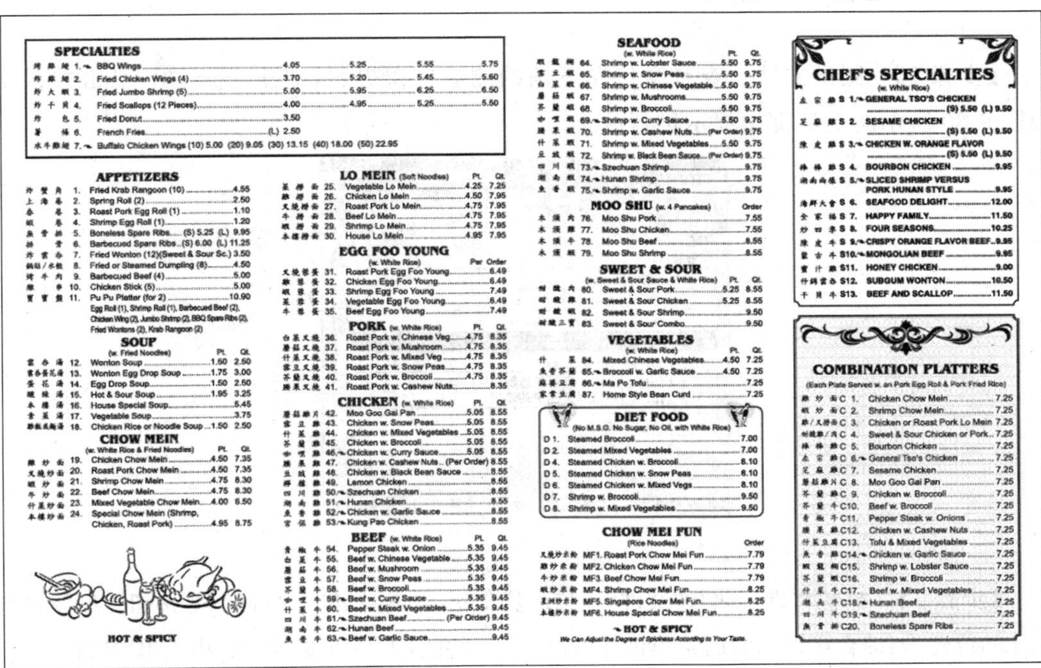

图 9-78　添加中文菜后的背面效果图

【步骤 12】 添加辣椒图形。将每一个辣的菜颜色改成红色（C＝100，M＝0，Y＝100，K＝0），在序号和菜名之间加一颗辣椒并调整大小。辣椒图的位置来源于“综合实训二酒店菜单设计与制作/素材”文件夹中的“辣椒.tif”，局部如图 9-79 所示。

图 9-79 添加辣椒后的第四栏局部效果图

9.3.7 任务 7:测试与打包

【步骤 1】 测试文件。查看窗口左下角的测试错误提示，如 ● 10 个错误，双击并根据如图 9-80 所示的对话框中提示进行改正。

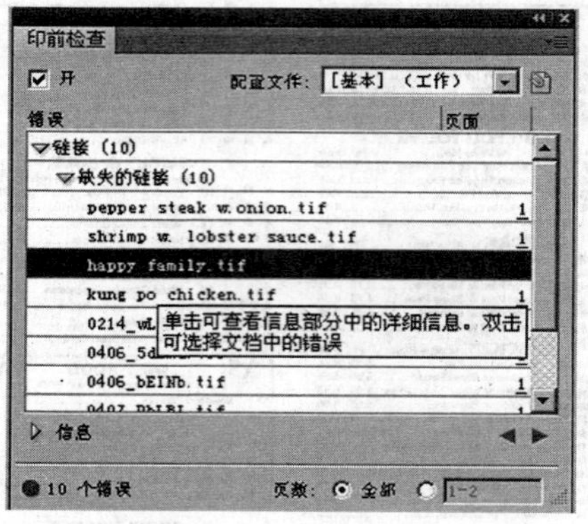

图 9-80 印前检查

【步骤 2】 打包文件。执行“文件”→“打包”命令，点击“打包”、“存储”等按钮。所要打包保存的位置为：综合实训二酒店菜单设计与制作，生成的文件夹名称为：“酒店菜单”文件夹。

此外，为了便于浏览，除打包外一般也导出一份 PDF 格式的文件。如本项目可导出生成“酒店菜单.pdf”文件于“综合实训二酒店菜单设计与制作”文件中。

9.4　项目成果

9.4.1　运行效果

本项目运行效果如图 9-81 和图 9-82 所示。

图 9-81　菜单正面效果图

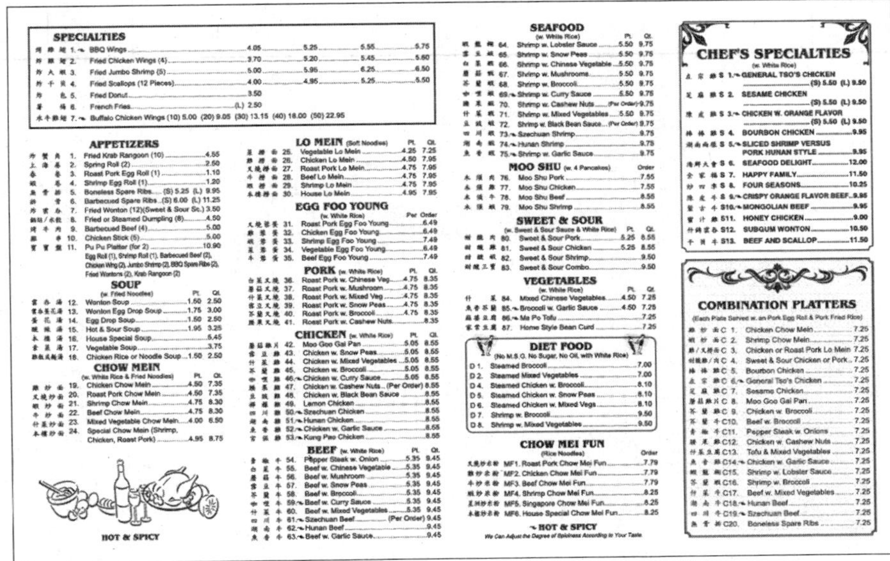

图 9-82　菜单反面效果图

9.4.2 项目评价

根据学习成效，完成项目目标达成度评价表填写。评价按照百分制，项目总评成绩＝同伴评价×30％＋教师评价×40％＋企业评价×30％。评价组成员评价的指标由构思实践、设计实践、实施实践、合作态度、表达能力组成。如表 9-4 所示。

表 9-4 项目评价表

项目名称		**学生姓名**			
一级指标	二级指标		同伴评价	教师评价	企业评价
构思实践（15％）	需求分析				
设计实践（15％）	任务分解与流程设计				
实施实践（50％）	根据主要任务真题仿做的效果评价(30％) 根据需求分析自行创新性处理的效果评价(20％)				
合作态度（10％）	合作态度				
表达能力（10％）	表达能力				
分值总计					
评价总述					

项目二～项目七知识与技能评测题参考答案

项目二知识与技能评测题参考答案：

1. A	2. D	3. B	4. D
5. B	6. C	7. A	8. C

项目三知识与技能评测题参考答案：

1. D	2. D	3. AD	4. C
5. ABC	6. C	7. A	8. B

项目四知识与技能评测题参考答案：

1. BCD	2. A	3. CD	4. A
5. C	6. ACD	7. ABD	8. C

项目五知识与技能评测题参考答案：

1. A	2. AD	3. B	4. C
5. BC	6. AD	7. C	8. B

项目六知识与技能评测题参考答案：

1. B	2. D	3. C	4. A
5. C	6. C	7. A	8. C

项目七知识与技能评测题参考答案：

1. BCD	2. C	3. B	4. C
5. C	6. D	7. A	8. C

参考文献

[1] 金日龙.中文版 Photoshop CS5 基础培训教程[M].北京:人民邮电出版社,2010.

[2] 李金明.中文版 Photoshop CS5 完全自学教程[M].北京:人民邮电出版社,2010.

[3] 雷波.PhotoshopCS5 中文版标准教程[M].北京:中国电力出版社,2011.

[4] 宿培成,余战文,何元媛.中文版 Photoshop CS5 平面设计实用教程 [M].北京:人民邮电出版社,2010.

[5] 黄勇.中文版 Photoshop CS5 完全自学教程[M].北京:机械工业出版社,2011.

[6] 李金明.李金荣.中文版 Photoshop CS5 完全自学教程 [M].北京:人民邮电出版社,2010.

[7] 雷剑,盛秋.Photoshop CS5 图像处理与特效制作 208 例[M].北京:人民邮电出版社,2010.

[8] 刘芳,张海燕.Adobe Illustrator CS5 中文版经典教程[M].北京:人民邮电出版社,2009.

[9] 王丽艳.Adobe Illustrator CS5 图形设计与制作标准实训教程[M].北京:印刷工业出版社,2011.

[10] Deke McClelland. Adobe Illustrator CS5 One-on-One[M]. USA :O'Reilly-Media,Inc, 2010.

[11] 陈露晓.The Adobe Illustrator CS5 Wow! Book[M].北京:中国社会出版社,2010.

[12] 王素娟.谭坤 Adobe Illustrator CS5 图形设计与制作技能基础教程[M].北京:印刷工业出版社,2011.

[13] 刘洋.数字插画与排版——Adobe Illustrator CS5 InDesign[M].北京:高等教育出版社,2011.

[14] Chris Botello. Adobe Illustrator CS5 Illustrated[M]. USA:South-Western-College Publishing,2011.

[15] 段炼.Adobe InDesign CS3 基础计算机[M].北京:人民邮电出版社,2009.

[16] 王青.Adobe InDesign 中文版从入门到精通[M].北京:清华大学出版社,2011.

[17] 时延鹏. Adobe InDesign CS3 版式设计与制作技能案例教程[M]. 北京:科学出版社, 2010.

[18] 张立华. CD-R 用多媒体学 Adobe InDesign CS3(5.0)标准教程版简体中文[M]. 北京:北京中电电子出版社, 2010.

[19] Adobe 专家委员会. DDC. ADOBE InDesign CS3 基础培训教材(Adobe 专家委员会)[M]. 北京:传媒人民邮电出版社,2009.

[20] 宣翠仙,邱晓华. 多媒体技术应用案例教程[M]. 北京:高等教育出版社,2010.